Zu den Autoren:

Thorsten Vellmerk, 1986 in Landau i.d. Pfalz geboren, hat sich beruflich mit KI beschäftigt, als sie noch in den Kinderschuhen steckte. Er studierte Medien und Management und war bei den Streitkräften Innovationsmanager und arbeitete an Konzepten für die Anwendung von KI. Danach war er Head of Business Development in der freien Wirtschaft. Seine Begegnung mit generativer KI prägte seine berufliche Laufbahn nachhaltig. Überzeugt von der transformativen Kraft der KI, gründete er unter anderem ein Unternehmen, das auf die Entwicklung und Anwendung von KI-Technologien spezialisiert ist. Darüber hinaus arbeitet er als Berater für KMUs und unterstützt diese bei der Implementierung von KI und Automatisierungen.


Philipp Taller, 1987 in Heidenheim a.d. Brenz geboren, verbindet seine technische Affinität mit einer visionären Vorstellungskraft im Feld der Künstlichen Intelligenz. Schon als Kind begeisterte er sich für die erste Übertragung von Live-Bildern. Sein akademischer Weg führte ihn tief in das Verständnis von KI und ihren weitreichenden Implikationen für unsere Gesellschaft. Er hat Wirtschaftspsychologie studiert und erforschte dabei die Schnittstelle zwischen Mensch und Maschine. Er ist überzeugt, dass der Schlüssel zum Erfolg in der KI-Welt nicht allein in technischem Know-how liegt, sondern ebenso in der Fähigkeit, die gesellschaftlichen Auswirkungen und ethischen Dimensionen der Technologie zu verstehen.

# Die KI-Revolution in Ihren Händen

Thorsten Vellmerk

und

Philipp Taller

Bibliografische Information der Deutschen Nationalbibliothek: Die Deutsche Nationalbibliothek verzeichnet diese Publikation in der Deutschen Nationalbibliografie; detaillierte bibliografische Daten sind im Internet über dnb.dnb.de abrufbar.

Lektorat: Jasmin Mrugowski

Korrektorat: Dr. Peter Schäfer

Verlag: BoD • Books on Demand GmbH, In de Tarpen 42, 22848 Norderstedt
Druck: Libri Plureos GmbH, Friedensallee 273, 22763 Hamburg

ISBN: 978-3-7583-8368-7

# Dieses Buch hilft Ihnen:

Die historischen Anfänge der künstlichen Intelligenz nachzuvollziehen

*

Die grundlegenden Funktionen von KI zu verstehen

*

Die verschiedenen Arten von KI-Systemen und deren Anwendungen kennenzulernen

*

Diese Zukunftstechnik zu entmystifizieren

*

Selbst KI auszuprobieren und auf eine sichere, alltagstaugliche Art zu nutzen (unabhängig vom beruflichen oder privaten Hintergrund)

*

Die ethischen und gesellschaftlichen Auswirkungen von KI zu erkennen und zu bewerten

*

Die Interaktion mit KI-gesteuerten Technologien im Alltag zu verbessern

*

Neue Forschungsergebnisse und Trends im Bereich der KI künftig besser zu verstehen

*

Die rechtlichen Rahmenbedingungen und Datenschutzbestimmungen im Zusammenhang mit KI zu berücksichtigen

*

Durch Verständnis und Akzeptanz von KI das wirtschaftliche Überleben zu sichern

# Danksagung

Dieses Buch wäre ohne die Unterstützung und Hingabe vieler Menschen nicht möglich gewesen. Zuallererst möchten wir unserer Lektorin Jasmin Mrugowski unseren tiefsten Dank aussprechen. Ihre sorgfältige Durchsicht, wertvollen Anmerkungen und ihr unermüdliches Engagement haben dieses Manuskript erst zu dem gemacht, was es heute ist.

Ein großer Dank gilt auch Peter Schäfer für das gründliche Korrektorat. Seine akribische Überprüfung und sein scharfes Auge für Details haben dazu beigetragen, dass unser Text in seiner besten Form vorliegt.

Wir möchten uns herzlich bei den zahlreichen Testlesern bedanken, die uns ihre Zeit und ihr wertvolles Feedback geschenkt haben. Ihre ehrlichen Rückmeldungen und kritischen Anmerkungen waren von unschätzbarem Wert. Stellvertretend möchten wir hier besonders Annika M., Charlotte, Krystina, André Röhrig und Roland hervorheben.

Besonderer Dank gebührt auch den vielen Gesprächspartnern, mit denen wir die Ideen und die Technologie immer wieder diskutieren konnten und durften. Diese Gespräche haben uns neue Perspektiven eröffnet und geholfen, komplexe Themen verständlicher zu machen.

Unser Dank geht auch an unsere Familien und Freunde, die uns während dieses Projekts unterstützt und ermutigt haben. Ohne ihre Geduld und Unterstützung wäre dieses Buch nicht möglich gewesen.

Abschließend möchten wir unseren Lesern danken. Ihre Neugierde und Ihr Interesse an der Welt der Künstlichen Intelligenz sind unsere größte Motivation. Wir hoffen, dass dieses Buch Ihnen wertvolle Einblicke und Inspiration bietet.

# Inhalt

# Wer wir sind und wie wir auf das Thema »KI« kamen

Während meiner militärischen Dienstzeit von 2004 bis 2022 gab es für mich, Thorsten Vellmerk, einen entscheidenden Schlüsselmoment, als ich das erste Mal mit dem Thema »Künstliche Intelligenz in den Streitkräften« in Berührung kam und an diesem Konzept mitarbeiten durfte. Im Vordergrund standen dabei Dinge wie Bilderkennung, selbstfahrende Lkws, aber wohlgemerkt keine autonomen Waffensysteme. Obwohl die Anwendung von KI nicht nur im militärischen Kontext noch in den Kinderschuhen steckte, waren die Potenziale bereits damals unverkennbar und äußerst faszinierend.

Nachdem ich das Militär verlassen und in einem Münchener Start-up im Bereich Business Development eine neue berufliche Heimat gefunden hatte, veränderte sich auf einmal alles. Hautnah erlebte ich mehrere technologische Durchbrüche. GPT erstellte plötzlich Texte in einer Qualität, die zuvor unvorstellbar war. Midjourney kreierte Bilder in einer Detailtiefe, dass einem der Atem stockte. Ich war mir sicher, dass ein Moment gekommen war, der die Art und Weise, wie wir arbeiten und Innovationen schaffen, grundlegend verändern würde. Es war, als hätte jemand einen Schalter umgelegt, und plötzlich war die Zukunft nicht bloß eine vage Vorstellung, sondern eine greifbare Realität, die direkt vor unseren Augen Gestalt annahm. Mit der Einführung von GPT-3 gab es erstmalig ein Werkzeug, das nicht nur für jedermann brauchbar war, sondern für die Welt von morgen eine nachhaltige Transformation bedeutete. Während dieser Zeit entschied ich mich, gemeinsam mit Philipp Taller, der ebenso schnell vom »KI-Virus« befallen war, ein Unternehmen zu gründen und noch tiefer in die Materie einzutauchen.

Mir, Philipp Taller, wurde meine große Leidenschaft für Technik bereits in die Wiege gelegt: Vor über dreißig Jahren saß ich mit meinem Vater vor dem Computer, und wir staunten über eines der ersten Webcam-Livebilder aus dem Hamburger Hafen. Auch wenn man auf den damals gefühlten drei Pixeln nicht viel erkennen konnte, war die Vorstellung, in Echtzeit Zeuge eines fernen Ortes zu sein, tief beeindruckend. Diese frühe Faszination für die Möglichkeiten der Technologie begleitet und beeinflusst seitdem mein

Leben. Aus diesem Grund war meine Begeisterung für KI von Anfang an groß: Ich betrachte KI nicht nur als technologische Errungenschaft, sondern als ein Phänomen, welches das Potenzial hat, unser aller Leben auf vielfältige und tiefgreifende Weise zu beeinflussen.

Wir nutzten KI zunehmend in allen Bereichen unseres jungen Unternehmens, aber auch im privaten Kontext, und mit jeder neuen Anwendung wuchs unser Interesse für das Thema. Durch fortlaufende Weiterbildungen und autodidaktisches Eintauchen in die Materie vertieften sich unser Verständnis und unsere Expertise. Dabei merkten wir schnell, dass es insbesondere auf die »richtige« Anwendung und das technische Vorstellungsvermögen ankommt, um hilfreiche Resultate zu erzielen.

Dieses Buch ist das Ergebnis dieser leidenschaftlichen Reise. Es ist ein Versuch, die Begeisterung und das angeeignete Wissen aus einem der zentralen Zukunftsfelder weiterzugeben. Es ist für all jene gedacht, die sich von der Dynamik der KI inspirieren lassen wollen und bereit sind, die Grenzen des Möglichen zu erweitern. Die richtige Anwendung von KI erfordert keine jahrelange akademische Forschung, sondern vor allem praktische Erfahrung und den Mut, neue Wege zu gehen. Deshalb gratulieren wir Ihnen herzlich! Mit diesem Buch, das Sie gerade in Ihrer Hand halten, haben Sie den ersten Schritt getan!

Das vorliegende Werk ist mehr als nur ein Sachbuch; es ist ein Kompendium aus Erfahrungen, Einsichten und visionären Ideen. Es soll Ihnen nicht nur fundiertes Wissen und Kniffe vermitteln, sondern auch zum Nachdenken anregen – denn obwohl sich viele Experten noch nicht darüber einig sind, auf welche Weise Künstliche Intelligenz unsere Gesellschaft verändern wird, steht fest, dass sie es in einem signifikanten Umfang tun wird.

# Erster Teil

# Willkommen im Zeitalter der KI

# Ihr Kompass in der Welt der KI: eine Einführung

»Ich habe Künstliche Intelligenz immer als die tiefgreifendste Technologie betrachtet, an der die Menschheit arbeitet. Sie ist bedeutender als das Feuer, die Elektrizität oder irgendetwas, das wir in der Vergangenheit getan haben.«– *Sundar Pichai*, CEO Google LLC[1].

Vielen Dank und herzlichen Glückwunsch zu Ihrer Entscheidung, sich mit dem spannenden und zukunftsweisenden Thema der Künstlichen Intelligenz (KI) auseinanderzusetzen. Mit unserem Buch »Die KI-Revolution in Ihren Händen. Verstehen, Anwenden, Durchblicken« haben Sie einen Wegweiser gewählt, der Sie auf eine faszinierende Reise durch die Welt der KI führt. Wir sind dankbar und freuen uns, Sie auf diesem Pfad des Entdeckens und Verstehens zu begleiten. Sie werden feststellen, wie fantastisch und vielfältig KI eingesetzt werden kann, um unseren Alltag zu beflügeln. Wir stehen an der Schwelle eines neuen Zeitalters – dem Zeitalter der Künstlichen Intelligenz.

Unser gemeinsamer Weg beginnt mit einer Einführung. Danach widmen wir uns der Geschichte der KI, durch die wir die Entwicklung dieser faszinierenden Technologie von den ersten philosophischen Gedanken in der Antike bis zu den heutigen hoch entwickelten, autonomen Programmen verfolgen können.

Im dritten Teil beschäftigen wir uns mit den Grundlagen und Funktionen. Wir lernen, wie es KI-Systemen gelingt, Gespräche so zu führen, dass man kaum mehr feststellen kann, ob es sich um einen Menschen oder eine KI handelt.

Im vierten Teil tauchen wir tiefer in die Funktionsweise der Generativen KI ein. Unser Ziel ist es, Ihnen die Technologie hinter KI durch nachvollziehbare Beispiele näherzubringen und dabei auf unnötige Fachausdrücke zu

---

[1] Das Interview ist nachzulesen bei Business Insider India unter https://www.businessinsider.com/sundar-pichai-google-ai-bard-profound-tech-human-history-2023-4.

verzichten. Sie lernen, KI zu verstehen und einzuordnen – sowohl hinsichtlich ihrer Grenzen als auch ihrer unglaublichen Möglichkeiten.

In spannenden Exkursen gewähren wir Ihnen zwischendurch immer wieder tiefe Einblicke in einige Bereiche des täglichen Lebens, in denen KI bereits eine größere Rolle spielt, als Sie es sich bis jetzt vielleicht vorstellen.

Im praktischen Teil des Buches zeigen wir Ihnen Methoden, um effektiv mit Generativer KI zu arbeiten und zu kommunizieren. Wir erklären Ihnen anhand zahlreicher Beispiele KI-Kniffe, mit denen sich atemberaubende Dinge erschaffen lassen. Sie werden überrascht sein, inwieweit KI viele alltägliche Situationen Ihres Lebens bereichern kann.

Wir empfehlen Ihnen allerdings, dass Sie bereits vor dem Lesen dieses Buches erste Versuche mit einer Generativen KI unternehmen – wir erklären Ihnen gleich, wie das geht. Aber auch während Sie das Buch lesen, sollten Sie sich aktiv mit den Tools[2] auseinandersetzen, um so nicht nur ein praktisches Verständnis dafür zu erlangen, wie Generative KI funktioniert, sondern auch um ein Gefühl für ihre Potenziale und Grenzen zu bekommen. Sie werden erleben, wie durch einfache Texteingaben detaillierte, relevante und manchmal überraschende Antworten entstehen. Diese Erfahrung ist grundlegend, um die Reichweite und Bedeutung der Künstlichen Intelligenz in unserem Alltag, der Wirtschaft und der Wissenschaft zu begreifen. Durch das direkte Experimentieren und Anwenden dieser Technologien werden Sie ein Gefühl dafür entwickeln, wie maschinelles Lernen funktioniert und

---

[2]»Tools« im Kontext von KI können als eine Sammlung von digitalen Werkzeugen verstanden werden, die dazu dienen, die Funktionalität und Effizienz der KI zu erweitern und zu optimieren. Stellen Sie sich vor, Sie haben einen Werkzeugkasten, der verschiedene Werkzeuge wie Hammer, Schraubenzieher und Zange enthält, jeweils für spezifische Aufgaben. Ähnlich enthält ein KI-Tool-Set verschiedene Software-Elemente, die für unterschiedliche Aufgaben im Bereich der KI eingesetzt werden können.

wie Algorithmen trainiert werden, um menschenähnliche Antworten und Lösungen zu generieren.

Zum Abschluss beleuchten wir die ethischen und rechtlichen Dimensionen und befassen uns wir mit den zukünftigen Auswirkungen der KI auf unsere Gesellschaft. Wir versuchen, Ihnen eine Vision davon zu vermitteln, wie die Welt, nachdem die KI alle Bereiche unseres Lebens durchdrungen hat, aussehen könnte. Dieses Buch bietet Ihnen nicht nur Wissen, sondern auch Inspiration, um Ihr Interesse an dieser revolutionären Technologie zu wecken. Wir hoffen, Sie damit begeistern zu können und dass es Ihnen anschließend so geht wie hunderten von Millionen anderen Menschen auf der Welt, die bereits »auf die KI gekommen« sind.

Die folgenden Inhalte bieten eine Vielzahl von Perspektiven und behandeln das Thema Künstliche Intelligenz ganzheitlich. Wir wissen, dass nicht jeder Leser sich mit denselben Interessen oder Vorkenntnissen auf diese spannende Reise begibt. Daher haben wir das Buch so gestaltet, dass Sie direkt zu den Teilen springen können, die Sie am meisten interessieren. Wenn Sie besonders an der praktischen Anwendung interessiert sind, können Sie einfach zu Teil 5 übergehen und die Grundlagen später nachholen. Unser Ziel ist es, allen Lesern gerecht zu werden und eine Brücke zwischen unterschiedlichen Erfahrungsstufen zu schlagen. Fühlen Sie sich also dazu ermutigt, dieses Buch in Ihrer eigenen Geschwindigkeit und gemäß Ihren Interessen zu erkunden und Ihren eigenen Lernweg zu gestalten.

# KI: eine Entdeckungsreise für jeden

In den Anfängen unserer Geschichte standen unsere Vorfahren, als sie die Macht des Feuers entdeckten, ebenfalls an der Schwelle einer neuen Welt. Dieses Wissen veränderte nicht nur ihr tägliches Überleben, sondern vermutlich auch ihre Träume und Visionen für die Zukunft. Warum erzählen wir Ihnen das? Stellen Sie sich vor, einige Höhlenmenschen hätten sich geweigert, das Feuer zu nutzen. Vielleicht weil sie der Meinung waren, dass dieser neumodische Kram zu schwierig und dass es bisher ohne Feuer ja auch ganz gut gelaufen sei. Vermutlich finden Sie diesen Gedanken lächerlich. Warum sollte man sich so einer Technologie verwehren?

In ähnlicher Weise stehen wir heute mit der Künstlichen Intelligenz an der Schwelle neuer Möglichkeiten. Die KI ist wie ein Feuer, das darauf wartet, von jedem Einzelnen genutzt zu werden.

Künstliche Intelligenz, so komplex sie auch sein mag, ist durch die Entwicklung von Modellen wie ChatGPT, Monica oder Bard für jeden zugänglich gemacht worden. Diese Modelle öffnen eine Tür in eine Welt, die bisher nur Experten zugänglich schien. Sie ermöglichen uns eine unmittelbare Interaktion mit KI: Wir können fragen, erschaffen, analysieren und Probleme lösen, ohne uns in den Tiefen des maschinellen Lernens verlieren zu müssen. Es ist diese unmittelbare Zugänglichkeit, die KI zu einem Werkzeug für jedermann macht – nicht unähnlich dem Feuer, dem Rad oder der Elektrizität. Die Anwendung von KI ist dabei auch nicht komplexer als andere Technologien – im Gegenteil! Wir garantieren Ihnen, dass es genug Personen gibt, die sich dieser Technologie verweigern und dadurch den Anschluss verlieren werden. Wie gut, dass sich mit diesem Buch Ihre Hand schon am Türgriff befindet!

In diesem Buch wollen wir die KI entmystifizieren. Sie als »General Purpose Technology« (GPT) zu betrachten bedeutet, in ihr ein universelles Werkzeug zu sehen, das in jedem Bereich Anwendung findet, wo es mit Ihrem spezifischen Wissen kombiniert wird. Sie müssen also kein KI-Spezialist sein, um KI in Ihrem Leben zu nutzen, sondern werden zu einem Spezialisten, der KI nutzt, um Ihre Ziele mithilfe Ihres Wissens und Ihrer Fähigkeit einfacher und schneller zu erreichen.

Wir wollen den Punkt der allgemeinen Zugänglichkeit jedoch auch noch aus einer anderen Perspektive betrachten. Stellen Sie sich vor, jemand würde Sie heute fragen: »Für wen ist das Internet geeignet?« oder »Für wen ist Strom geeignet?« In unserer modernen westlichen Welt würden uns diese Fragen vermutlich überraschen, denn Internet und Strom sind mittlerweile so selbstverständliche Bestandteile unseres Lebens, dass es schwer vorstellbar ist, ohne sie auszukommen. Nur eine Minderheit von Gruppen entscheidet sich heute gegen diese Errungenschaften. Ähnlich wird es sich künftig mit der Künstlichen Intelligenz verhalten – einem Bereich, der zunehmend an Bedeutung gewinnt und dessen Verständnis und Anwendung für fast jeden von uns relevant wird. In ähnlicher Weise, wie künftige Entwicklungen der Künstlichen Intelligenz uns alle betreffen werden, ist dieses Buch für verschiedene Zielgruppen konzipiert, die von dieser technologischen Revolution profitieren könnten.

Für Technikbegeisterte ist dieses Buch ein Schatz an Informationen, der ihre Begeisterung für die neuesten Entwicklungen in der Welt der KI weiter anfachen wird. Es bietet einen tiefen Einblick in die Funktionen von KI, zeigt auf, wo sie bereits eingesetzt wird, und skizziert, welche revolutionären Entwicklungen in der Zukunft möglich sind.

Für Neugierige, die bisher nur am Rande von KI gehört haben, dient dieses Buch als ein verständlicher Einstieg. Es überfordert niemanden mit kompliziertem Fachjargon, sondern führt die Leser behutsam an die Materie heran, sodass das Verständnis für KI für jeden zugänglich wird.

Berufstätige in unterschiedlichsten Branchen werden feststellen, dass KI in den kommenden Jahren immer dominanter wird – sei es im Marketing, in der Medizin, im Handel oder in der Produktion. Es ist unwahrscheinlich, dass Sie durch KI ersetzt werden, aber Sie müssen vermutlich lernen, mit KI zu arbeiten. Mit dem Wissen aus diesem Buch können Sie die Entwicklungen in Ihrem Bereich besser verstehen und aktiv mitgestalten.

Alltagsnutzer begegnen KI immer häufiger, sei es durch Sprachassistenten, Empfehlungsalgorithmen oder Smart-Home-Technologien. Dieses Buch erklärt, wie diese Technologien funktionieren und wie Sie sie zu Ihrem Vorteil nutzen können.

Und für kritische Denker bietet dieses Buch fundierte Argumente und Denkanstöße, um sich mit den Herausforderungen der KI wie Ethik, Datenschutz und gesellschaftlichen Auswirkungen auseinanderzusetzen.

Lebenslanges Lernen hat sich in der Realität vieler berufstätiger Menschen von einem abstrakten Begriff zu einer alltäglichen Notwendigkeit entwickelt. Der Umgang mit Künstlicher Intelligenz bildet hierbei keine Ausnahme, sondern bietet vielmehr die Mittel, um mit den wachsenden gesellschaftlichen Anforderungen Schritt halten zu können. Charles Kettering, ein US-amerikanischer Erfinder und Ingenieur, brachte es treffend auf den Punkt: *»Wenn du etwas so machst, wie du es seit zehn Jahren gemacht hast, dann sind die Chancen groß, dass du es falsch machst.«* Dieses Zitat reflektiert seine Ansicht, dass fortwährende Innovation und Anpassung entscheidend sind, um auf dem neuesten Stand der Technik und Effektivität zu bleiben.

Wie oft mag es Ihnen bereits passiert sein, dass Ihre gute Idee mit dem Argument abgelehnt wurde: »Das haben wir noch nie so gemacht.« Diese Haltung erstickt jede Innovation im Keim und ist geprägt von der Angst vor Veränderung. Doch liegt das Wesen der Innovation gerade in der Veränderung, und wir müssen lernen, diese Angst zu überwinden.

Trauen Sie sich also, KI auszuprobieren, denn die Anwendung dieser Technologie öffnet uns eine Tür in eine Welt, in der Kreativität und Effizienz Hand in Hand gehen. Zum jetzigen Zeitpunkt sind die Ergebnisse, die durch Generative KI-Tools wie ChatGPT, Monica und Bard erzielt werden können, beeindruckend präzise und vielseitig. Gleichzeitig befinden wir uns in einer spannenden Phase, in der diese Programme noch nicht ausschließlich auf spezifische Anwendungsfälle zugeschnitten sind. Dies bietet die einzigartige Gelegenheit, ein tiefes Grundverständnis für die dahinterliegenden Mechanismen zu entwickeln. Und Sie können uns glauben: Es geht gerade erst richtig los!

# Starten Sie mit GPT in das KI-Universum

Dieses Kapitel eröffnet Ihnen einen praktischen Zugang zur Welt der Künstlichen Intelligenz (KI). Wir laden Sie dazu ein, die Technologie selbst zu erleben. Unabhängig davon, ob Sie bereits Erfahrungen mit KI gesammelt, darüber gehört, aber nie persönlich ausprobiert oder schon ein gewisses Verständnis erreicht haben, bietet die direkte Interaktion mit einem KI-Tool wie ChatGPT[3] eine unschätzbare Perspektive.

Vor dem Weiterlesen empfehlen wir Ihnen, sich auf der Plattform von OpenAI unter www.openai.com anzumelden. Unter dem Reiter »Produkte« finden Sie das Produkt »ChatGPT«. Alternativ können Sie auch die App von Open AI herunterzuladen. Die Registrierung ist einfach und erfordert nur eine E-Mail-Adresse und ein Passwort oder die Verwendung Ihres Google-Accounts. Ein hilfreiches Video auf www.ki-bildungswerk.de führt Sie durch den Anmeldeprozess und die ersten Schritte mit GPT-4o.[4] Übrigens, Sie können die Welt der Generativen KI ganz ohne Programmierkenntnisse entdecken – also keine Angst!

Sobald Sie angemeldet sind, haben Sie die einzigartige Möglichkeit, direkt und unkompliziert mit einer KI zu kommunizieren. Ob Sie in einen Dialog treten, kreative Texte erschaffen oder Ihre Sprachkenntnisse erweitern möchten – das alles ist durch einfaches Chatten mit dem Programm möglich.

Stellen Sie sich vor, Sie möchten ein besonderes Gedicht für die nächste Familienfeier schreiben, haben aber gerade eine Schreibblockade oder konnten noch nie wirklich gut dichten. Kein Problem! Geben Sie einfach das Thema, den Anlass oder einige Stichworte in das Chatfenster ein und lassen Sie sich von den kreativen Vorschlägen der KI inspirieren. Zum Beispiel

---

[3] Übrigens steht das GPT in ChatGPT für »Generative Pre-trained Transformer«. Wir werden uns später noch mit dem Trainieren von KI-Systemen beschäftigen.
[4] GPT-4o ist eine Version von ChatGPT. Wir beschäftigen uns später noch mit der Leistungsfähigkeit unterschiedlicher Versionen.

könnte Ihre Eingabe lauten: »Erstelle ein Gedicht über Familie, Zusammenhalt und Freude für ein Familientreffen.«

Sie können sich mit der KI auch nur über irgendein Thema unterhalten. Oder möchten Sie Ihre Sprachfähigkeiten verbessern? Dann kommunizieren Sie einfach mit der KI auf Englisch, Spanisch, Französisch oder einer anderen Sprache Ihrer Wahl. Dies ist eine hervorragende Methode, um in einer sicheren Umgebung zu üben und gleichzeitig sofortiges Feedback zu erhalten. Für Kleinunternehmer oder Start-ups bietet die KI wertvolle Beratungen in verschiedenen Geschäftsbereichen, von Marketingstrategien bis hin zur Produktentwicklung. Ein einfacher Dialog könnte zum Beispiel sein: »Biete mir Strategien zur Verbesserung meiner Online-Marketing-Präsenz.«

Das Schöne an dieser Technologie ist, dass sie zugänglich und benutzerfreundlich gestaltet ist. Sie müssen kein Experte im Programmieren sein, um von den Vorteilen der KI zu profitieren. Alles, was Sie brauchen, ist die Bereitschaft, in das Gespräch einzusteigen, Ihrer Neugierde zu folgen und Ihrer Intuition zu vertrauen. Probieren Sie es *jetzt* aus und erleben Sie selbst, wie KI Ihre Kreativität und Ihr Wissen bereichern kann.

Nachfolgend das Beispiel einer ersten Konversation:

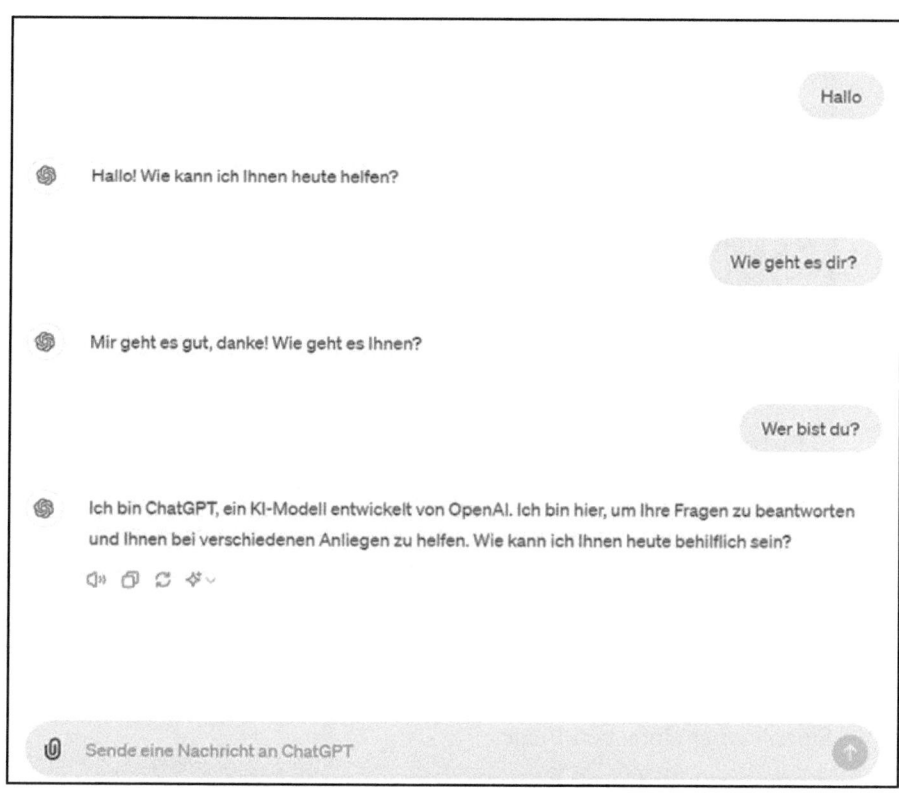

Abbildung 1: Ansicht einer Konversation mit ChatGPT-4o (Stand: 21.05.2024)

Wie Sie sehen, gestaltet sich die Kommunikation mit ChatGPT sehr einfach und erinnert von der Bedienung an einfache Anwendungen wie WhatsApp. Die Eingaben des Nutzers erfolgen über das Eingabefeld am unteren Rand des Fensters und werden auf der rechten Seite dargestellt, während die Antworten von GPT linksbündig mit einem entsprechenden Logo dargestellt werden. Diese Anordnung erleichtert die Lesbarkeit und hilft, die Dialogstruktur klar zu erfassen.

Um die Lesbarkeit im Buch weiter zu erhöhen, werden wir die Darstellung fortan exakt den Ein- und Ausgaben der Konversationen mit ChatGPT anpassen. Hier ein Beispiel:

---

🌀 Hallo! Wie kann ich Ihnen heute helfen?

Wie geht es dir?

🌀 Mir geht es gut, danke! Wie geht es Ihnen?

Wer bist du?

🌀 Ich bin ChatGPT, ein KI-Modell entwickelt von OpenAI. Ich bin hier, um Ihre Fragen zu beantworten und Ihnen bei verschiedenen Anliegen zu helfen. Wie kann ich Ihnen heute behilflich sein?

---

Nehmen wir an, Sie möchten etwas über Astronomie lernen, aber wissen nicht, wo Sie anfangen sollen. Hier kommt der Chatbot ins Spiel. Beginnen Sie mit einer einfachen Frage:

---

Hallo GPT, ich interessiere mich für Astronomie. Könntest du mir einen Überblick über unser Sonnensystem geben?

🌀 Natürlich! Unser Sonnensystem besteht aus der Sonne und den Himmelskörpern, die durch ihre Gravitation an sie gebunden sind. Hier ist ein Überblick:

1.  Sonne: Die Sonne ist der Mittelpunkt unseres Sonnensystems. Sie ist ein riesiger, heißer Gasball, der hauptsächlich aus Wasserstoff und Helium besteht und durch Kernfusion Energie erzeugt.
2.  Merkur: Der sonnennächste Planet. Merkur ist ein kleiner, felsiger Planet ohne Atmosphäre und mit extremen Temperaturschwankungen.

---

3. Venus: Die Venus hat eine dichte Atmosphäre, die haupt-sächlich aus Kohlendioxid besteht, und ist von dichten Wolken aus Schwefelsäure umgeben. Sie ist ähnlich groß wie die Erde, aber extrem heiß.

4. Erde: Unser Heimatplanet, der einzige bekannte Planet mit flüssigem Wasser an der Oberfläche und Leben. Die Erde hat eine schützende Atmosphäre, die vor schädlicher Strahlung schützt.

5. Mars: Der »Rote Planet« hat eine dünne Atmosphäre und ist bekannt für seine rötliche Farbe, die von Eisenoxidstaub herrührt. Der Mars hat die höchsten Berge und tiefsten Täler im Sonnensystem.

6. Jupiter: Der größte Planet in unserem Sonnensystem. Jupiter ist ein Gasriese, der hauptsächlich aus Wasserstoff und Helium besteht. Er hat ein starkes Magnetfeld und viele Monde, darunter der größte Mond, Ganymed.

7. Saturn: Bekannt für seine beeindruckenden Ringe, die aus Eis und Felsbrocken bestehen. Saturn ist auch ein Gasriese und hat viele Monde, darunter Titan, der eine dichte Atmosphäre hat.

8. Uranus: Ein Eisriese mit einer einzigartigen, gekippten Rotationsachse. Uranus hat eine bläuliche Farbe aufgrund von Methan in seiner Atmosphäre und viele schmale Ringe.

9. Neptun: Der äußerste der bekannten Planeten. Neptun ist ebenfalls ein Eisriese und hat starke Winde und Stürme. Seine blaue Farbe kommt ebenfalls vom Methan in der Atmosphäre.

10. Zwergplaneten: Dazu gehört Pluto, der früher als der neunte Planet galt, sowie Eris, Haumea, Makemake und Ceres. Diese Himmelskörper sind kleiner und haben nicht die gleiche Dynamik wie die klassischen Planeten.

Zusätzlich gibt es viele Asteroiden (hauptsächlich im Asteroidengürtel zwischen Mars und Jupiter) und Kometen, die aus Eis, Staub und Gestein bestehen und oft lange Schweife entwickeln, wenn sie der Sonne nahe kommen.

Das ist ein kurzer Überblick über unser faszinierendes Sonnensystem!

Sie sind fasziniert und möchten mehr wissen. In diesem Fall wollen Sie nicht nur Wissen abfragen, sondern etwas kreatives Neues erschaffen. Sie fragen nach einer Gute-Nachtgeschichte für Ihre Kinder, die »spielerisch« das Sonnensystem erklären soll:

Kannst du mir in einer kurzen Gute-Nacht-Geschichte für Kinder einige Elemente unseres Sonnensystems vermitteln?

⑨ Das Abenteuer von Luna und Sol

Es war einmal ein kleines Mädchen namens Luna, das in einem kleinen Haus auf einem Hügel lebte. Jede Nacht, bevor sie schlafen ging, blickte sie aus ihrem Fenster und schaute zu den Sternen. Luna träumte davon, eines Tages das Universum zu erkunden.

Eines Nachts, als sie gerade einschlafen wollte, hörte sie ein leises Flüstern. »Luna, komm mit mir«, sagte eine sanfte Stimme. Luna öffnete ihre Augen und sah einen kleinen, leuchtenden Stern vor ihrem Fenster. Es war Sol, ein freundlicher Stern, der bereit war, Luna auf ein Abenteuer mitzunehmen.

Sol nahm Luna bei der Hand, und gemeinsam flogen sie durch das Fenster hinaus in den Nachthimmel. Zuerst besuchten sie die **Sonne**, die warm und hell strahlte. »Das ist die Sonne«, erklärte Sol, »sie gibt uns Licht und Wärme.«

Weiter ging die Reise zum kleinen, schnellen **Merkur**. »Merkur ist der sonnennächste Planet«, sagte Sol. »Hier ist es tagsüber sehr heiß und nachts sehr kalt.«

Dann kamen sie zur **Venus**, die in einem schönen goldenen Licht schimmerte. »Die Venus ist von dicken Wolken umgeben«, erklärte Sol. »Sie ist unser heißester Planet wegen ihrer dichten Atmosphäre.«

Als Nächstes flogen sie zur **Erde**, Lunas Zuhause. »Hier leben wir«, sagte Sol lächelnd. »Die Erde hat Wasser und eine Luft zum Atmen, deswegen gibt es hier Leben.«

Sie reisten weiter zum roten Planeten **Mars**. »Mars hat den höchsten Berg und das tiefste Tal in unserem Sonnensystem«, sagte Sol. »Vielleicht wird eines Tages jemand hier wohnen.«

Plötzlich tauchte der riesige **Jupiter** vor ihnen auf. »Jupiter ist der größte Planet«, erklärte Sol. »Er hat viele Monde, und sein größter Mond heißt Ganymed.«

Dann sahen sie den wunderschönen **Saturn** mit seinen glänzenden Ringen. »Saturns Ringe bestehen aus Eis und Staub«, erklärte Sol. »Er sieht aus wie ein Juwel im All.«

Weiter ging es zu den eisigen Riesen, **Uranus** und **Neptun**. »Uranus rollt auf seiner Seite, wenn er die Sonne umkreist«, sagte Sol. »Neptun hat die stärksten Winde in unserem Sonnensystem.«

Zum Schluss besuchten sie **Pluto**, den kleinen Zwergplaneten am Rande des Sonnensystems. »Pluto ist weit weg und sehr kalt«, sagte Sol. »Aber er ist immer noch ein wichtiger Teil unserer kosmischen Familie.«

Nachdem sie all diese wundervollen Orte besucht hatten, brachte Sol Luna zurück nach Hause. »Danke, Sol«, flüsterte Luna, »das war das schönste Abenteuer meines Lebens.«

»Schlaf gut, Luna«, sagte Sol, »träume von den Sternen und den Wundern des Universums.« Und so schlief Luna ein, mit einem Lächeln auf den Lippen und Träumen von fernen Planeten und leuchtenden Sternen.

Wir hoffen, dass Sie es abseits unseres Beispiels bereits selbst ausprobiert haben. Nach unserer Erfahrung gibt es jetzt zwei Möglichkeiten:

Sie gehören zu denjenigen, die von den Ergebnissen beeindruckt sind und sofort den Nutzen und die Vision hinter dieser Technologie erkennen. In diesem Fall können Sie sich auf viele Kniffe freuen, die Ihr Wissen und Ihre Fähigkeiten in diesem Bereich erweitern werden.

Oder Sie gehören zu den Skeptikern, was absolut legitim ist. Manche sind von ihren ersten Nutzungserfahrungen eher enttäuscht oder misstrauen generell neuen Technologien. Falls die Ergebnisse Ihre Erwartungen also nicht erfüllt haben, möchten wir Ihnen versichern, dass das zum Lernprozess gehört. Künstliche Intelligenz, insbesondere in der Form von Chatbots, stellt ein komplexes Feld dar, das stetige Entwicklung und Verständnis erfordert. In den kommenden Kapiteln erklären wir, wie Sie bessere Ergebnisse erzielen können und warum die Antworten manchmal nicht Ihren Erwartungen entsprechen. Dieses Wissen wird Ihnen helfen, die KI effektiver zu nutzen und bestehende Limitierungen einzuordnen. Dabei liegt die Betonung auf »bestehend«, da sich die Technologie so rasant weiterentwickelt, dass täglich weitere Grenzen überschritten werden.

Unabhängig von Ihren ersten Erfahrungen mit KI ermutigen wir Sie, dranzubleiben – es lohnt sich! Lassen Sie uns im nächsten Kapitel zunächst gemeinsam die Grundlagen der Künstlichen Intelligenz erkunden.

# Was ist Künstliche Intelligenz?

Im Jahr 1672 konstruierte Otto von Guericke eine Elektrisiermaschine und legte damit den Grundstein für die Entdeckung von Elektrizität. Über mehrere Generationen wurde diese Technologie fortan weiterentwickelt und machte mehr und mehr Menschen zu Zeitzeugen einer technologischen Revolution, indem sie deren Leben grundlegend veränderte. Als 1880 die ersten wettbewerbsfähigen Glühbirnen die Nacht erhellten, ließ die Faszination dieser neuen Errungenschaft viele Menschen von einer durch unsichtbare Kräfte angetriebenen Welt träumen. Gleichzeitig erzeugte diese Technologie aber auch Ängste.

Die damalige Literatur reflektiert diese Sorgen, Träume und Hoffnungen auf unterschiedliche, teilweise bizarre Art und Weise. In Michel Vernes Kurzgeschichte »In the Year 2889«, die oft fälschlicherweise seinem Vater Jules zugeschrieben wird, entwirft er bereits im Jahre 1889 eine beeindruckende Vision einer technologisch fortgeschrittenen Zukunft. Er imaginiert Technologien wie Bildtelefone, die heute durch Dienste wie Skype und Zoom alltäglich sind, sowie automatisierte Nachrichtensysteme, die Inhalte ähnlich heutiger Algorithmen kuratieren und verteilen. Auch die Idee erweiterter Lufttransportmittel findet ein Echo in der modernen Luftfahrt, obwohl die von Verne beschriebenen Luftschiffe sich nicht durchgesetzt haben.

Diese fiktiven Entwürfe verdeutlichen oft eine einfache lineare Entwicklung bestehender Technologien, ohne die bahnbrechenden Umwälzungen durch neu entstehende Technologien zu berücksichtigen. Beispielsweise war die Vorstellung, dass große Datenmengen in Echtzeit global ausgetauscht werden könnten, einst undenkbar – heute eine Selbstverständlichkeit durch Smartphones und 5G. Diese Kluft zwischen früheren Prognosen und der realen technologischen Evolution zeigt, wie herausfordernd es ist, die tatsächlichen Pfade und sozialen Auswirkungen technologischer Entwicklungen vorherzusagen. Ähnlich verhält es sich heute mit der Künstlichen Intelligenz. Viele betrachten KI als eine Modeerscheinung, als eine Gefahr für die Demokratie, Freiheit oder Menschheit, andere wiederum sehen in der KI lediglich eine Spielerei. Doch wir stehen erst am Anfang einer Entwicklung, die unsere Gesellschaft tiefgreifend und nachhaltig verändern wird.

Der Umfang dieser Veränderung geht weit über das Heute hinaus; es öffnet sich ein Tor zu bisher unvorstellbaren Möglichkeiten.

Aber beginnen wir zunächst mit dem Begriff der Künstlichen Intelligenz, der häufig auch mit »KI« oder »K.I.« abgekürzt wird. Im Englischen heißt dies »Artificial Intelligence« (AI) (kurz [Äj-Ei gesprochen). KI lässt sich als ein System definieren, das Aufgaben bewältigt, die üblicherweise menschliche Intelligenz erfordern. Als eine der ersten Definitionen gilt die von John McCarthy aus dem Jahr 1955: »Das Ziel der Künstlichen Intelligenz besteht darin, Maschinen zu entwickeln, die sich so verhalten, als ob sie intelligent wären.«[5] Diese Definition ist unscharf und nicht unumstritten. Elaine Rich schrieb daher 1983: »Künstliche Intelligenz ist das Studium darüber, wie man Computer dazu bringen kann, Dinge zu tun, bei denen Menschen im Moment besser sind.«[6]

Zu diesen Dingen gehören Sehen, Hören, Sprachverständnis, Schreiben und Problemlösen. KI-Systeme nehmen Informationen auf, analysieren diese autonom und reagieren entsprechend – ein Prinzip, das, wenn auch nicht immer eindeutig, allen Definitionen von KI gemein ist. Obwohl der Begriff »Künstliche Intelligenz« in der Öffentlichkeit und der Fachwelt etabliert ist, stellt »Maschinenintelligenz« in mancher Hinsicht eine präzisere Bezeichnung dar. Während das Adjektiv »künstlich« oft die Vorstellung von Nachahmung oder Ersatz weckt, hebt »Maschinenintelligenz« den Aspekt der maschinellen Verarbeitung und der Analyse von Informationen hervor. Diese Bezeichnung verdeutlicht die Eigenheiten und Grenzen der durch Maschinen erbrachten Intelligenzleistungen, indem sie klarstellt, dass es sich um eine von Menschen erschaffene, algorithmisch basierte Form von Intelligenz handelt, die sich von der menschlichen Intelligenz unterscheidet. Diese

---

[5] Im engl. Original: »The objective of Artificial Intelligence is to develop machines that behave as if they are intelligent.« (J. McCarthy, M. L. Minsky, N. Rochester, C. E. Shannon [1955]: »A proposal for the Dartmouth Summer Research Project on Artificial Intelligence«, online unter http://jmc.stanford.edu/articles/dartmouth/dartmouth.pdf.)

[6] Im engl. Original: »Artificial Intelligence is the study of how to make computers do things at which, at the moment, people are better.« (Elaine Rich [1983]: »Artificial Intelligence«.)

semantische Unterscheidung trägt zu einem tieferen Verständnis der Funktionsweise und des Potenzials solcher Systeme bei. In einem späteren Kapitel widmen wir uns diesem Thema im Detail.

Dass neue Technologien die Welt verändern können, haben Sie vermutlich ebenfalls bereits hautnah erlebt. Die Art und Weise, wie wir Informationen suchen und verarbeiten, hat sich in den letzten 25 Jahren grundlegend gewandelt. Waren wir einst auf Bibliotheken und Experten angewiesen, ermöglicht uns heute das Internet den Zugriff auf eine unermessliche Datenflut. Doch diese Daten sind menschengemacht und somit begrenzt. Stellen Sie sich vor, in naher Zukunft könnte eine KI in Echtzeit komplexe Anfragen bearbeiten, indem sie gigantische Datenmengen durchforstet – und das zu einem Bruchteil der heutigen Kosten. Diese Vision kann schon bald Realität werden und unsere Auffassung von Wissen und dessen Zugänglichkeit revolutionieren.

Das ist das Zeitalter der KI: Eine Ära, in der das Unmögliche möglich wird und in der unsere Vorstellungskraft die einzige Grenze darstellt. Es ist eine aufregende Zeit, und wie bei der Elektrizität werden die Auswirkungen weit über das hinausgehen, was wir uns heute vorstellen können.

Versuchen wir es dennoch: Wie könnte so eine Zukunft aussehen? Nehmen wir an, dass Sie mit Ihrem Partner oder Ihrer Partnerin oder einem guten Freund über ein historisches Paar diskutieren, Prominente oder Politiker. Dabei steht die triviale Frage im Raum, wie die Ehe des historischen Paares verlaufen und ob es zu einer Scheidung gekommen ist. In der heutigen Zeit würden Sie wahrscheinlich Google fragen und hoffen, einen relevanten Artikel zu finden. Aber was, wenn es keinen solchen Artikel gibt? Oder die Informationen zwar verfügbar, jedoch nicht indexiert[7] und damit über Suchmaschinen unauffindbar wären?

---

[7] Nur indexierte Webseiten werden von Suchmaschinen wie Google gefunden. Informationen, die nicht indexiert sind, können zwar über das Internet angesteuert werden, sind also theoretisch verfügbar, lassen sich jedoch nicht über Suchmaschinen finden und sind damit für einen großen Teil der Nutzer unsichtbar.

Stellen Sie sich jetzt eine Zukunft vor, in der die KI-Technologie so fortge-schritten ist, dass sie riesige Datenmengen in Echtzeit durchsuchen, analy-sieren und verarbeiten kann. Damit sind Sie nicht mehr darauf angewiesen, dass eine Information durch einen Menschen recherchiert und aufbereitet als digitales Produkt im Internet angeboten wird. Stattdessen beauftragen Sie einfach eine KI, alle verfügbaren digitalisierten Zeitungsarchive zu durchsuchen.

Aber sie würde nicht nur eine einfache Antwort liefern. Sie könnte eine de-taillierte Liste aller Scheidungen aus dem Jahr 1975 erstellen, selbst wenn noch nie zuvor darüber geschrieben wurde. Sie könnten die KI sogar eine Website anfertigen oder ein Video produzieren lassen, das die Geschichte dieser Scheidungen im Stil einer Dokumentation erzählt. Im Gegensatz zu heute würde das alles in Sekundenschnelle und zu einem Bruchteil der ge-genwärtigen Kosten geschehen. Man wäre nicht mehr auf menschliche Ex-pertise oder auf bereits erstellten Content angewiesen. Die KI könnte in Echtzeit neue Inhalte erstellen, basierend auf den verfügbaren Daten. Kon-kret heißt das, die KI würde nicht einen Artikel finden, in dem es im dritt-letzten Absatz über Ihr Thema geht, sondern einen Artikel verfassen, der sich zu hundert Prozent Ihrem Thema widmet. Sie haben also ein eigenes »Recherche- und Autorenteam«, das nur auf Ihre Aufträge wartet und dabei Ihre Vorlieben berücksichtigt.

Diese technologischen Neuerungen und Möglichkeiten sind natürlich auch für den beruflichen Alltag und Unternehmen hochinteressant. Ein Begriff, der in diesem Zusammenhang derzeit bereits fällt, ist der sogenannte »KI-First«[8]-Ansatz. Dabei handelt es sich mehr als nur um ein Modewort; es ist eine Philosophie, die sowohl den Unternehmensalltag als auch das Privatle-ben revolutioniert. In einer Welt, in der Daten exponentiell wachsen, prüft dieser Ansatz bei jeder Prozessgestaltung oder -überarbeitung, inwieweit Künstliche Intelligenz integriert werden kann, um die Effizienz zu steigern und Ressourcen zu schonen.

---

[8] Eigentlich müsste es richtigerweise »AI First« oder »KI zuerst« heißen, allerdings findet man im deutschsprachigen Umfeld diese Begriffe seltener.

Sehen wir uns dazu ein weiteres Beispiel an: Ein Unternehmen plant einen neuen Prozess im Kundenservice. Statt sofort ein umfangreiches Team aufzubauen, prüft es zunächst, ob eine KI-basierte Lösung existiert, die Anfragen automatisiert bearbeitet. Selbst wenn es nicht möglich ist, den gesamten Prozess zu automatisieren, kann die KI Teile davon übernehmen – wie die Ersterfassung von Kundenanfragen oder die Voranalyse von Daten. Das würde nicht nur Kosten sparen, sondern auch die Effizienz steigern und menschliche Fehler reduzieren.

Doch nicht nur im beruflichen Kontext verspricht der »KI-First«-Ansatz spannende Möglichkeiten. Stellen Sie sich vor, Sie besitzen einen virtuellen Heimassistenten, der auf Künstlicher Intelligenz basiert – ähnlich wie die aktuellen Smart-Home-Geräte, jedoch weit fortgeschrittener. Dieser Assistent lernt kontinuierlich Ihre Präferenzen, Routinen und Bedürfnisse kennen und passt sich diesen an.

Zum Beispiel könnte Ihr KI-Assistent Ihren Tagesablauf optimieren, indem er morgens automatisch die Heizung einschaltet, bevor Sie aufstehen, den Kaffee zubereitet, sobald Ihre Weckzeit näher rückt, und Ihnen die Tagesnachrichten vorliest, während Sie frühstücken. Darüber hinaus könnte er Vorschläge für den Einkauf basierend auf Ihrem bisherigen Verbrauch machen oder sogar selbstständig Lebensmittel bestellen, die Ihnen ausgehen. Ein weiterer Aspekt wäre die gesundheitliche Überwachung. Der Assistent könnte Ihre körperlichen Aktivitäten überwachen, Erinnerungen an Medikamente senden und bei Abweichungen von normalen Gesundheitswerten Ratschläge geben oder direkt mit Ihrem Arzt kommunizieren. Dies führt nicht nur zu einer verbesserten Gesundheitsvorsorge, sondern auch zu einem persönlicheren und proaktiveren Gesundheitsmanagement.

KI-First leitet einen bereits stattfindenden Paradigmenwechsel ein, der unseren Berufsalltag und unser Privatleben radikal verändern wird.

# Zweiter Teil

# Die KI-Geschichte: vom Reißbrett in Ihr Wohnzimmer

# Historische Meilensteine der Künstlichen Intelligenz

In diesem Kapitel erkunden wir die frühen Anfänge der KI und lernen die Pioniere kennen, die den Grundstein für diese revolutionäre Technologie gelegt haben. Tatsächlich reichen die Wurzeln der KI weiter zurück.

Abbildung 2: Darstellung des Talos, einem gigantischen bronzenen Wächter (Erstellt mit DALL-E).

Beginnen wir mit der Antike: Schon damals existierte die Vorstellung von Automaten und Maschinen, die mit menschenähnlichen Fähigkeiten ausgestattet waren. In der griechischen Mythologie finden wir Beispiele wie Talos, einen riesigen bronzenen Wächter, der Kreta beschützte, und die Geschichte von Pygmalion, der eine Statue erschuf, die »zum Leben« erweckt wurde. Diese Erzählungen sind frühe Zeugnisse des menschlichen Wunsches, Leben und Intelligenz künstlich zu erschaffen.

Nun ja, Talos ist sicherlich ein interessanter Mythos, aber keine »wirkliche« Vorstufe der Künstlichen Intelligenz. Schauen wir uns also die Meilensteine an, die unmittelbar mit der KI, so wie wir sie heute verstehen, zusammenhängen.

Im Laufe der Jahrhunderte hat die Menschheit eine Vielzahl mechanischer Innovationen hervorgebracht, die als Wegbereiter für die moderne Künstliche Intelligenz gelten können. Bereits im 17. Jahrhundert entwickelte der Universalgelehrte Gottfried Wilhelm Leibniz eine mechanische Rechenmaschine, die in der Lage war, die vier Grundrechenarten durchzuführen. Diese Erfindung war ein Wendepunkt in der Geschichte der Automatisierung und legte das Fundament für die spätere Entwicklung von Computern.

Auch auf Jahrmärkten waren mechanische Automaten beliebt, die einfache Bewegungen und Tricks durchführen konnten und die Menschen mit ihrer scheinbaren Intelligenz und Autonomie faszinierten. Autoren wie H.G. Wells und Jules Verne griffen das Thema auf und erweiterten die Vorstellungskraft der Menschen mit Geschichten über ausgeklügelte Maschinen und futuristische Technologien.

Ein herausragendes Beispiel für eine Visionärin auf diesem Gebiet ist Ada Lovelace, 1815 als Augusta Ada Byron geboren, die eine Schlüsselfigur in der frühen Phase der Computertechnologie im Kontext der Künstlichen Intelligenz ist. Als Tochter des Dichters Lord Byron und der Mathematikerin Annabella Milbanke erhielt Ada eine umfassende Ausbildung in der Mathematik und den Naturwissenschaften, was für Frauen ihrer Zeit ungewöhnlich war.

Ihre enge Zusammenarbeit mit Charles Babbage, dem Erfinder der »Analytical Engine«, einer frühen Form des Computers, markierte einen Meilenstein der KI. Während Babbage auf den physischen Aufbau fokussiert war, erkannte Lovelace das abstrakte Potenzial der Maschine. In ihren Notizen von 1843 skizzierte sie ein System, das heute als das erste Computerprogramm angesehen wird. Außerdem beschrieb sie, wie die »Analytical Engine« – weit über einfache Arithmetik hinaus – für komplexe mathematische Berechnungen genutzt werden konnte.

Lovelaces Vision, dass eine Maschine nicht nur Zahlen, sondern jegliche Informationen in Form von Symbolen verarbeiten könnte, und ihre Überlegungen, sie in der Musik, der Kunst und in anderen Disziplinen anzuwenden, weisen verblüffende Ähnlichkeiten zum heutigen Verständnis von Künstlicher Intelligenz auf. Sie sah den wahren Wert der Technologie in ihrer Fähigkeit, abstrakt zu denken und nicht nur vordefinierte Aufgaben zu lösen. Jedoch verhinderten technische sowie finanzielle Herausforderungen und Babbages ständige Planänderungen die Vollendung der »Analytical Engine«.

Schließlich wurde die Weiterentwicklung von Lovelaces Ideen durch ihren frühen Tod im Jahr 1852 beendet. Ihre Erkenntnisse blieben lange unerkannt, gewannen aber mit dem Aufkommen moderner Computer im 20. Jahrhundert an Bedeutung. Heute gilt sie als erste Computerprogrammiererin und Wegbereiterin für die Entwicklung der Informatik und KI. Ihre Vision einer universellen Maschine, die jede logische Aufgabe lösen kann, spiegelt sich in den vielseitigen Anwendungen heutiger Computertechnologie und KI-Systeme wider und bleibt eine Inspiration für die Überwindung von Grenzen des Möglichen.

Die frühen Fundamente der KI wurden in den 1950er- und 1960er-Jahren gelegt, einer Zeit, die von bahnbrechenden Ideen und Entwicklungen geprägt war. Ein Schlüsselmoment war die Einführung des Turing-Tests im Jahr 1950 durch Alan Turing, einem bedeutenden Mathematiker und Computerwissenschaftler. Sein Test zielte darauf ab, die Intelligenz von Maschinen zu bewerten, indem Menschen mit einem System interagierten, ohne zu wissen, ob ihr Gegenüber ein Mensch oder eine Maschine war. Eine Maschine, die eine Person davon überzeugen konnte, menschlich zu sein, galt als »intelligent«.

Trotz seiner Bedeutung war der Turing-Test nicht ohne Mängel, wie etwa die Tendenz der Maschine, ihre Identität durch verlangsamte Antworten und den Gebrauch von Füllwörtern zu verschleiern. Turing war sich dieser Einschränkungen bewusst, sah in seinem Test dennoch eine Möglichkeit, die Intelligenz von Maschinen nach einem allgemein verständlichen Maßstab zu messen. Nichtsdestotrotz stieß er auf Widerstand von Philosophen und Theologen, welche die Idee einer intelligenten Maschine ablehnten – oft basierend auf der Annahme, dass Intelligenz eine rein menschliche Eigenschaft sei. Zur gleichen Zeit entstanden zwischen 1951 und 1956 die ersten KI-Programme, die fähig waren, Spiele wie Schach oder Dame zu spielen oder algebraische Probleme zu lösen.

Abbildung 3: Nachbau der »Bombe«. Eine von Alan Turing entwickelte Maschine, die in der Lage war, die Kodierung der deutschen Enigma während des Zweiten Weltkriegs zu knacken (Quelle: Wikipedia).

Ein weiterer Meilenstein war die Dartmouth-Konferenz im Jahr 1956, initiiert von John McCarthy, einem ambitionierten Professor am Dartmouth College. Diese Zusammenkunft markierte die Geburtsstunde der KI als eigenständiges Forschungsfeld. Bereits die Einladung enthielt die visionäre Aussage: »Es wird der Versuch unternommen, Maschinen zu befähigen, Sprache zu gebrauchen, Abstraktionen und Konzepte zu bilden, Probleme zu lösen, welche heute nur Menschen zugänglich sind, und sich selbst zu verbessern.«

Die Konferenz dauerte mehrere Wochen und fand am Dartmouth College in Hannover, New Hampshire (USA), statt. Während dieser Zeit kamen führende Wissenschaftler aus verschiedenen Disziplinen zusammen, um Ideen auszutauschen und über das Potenzial von Computern zu diskutieren, menschliche kognitive Prozesse nachzuahmen. Es war ein optimistischer Beginn, in dem die Beteiligten eine rasche Entwicklung und große Durchbrüche in der Fähigkeit von Maschinen zur Nachahmung menschlicher Denkprozesse prognostizierten. Die Konferenz führte also zur Formulierung einiger grundlegender Annahmen und Ziele für die KI-Forschung sowie zur Entwicklung von Algorithmen, die Lernen, Problemlösung und Sprachverständnis ermöglichen.

Obwohl die tatsächlichen Fortschritte langsamer waren, als die Gründerväter der KI damals annahmen, legte die Dartmouth-Konferenz dennoch die Grundsteine für die zukünftige Entwicklung und inspirierte Generationen von Forschern, sich den Herausforderungen und Möglichkeiten der Künstlichen Intelligenz zu widmen.

Joseph Weizenbaum (1923–2008) war ein bedeutender Computerwissenschaftler, der in den späten 1960er Jahren mit der Entwicklung von ELIZA berühmt wurde, einem der ersten Programme, das eine Kommunikation mit einem Computer in natürlicher Sprache ermöglichte. Ursprünglich in Berlin geboren und später in die USA emigriert, begann Weizenbaums Karriere in einer Zeit explosiver technologischer Fortschritte. ELIZA war als einfaches Experiment gedacht, um die Oberflächlichkeit der Kommunikation zwischen Mensch und Maschine zu demonstrieren, aber es endete damit, wichtige Fragen über die Beziehung zwischen Mensch und Technologie aufzuwerfen.

Interessanterweise wurde Weizenbaum später zu einem der schärfsten Kritiker der Künstlicher Intelligenz, die sich unter anderem auch in seinem lesenswerten Buch »Die Macht der Computer und die Ohnmacht der Vernunft« manifestiert. Seine Arbeit und seine kritische Perspektive auf die Auswirkungen der Computertechnologie auf die Gesellschaft fordern uns auch heute noch dazu auf, über die ethischen Dimensionen unserer technologischen Entscheidungen nachzudenken.

Die 1970er Jahre markierten eine bedeutende Wendung in der Entwicklung der Künstlichen Intelligenz, geprägt durch den sogenannten »KI-Winter« und eine Neuausrichtung der Forschungsbemühungen. Der erste KI-Winter, der von 1969 bis 1980 andauerte, war eine Periode, in der die Begeisterung und das Vertrauen in die KI deutlich abnahmen. Ausgelöst wurde dieser Winter unter anderem durch Marvin Minsky, einem renommierten KI-Forscher und Teilnehmer der Dartmouth-Konferenz. Minsky legte die Grenzen des Perzeptron-Konzepts[9] offen, einen früheren Ansatz neuronaler Netze. Obwohl er und seine Kollegen lediglich die Schwächen einfacher Perzeptronen aufzeigten und sogar Wege zur Überwindung dieser Mängel vorschlugen, wurde diese nuancierte Botschaft in der Öffentlichkeit nicht richtig verstanden. Eine Reihe missverständlich formulierter Zeitungsartikel rief eine Welle der Skepsis gegenüber der KI hervor, was schließlich erhebliche Kürzungen der Forschungsgelder nach sich zog. Diese Entwicklung führte in den späten 1970er-Jahren zu einem nahezu vollständigen Stillstand in der KI-Forschung.

Obwohl regelbasierte Systeme, die sogenannten Expertensysteme, in den späten 1970ern und frühen 1980ern populär wurden, konnten sie die hohen Erwartungen nicht immer erfüllen und wurden später von Ansätzen der neuronalen KI, insbesondere dem maschinellen Lernen (ML), überholt. Maschinelles Lernen passt sich selbstständig durch Daten der Aufgabe an und

---

[9] Ein Perzeptron ist ein einfaches Modell eines künstlichen Neurons in der neuronalen Netzwerktheorie. Es wurde in den 1950er-Jahren von Frank Rosenblatt entwickelt und dient als Grundbaustein für komplexere Arten von neuronalen Netzen. Ein Perzeptron nimmt mehrere Eingangssignale auf, wobei jedes Signal mit einem Gewicht multipliziert wird. Diese gewichteten Eingänge werden dann summiert, und wenn die Summe einen bestimmten Schwellenwert überschreitet, aktiviert das Perzeptron seinen Ausgang. Dies kann als eine Entscheidung des Perzeptrons interpretiert werden, ob es auf die gegebenen Eingaben »reagiert« oder nicht. Perzeptronen sind grundlegend für das Verständnis der Funktionsweise künstlicher neuronaler Netze und haben wichtige Anwendungen bei der Mustererkennung und bei maschinellen Lernprozessen.

benötigt im Gegensatz zu regelbasierten Systemen keine vordefinierten Regeln.

Regelbasierte Expertensysteme, die vor allem in den Anfangsjahren der Künstlichen Intelligenz eine bedeutende Rolle spielten, sind auch heute noch in bestimmten Anwendungsbereichen von großem Wert. Diese Systeme funktionieren auf der Basis von festgelegten Regeln und Logiken, die spezifische Lösungen für definierte Probleme bieten. Ein anschauliches Beispiel für den Einsatz eines regelbasierten Systems ist das Diagnosesystem in der Medizin, das auf einem umfangreichen Katalog von Symptomen und Diagnosekriterien basiert. Ärzte können mit seiner Hilfe Krankheiten identifizieren und behandeln, indem das System spezifische medizinische Informationen durchsucht und Entscheidungen auf der Grundlage klar definierter Regeln trifft.

Der Vorteil solcher regelbasierten Systeme liegt in ihrer hohen Transparenz. Im Gegensatz zu den oft undurchsichtigen Prozessen des maschinellen Lernens, bei denen Entscheidungen auf komplexen und schwer nachvollziehbaren Modellen basieren, können die Entscheidungen eines regelbasierten Systems leichter nachvollzogen und überprüft werden. Diese Transparenz ist besonders in kritischen Bereichen wie der Medizin und der Rechtsprechung von großer Bedeutung, in denen es darauf ankommt, die Grundlagen einer maschinellen Entscheidung klar und eindeutig darlegen zu können.

Die 1980er und 1990er Jahre markierten eine Ära des Fortschritts und der Herausforderungen in der Welt der Künstlichen Intelligenz und waren besonders durch die Entwicklung neuronaler Netze und des maschinellen Lernens geprägt.

Ein entscheidender Durchbruch erfolgte 1986 mit der Einführung des Rückpropagierungsalgorithmus[10] für neuronale Netze. Dieser Lernalgorithmus spielte eine Schlüsselrolle bei der Entwicklung von Deep Learning, einer fortgeschrittenen Form maschinellen Lernens, die heute in vielen KI-Anwendungen verwendet wird. Wieder wurde dieser Rückgang durch die Enttäuschung infolge von zu hohen Erwartungen ausgelöst – diesmal bezogen auf eine neue Generation von Computern, die sogenannten ›Lisp-Maschinen‹. Trotzdem blieb die Wissenschaft aktiv und entwickelte weiterhin Technologien, die sich später als bahnbrechend erwiesen. Die Frustration über Expertensysteme und gekürzte staatliche Fördermittel führte jedoch zu einem erneuten Rückgang in der KI-Forschung und -Finanzierung.

Es war der 11. Mai 1997, ein Tag, der die Wahrnehmung Künstlicher Intelligenz für immer verändern sollte. Im Herzen von New York, im Ballsaal des Equitable Centers, bereitete sich die Schachwelt auf ein historisches Ereignis vor: die sechste und entscheidende Partie zwischen dem Schachweltmeister Garri Kasparow und dem IBM-Supercomputer Deep Blue. Die Luft war zum Schneiden dick, gefüllt mit der Anspannung von Medien und Schachfans aus aller Welt. Kameras blitzten auf, als der als unbesiegbar geltende Großmeister Kasparow mit entschlossenem Blick den Saal betrat. Doch ihm gegenüber stand nicht etwa ein menschlicher Gegner, sondern eine Maschine – Deep Blue, ein Koloss aus Stahl und Silizium, der die Grenzen der technologischen Fähigkeiten seiner Zeit testen sollte.

Das Match begann, und mit jedem Zug, den Kasparow machte, analysierte Deep Blue Millionen mögliche Reaktionen in einer Geschwindigkeit, die kein Mensch jemals erreichen könnte. Die Zuschauer verfolgten gebannt, wie die beiden Kontrahenten um die Vorherrschaft auf dem Schachbrett kämpften. Deep Blue, ausgestattet mit einer umfangreichen Datenbank und

---

[10] Der Rückpropagierungsalgorithmus ist eine Methode, die in der Künstlichen Intelligenz beim maschinellen Lernen verwendet wird, insbesondere in neuronalen etzen. Stellen Sie sich ein neuronales Netz wie ein Team von Mitarbeitern vor, die lernen, eine Aufgabe gemeinsam zu lösen. Anfangs machen sie viele Fehler. Der Rückpropagierungsalgorithmus funktioniert wie ein Trainer, der dem Team zeigt, wo und wie sie Fehler gemacht haben, und ihnen hilft, sich zu verbessern.

der Fähigkeit, zukünftige Züge vorauszuberechnen, setzte Kasparow zunehmend unter Druck. Die Partie, die live im Internet übertragen wurde und damit zu einem der größten Online-Events seiner Zeit wurde, zog Millionen von Zuschauern weltweit in ihren Bann. Es war nicht nur ein Schachspiel; es war eine Demonstration der Möglichkeiten und der Macht der Künstlichen Intelligenz.

Nach neunzehn Zügen stand der Sieg von Deep Blue fest. Es sollte Kasparows schnellste Niederlage in seiner Profikarriere werden, und nicht nur seine Stimmung war gemischt, sondern auch die der Anwesenden im Raum. Teils bestand sie aus Bewunderung für die technische Leistung, teils aus einer gewissen Beklemmung aufgrund dessen, was diese Maschine symbolisierte. Kasparow selbst äußerte später Zweifel und Frustration über das, was er als unfaire Vorteile des Computers empfand.

Trotz der Kontroversen war der Triumph von Deep Blue ein Höhepunkt, der nicht nur in der Welt des Schachs, sondern in der gesamten Technologiegeschichte seinen festen Platz fand. Dieser Tag markierte nicht nur den ersten Sieg einer Maschine über einen Weltmeister unter Turnierbedingungen, sondern auch den Moment, in dem die Künstliche Intelligenz das kollektive Bewusstsein der Welt als ernst zu nehmende Kraft erreichte.

Ein weiterer herausragender Moment war 2011 der Triumph von IBMs KI-System »Watson« in der amerikanischen Fernseh-Quizshow »Jeopardy!«. Die Show zeichnet sich durch ein einzigartiges Format aus, bei dem Antworten in Form einer Aussage gegeben werden und die Teilnehmer die zugehörige Frage formulieren müssen – beispielsweise wird die Lösung Berlin vorgegeben. Der Teilnehmer errät daraufhin die passende Frage: »Wie heißt die Hauptstadt von Deutschland?«

Watsons Sieg gegen renommierte menschliche Spieler galt als eine Pionierleistung im Bereich des Sprachverständnisses und brachte weltweite Anerkennung. Die Fähigkeit der KI, komplexe menschliche Sprache zu verstehen und darauf zu reagieren, war nicht nur ein Unterhaltungsspektakel, sondern auch ein bedeutender Schritt in der Entwicklung der KI im Bereich des natürlichen Sprachverständnisses.

2012 markierte der ImageNet-Wettbewerb einen weiteren Wendepunkt. Ein »tiefgehend lernendes« Modell erzielte bahnbrechende Ergebnisse bei der Bildklassifikation[11], was einen Boom im Bereich des Deep Learnings[12] auslöste. Diese Entwicklungen in den künstlichen neuronalen Netzen, angetrieben durch die zunehmende Menge an verfügbaren Daten und verbesserten Rechenkapazitäten, setzten neue Maßstäbe in der natürlichen Sprachverarbeitung und dem maschinellen Sehen. Deep Learning verzeichnete zahlreiche Erfolge und leistete einen wesentlichen Beitrag zur Verbreitung der KI-Technologie.

Doch die Entwicklung schritt weiter voran und machte auch vor dem Brettspiel Go keinen Halt. Diese Spiel hat seinen Ursprung vor mehr als 4.000 Jahren in China und ist tief in der Kultur Ostasiens verwurzelt, insbesondere in Ländern wie China, Korea und Japan. Es ist bekannt für seine außergewöhnliche strategische Tiefe und Komplexität. Das Spiel wird auf einem Gitter von neunzehn mal neunzehn Linien gespielt, auf dem die Spieler abwechselnd schwarze und weiße Steine platzieren, mit dem Ziel, durch Einkreisen mehr Territorium als der Gegner zu erobern.

Anders als im Schach, bei dem die möglichen Züge und Strategien zwar zahlreich, aber überschaubar sind, bietet Go eine fast unendliche Anzahl von Spielvariationen, was es zu einer enormen Herausforderung für Künstliche Intelligenz macht.

AlphaZero, ein weiteres KI-System, ist in der Lage, Spiele wie Schach, Go und Shogi zu meistern, und zwar ohne vorheriges »manuelles« Anlernen durch zahlreiche Spielverläufe. Stattdessen lernte AlphaZero durch das Spielen gegen sich selbst, was eine revolutionäre Ebene der KI-Fähigkeiten demonstrierte. Diese Entwicklung begünstigte auch die rasante Expansion der Implementierung von KI in der Geschäftswelt, was ihre Rolle als technologisches Schlüsselelement weiter festigte.

---

[11] Die KI beschreibt das Bild bzw. klassifiziert Objekte innerhalb des Bildes – Ein »Apfel« wird in einem Bild als »Apfel« erkannt.
[12] Wir werden uns später noch intensiver mit Deep Learning beschäftigen. Verstehen Sie dies jetzt erstmal als eine Art von Lernmethode.

Der Sieg von AlphaGo über Lee Sedol, einen der weltweit führenden Go-Spieler, im Jahr 2016 war daher nicht nur ein technischer Durchbruch, sondern auch ein kulturell bedeutendes Ereignis für den asiatischen Raum. Dieser Sieg hatte eine ähnliche symbolische Wirkung wie der Erfolg von Deep Blue über Garri Kasparow im Westen. Er demonstrierte eindrucksvoll, dass moderne KI-Systeme in der Lage sind, auch in einem Spiel, das als Inbegriff menschlicher Intuition und strategischen Denkens galt, herausragende Leistungen zu erbringen.

Darüber hinaus gilt dieser Moment als ein wesentlicher Wendepunkt in der chinesischen KI-Strategie. Inspiriert durch AlphaGos Sieg, begann China, seine Anstrengungen und Investitionen in die Forschung und Entwicklung Künstlicher Intelligenz massiv zu intensivieren. Die Regierung erkannte das Potenzial der KI-Technologie als Schlüsselfaktor für die zukünftige wirtschaftliche und technologische Entwicklung und startete umfassende Initiativen, um China zu einem weltweit führenden Zentrum für KI-Innovation zu machen. Diese strategische Neuausrichtung hat dazu beigetragen, dass das Land sich zunehmend auf die Entwicklung und Anwendung von KI-Technologien konzentriert, mit dem Ziel, in einer Vielzahl von Industrien und gesellschaftlichen Bereichen führend zu sein.

Auch im Bereich der Videospiele hat sich die KI seit 2016 rasant weiterentwickelt. Besonders in Multiplayer-Spielen mit vielen versteckten Variablen stellen KI-Systeme ihre Leistungsfähigkeit unter Beweis. Diese Spiele bieten eine komplexe und dynamische Umgebung, in der KI-Algorithmen lernen und sich anpassen müssen. Entweder muss die KI gegen menschliche Spieler bestehen, beispielsweise in Form eines Monsters, das gegen mehrere Spieler kämpft und auf diese reagiert. Mit der Zeit lernt dieses »Monster« die Strategien der menschlichen Spieler vorauszusehen und kann ihr Verhalten dementsprechend anpassen. In anderen Fällen ersetzt die KI menschliche Spieler, indem sie das Spiel ähnlich wie ein Mensch spielt und damit einen menschlichen Spieler simuliert.

Es besteht ein exponentielles Wachstum in verschiedenen Dimensionen der KI, darunter Datenmengen und Rechenleistung. Besonders im Bereich des Deep Learnings gibt es regelmäßig wissenschaftliche Durchbrüche, die das Potenzial der KI in diesem Sektor weiter ausbauen.

Abbildung 4: Ein früher Prototyp von Watson in New York, in etwa so groß wie ein Schlafzimmer (Quelle: Wikipedia).

Im Gesundheitswesen spielen KI-Systeme wie IBM Watson eine zunehmend wichtige Rolle. Sie unterstützen bei der Diagnose und Behandlung von Krankheiten, indem sie große Mengen medizinischer Daten analysieren und Muster erkennen, die für menschliche Experten schwer zu erfassen sind. Diese Systeme können Ärzten helfen, schneller und präziser Diagnosen zu stellen und individuellere Behandlungspläne zu entwickeln. Auf konkrete Beispiele gehen wir später im Kapitel »KI im Einsatz: Hier und jetzt!« ein.

Im Bereich der autonomen Fahrzeuge spielt die KI ebenfalls eine Schlüsselrolle. Unternehmen wie Mercedes, Tesla und Waymo arbeiten an der Entwicklung selbstfahrender Autos, die das Potenzial haben, die Mobilität grundlegend zu verändern. Diese Fahrzeuge nutzen KI-Algorithmen, um ihre Umgebung zu interpretieren, Entscheidungen in Echtzeit zu treffen und sicher auf den Straßen zu navigieren. Schließlich haben Fortschritte in Generativen Modellen die Erstellung von realistischen Bildern, Texten und sogar Musik ermöglicht. Systeme wie GANs (Generative Adversarial Networks), sind in der Lage, neue realistische Inhalte zu generieren, die kaum von menschlichen Schöpfungen zu unterscheiden sind.

Abbildung 5: Wir haben die bildgenerierende KI »DALL-E« verwendet, um das Bild eines Menschen zu erschaffen, der ein Buch über Künstliche Intelligenz liest.

Dieser Fortschritt hat nicht nur Auswirkungen auf die Unterhaltungsindustrie, sondern auch auf die Bildungs- und Werbebranche, indem er neue Wege für kreative Ausdrucksformen und Inhaltsproduktionen eröffnet.

Insgesamt zeigt die Vielfalt und Tiefe der KI-Anwendungen, wie sehr diese Technologie bereits in unserem Alltag verankert ist und wie sie weiterhin zahlreiche Aspekte unseres Lebens transformiert.

Von den frühen Tagen des Turing-Tests und der Entwicklung einfacher KI-Programme in den 1950er Jahren bis hin zu den heutigen vielseitigen und hoch entwickelten Anwendungen in Bereichen wie Gesundheitswesen, Automobilindustrie und Unterhaltung hat die KI einen langen und bemerkenswerten Weg zurückgelegt.

Jeder der in diesem Kapitel hervorgehobenen Meilensteine repräsentiert einen signifikanten Schritt vorwärts in unserer Fähigkeit, Maschinen zu entwerfen, die immer kompliziertere Aufgaben übernehmen können. Von den einfachen Anfängen, in denen KI-Systeme auf spezifische, eng definierte Probleme beschränkt waren, bis hin zu heutigen Systemen, die komplexe Sprache verstehen, in dynamischen Umgebungen navigieren und sogar kreative Inhalte generieren können, hat sich die KI als transformative Kraft erwiesen.

Geschichte wiederhole sich nicht, sie habe aber ein Echo, wie man sagt. Blickt man in die Zukunft, so scheint es also sicher, dass die KI, wie auch schon andere Erfindungen zuvor, weiterhin Grenzen verschieben und unsere Welt in bisher ungeahnter Weise formen wird. Die Reise der KI ist noch lange nicht abgeschlossen, und es bleibt spannend zu beobachten, wie sie sich weiterentwickeln und unsere Welt prägen wird.

# Die unaufhaltsame Welle der KI

Wir haben bereits aufgezeigt, dass es in der Vergangenheit immer wieder kritische Wendepunkte gab, an denen ganze Zivilisationen entscheiden mussten, ob sie den Fortschritt annehmen oder sich ihm widersetzen.

China und Japan, zwei große Kulturen, die Ende des 19. Jahrhunderts die Industrialisierung ablehnten, erlebten kurz darauf eine Phase des Niedergangs – überholt von Nationen, die die Maschine willkommen hießen und den industriellen Wandel als unumgänglich betrachteten.

Abbildung 6: durch DALL-E erstelltes Bild einer sinnbildlichen KI-Fortschrittswelle.

Heute stehen wir vor einer ähnlichen Welle des Fortschritts: der Künstlichen Intelligenz. Wie die Dampfmaschine im 18. Jahrhundert ist KI nicht bloß eine neue Erfindung, sondern ein Paradigmenwechsel, ein neues Zeitalter der Menschheitsgeschichte. Wir können versuchen, sie zu ignorieren, doch die Welle der KI wird sich durch Ignoranz nicht aufhalten lassen. Sie wird neben Wissenschaft, Wirtschaft und Kultur auch unser tägliches Leben transformieren – mit oder ohne unsere Zustimmung.

Nun könnten Sie einwenden, dass Sie weder China noch Japan sind und ganz sicher kein Weltreich führen (es wäre in der Tat überraschend, wenn das zuträfe). Aber die Lehre aus diesen historischen Beispielen ist universell und betrifft auch Sie auf persönlicher Ebene. Denn was wäre, wenn Sie den Zugang zum »Computer« oder »Internet« abgelehnt hätten? Wie wettbewerbsfähig wären Sie heute auf dem Arbeitsmarkt ohne die grundlegenden Kenntnisse der Informationstechnologie? Wie verbunden könnten Sie im privaten Bereich bleiben ohne Handy, ohne WhatsApp, Zoom und E-Mail? Diese Technologien waren einst neu und unbekannt, und doch sind sie jetzt integraler Bestandteil unseres Alltags. Künstliche Intelligenz steht an einem ähnlichen Punkt – zunächst ein Mysterium, bald jedoch eine Selbstverständlichkeit.

Wir wollen Sie nicht nur überzeugen, dass KI gekommen ist, um zu bleiben, sondern auch, dass es in Ihrer Macht liegt, Teil dieser Revolution zu sein. Lassen Sie uns daher nicht die Fehler der Vergangenheit wiederholen, indem wir den Fortschritt ablehnen. Stattdessen sollten wir lernen, ihn zu unserem Vorteil zu nutzen, ohne dabei die Herausforderungen und Risiken zu vergessen.

Wir können noch etwas Weiteres aus der Geschichte lernen. Obwohl die Künstliche Intelligenz beeindruckende Fortschritte gemacht hat, dürfen wir nicht vergessen, dass auch heute noch Ergebnisse enttäuschend oder fehlerhaft sein können. Es ist wichtig, dass Sie nach so einer Erfahrung nicht in einen »KI-Winterschlaf« verfallen und sich entmutigen zu lassen. Stattdessen sollten wir aus diesen Erfahrungen lernen und unsere Fähigkeiten im Umgang mit KI verbessern. Sehen Sie die Vorteile der Technologie und lernen Sie, sie so zu nutzen, dass Sie immer bessere und zuverlässigere Ergebnisse erzielen können.

So wie die Industrialisierung neue Kunstformen, Lebensweisen und Denkmuster hervorbrachte, so wird uns auch die KI-Revolution zu neuen Ufern des menschlichen Potenzials führen. Man wird ihre Ausbreitung genauso wenig wie einen Tsunami aufhalten können, aber wir können lernen, mit ihr zu schwimmen und die Welle zu unserem Vorteil zu reiten. Eine ähnliche Analogie hatte Bill Gates bereits in den 90er Jahren in Bezug auf das Internet geäußert, die sich heute, wie wir alle täglich wahrnehmen, bewahrheitet hat: »Das Internet ist wie eine Welle: Entweder man lernt, auf ihr zu schwimmen, oder man geht unter.«

Wir prognostizieren, dass der Einfluss von KI in den nächsten fünfzehn Jahren mindestens genauso bedeutsam sein wird.

## Zukunft mit KI: Utopie oder Dystopie?

Erinnern wir uns an neue Technologien wie die Dampfmaschine: Ihre Einführung löste eine industrielle und wirtschaftliche Expansion aus, die den Transport und die Produktion revolutionierte und zu tiefgreifenden sozialen Veränderungen führte. Der Historiker Arnold Toynbee beschrieb die Dampfmaschine als den »mächtigen Hebel«, der die Welt aus ihren angestammten Gleisen hob. In ähnlicher Weise kann auch die KI als Hebel für den Fortschritt im 21. Jahrhundert verstanden werden. Die transformative Kraft der KI zeigt sich bereits in vielen Aspekten unseres Lebens und unserer Wirtschaft: von der Automatisierung routinemäßiger Aufgaben bis hin zur Lösung komplexer Probleme. Sie ist in der Lage, Produktivität zu steigern und Innovationen zu fördern.

John McCarthy, ein Pionier der KI, erkannte dieses Potenzial, als er erklärte, KI werde erreichen, was der Mensch sich vorstellen könne – und noch mehr. Mit Künstlicher Intelligenz wird die Menschheit einen Zustand erreichen, der über unsere kühnsten Vorstellungen hinausgeht. In diesem Punkt stimmen wohl Befürworter wie auch Kritiker überein, nur unterscheiden sich diese darin, ob diese Zukunft positiver oder negativer Natur sein wird.

In unserem Verständnis der Zukunft spiegeln sich oft die technologischen Möglichkeiten und Grenzen unserer aktuellen Zeit wider. Ein prägnantes Beispiel dafür ist die Science-Fiction-Serie »Raumschiff Enterprise«. Die

Macher der Serie konzipierten eine Zukunft mit fortschrittlichen Technologien wie Warp-Antrieb, Teleportation und Universalübersetzern – Ideen, die auf den wissenschaftlichen Kenntnissen und Vorstellungen ihrer Zeit basierten. Jedoch konnten sie sich für uns mittlerweile selbstverständliche Technologien wie das Internet, Smartphones oder soziale Medien nicht einmal vorstellen. Diese Beobachtung verdeutlicht, dass unsere Vorstellungskraft oft von den aktuellen technologischen Entwicklungen und dem zeitgenössischen Wissen begrenzt ist.

Denken Sie daran, wie in den 2010er Jahren prognostiziert wurde, dass Berufe wie Taxifahrer und Lkw-Fahrer aufgrund autonomer Fahrzeuge bald überflüssig sein würden. Diese Vorhersagen führten zu weitreichenden Debatten über die Zukunft der Arbeit. Doch nur wenige Jahre später zeigt sich ein ganz anderes Bild: Es sind zunächst oft die als sicher geltenden Berufe der sogenannten White-Collar-Worker, also akademische Fachkräfte wie Ärzte, Ingenieure oder Anwälte, die von der Künstlichen Intelligenz beeinflusst werden und eben nicht der Taxifahrer oder die Busfahrerin. Dieses Beispiel zeigt, wie wichtig es ist, unsere Annahmen kontinuierlich zu hinterfragen und uns auf die veränderlichen Realitäten einzustellen, die die KI-Technologie mit sich bringt.

KI kann also Veränderungen mit sich bringen, die wir heutzutage noch nicht antizipieren können – ähnlich wie die Erfindung des Internets, welche die Art und Weise unserer Kommunikation und Geschäftswelt revolutioniert hat. Ähnlich wie die Erfindung des Internets, welche die Art, wie wir kommunizieren, Informationen teilen und Geschäfte machen, revolutioniert hat.

Die Herausforderung und Faszination bei der Betrachtung der Zukunft der KI liegen darin, dass wir uns auf unbekanntes Terrain begeben. Wir können nur Vermutungen anstellen, wie KI-Technologien sich weiterentwickeln werden und welche neuen Anwendungen und Herausforderungen sie mit sich bringen könnten. Dies erfordert einerseits Offenheit und Vorstellungskraft, andererseits aber auch eine verantwortungsbewusste Herangehensweise, um sicherzustellen, dass diese Technologien zum Wohle der Menschheit eingesetzt werden. Im Zuge des Web Summits 2017 in Lissabon warnte Stephen Hawking davor, dass Computer theoretisch in der Lage seien, menschliche Intelligenz zu emulieren und sogar zu übertreffen. Er betonte:

»Das erfolgreiche Schaffen einer effektiven Künstlichen Intelligenz könnte das größte Ereignis in der Geschichte unserer Zivilisation sein. Oder das Schlimmste. Wir wissen es nur nicht. Wir können also nicht wissen, ob uns die Künstliche Intelligenz unendlich helfen wird, ob sie uns ignoriert und beiseiteschiebt oder ob sie uns möglicherweise zerstört.«

In der Betrachtung der Künstlichen Intelligenz stehen wir möglicherweise an einem ähnlichen Punkt wie die Schöpfer von »Star Trek« in den 1960er Jahren: Wir entwerfen Visionen einer zukünftigen Welt mit KI, basierend auf unserem heutigen Verständnis und unseren gegenwärtigen Technologien. Doch genau wie »Star Trek« unsere Vorstellungskraft anregte und uns dazu inspirierte, über die Grenzen des damals Möglichen hinauszudenken, ermutigt uns die Entwicklung der KI, neue Horizonte zu erkunden und uns eine Zukunft vorzustellen, die unsere aktuelle Realität weit übersteigt.

Aero-Cab Station

Abbildung 7: So stellte sich der Künstler Jean-Marc Côte die Zukunft im 21. Jahrhundert vor (Bilderreihe En L'an 2000, 1899).

Es ist schwierig, sich ein klares Bild der Zukunft zu machen, da sie abstrakt und ungewiss ist und sich die Entwicklungen zunehmend beschleunigen. Die Geschichte der Technologieentwicklung liefert hierfür eindrucksvolle Beispiele. Denken wir nur an Alexander Graham Bell: Er erhielt 1876 das Patent für das erste Telefon. Es dauerte jedoch mehrere Jahrzehnte, bis der Telefonapparat in den meisten Haushalten in den USA und Europa Einzug hielt. Im Vergleich dazu benötigte das Mobiltelefon nur wenige Jahre, um sich weltweit zu verbreiten, nachdem es in den 1980er Jahren auf den Markt kam. Das Internet brauchte als eine der revolutionärsten Erfindungen des 20. Jahrhunderts etwa sieben Jahre, um hundert Millionen Nutzer zu erreichen. Facebook, eine der bekanntesten sozialen Plattformen unserer Zeit, benötigte nur vier Jahre, um diese Marke zu überschreiten.

ChatGPT und ähnliche KI-gesteuerte Technologien setzen diesen Trend fort und das in einer bis heute unvergleichlichen Geschwindigkeit. ChatGPT erreichte innerhalb von lediglich zwei Jahren hundert Millionen Nutzer. Dieser rasante Anstieg ist nicht nur ein Zeichen für die Qualität und Nützlichkeit dieses Tools, sondern auch für die wachsende Akzeptanz und das Verständnis von KI in der breiten Öffentlichkeit.

Die Geschwindigkeit, mit der Innovationen heutzutage angenommen werden, ist atemberaubend. Sie zeigt, wie vernetzt und adaptiv unsere globale Gesellschaft geworden ist und unterstreicht die Bedeutung, stets auf dem neuesten technologischen Stand zu bleiben, um nicht den Anschluss zu verlieren. Es ist faszinierend zu beobachten, wie Technologien, die einst als futuristisch galten, in kürzester Zeit zum Alltag werden können. Aber woran liegt das? Wie lässt sich diese zunehmende Geschwindigkeit vor allem im Bereich der KI-Anwendungen erklären?

Das »magische Dreieck« der KI, bestehend aus Nutzern, Daten und verbes-serten Vorhersagen, ist ein sich selbst verstärkender Zyklus, der das Wachstum und die Verbreitung von KI-Technologien vorantreibt.

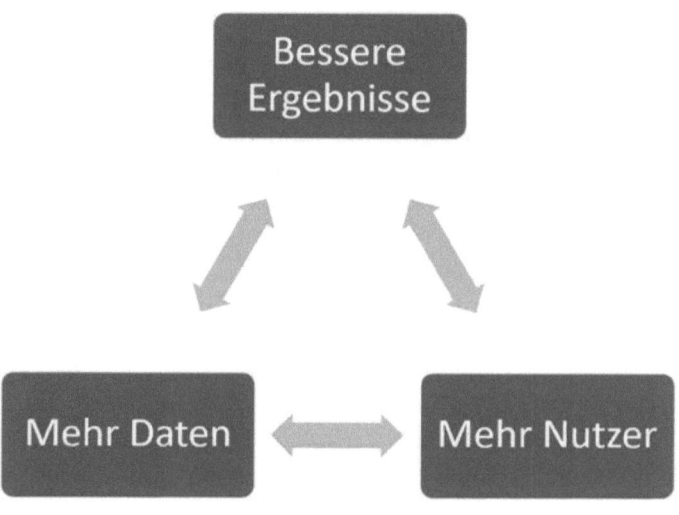

Abbildung 8: das magische Dreieck der Künstlichen Intelligenz.

Konkret heißt dies, dass bessere Ergebnisse zu mehr Nutzern führen, die wiederum in der Interaktion mit der KI mehr Daten produzieren, was zur Basis von noch besseren Ergebnissen wird.

Dieser Zyklus macht KI zu einem unaufhaltsamen Phänomen in unserer technologischen Landschaft und zeigt, wie wichtig es ist, mit dieser Entwicklung Schritt zu halten.

Die KI steht nicht an der Schwelle zur Gesellschaft – sie hat bereits Einzug gehalten. Sie begleitet uns in unseren Smartphones, in unseren Autos, in der Art und Weise, wie wir einkaufen und kommunizieren. KI ist das unsicht-bare Rädchen, das die moderne Welt antreibt und eine neue Ebene der Ef-fizienz und Personalisierung in unserem Alltag ermöglicht. Es ist diese All-gegenwärtigkeit, die KI so bedeutsam macht. Sie ist nicht nur für diejenigen nützlich, die sie programmieren, sondern für alle, die von ihrer Anwendung profitieren.

Das Wissen um KI und ihre Potenziale ist daher kein Luxus, sondern eine Notwendigkeit. Es ist ein Werkzeug der Ermächtigung in einer Welt, die zunehmend von Algorithmen beherrscht und gestaltet wird. Auch wenn wir Ihnen in diesem Buch nicht die Zukunft vorhersagen können, so versuchen wir zu verdeutlichen, warum ein Verständnis für KI für jeden von uns unerlässlich ist – um beruflich »im Spiel« zu bleiben, um ethische Fragen zu stellen, um kreative und innovative Lösungen zu fördern und um eine Zukunft zu formen, die von Technologie durchdrungen, aber von menschlichen Werten geleitet wird.

# Dritter Teil

## Grundlagen und Funktion

# Die Kunst der Mustererkennung: der geheime Zaubertrick der KI

Angesichts der zahlreichen Einsatzmöglichkeiten von Künstlicher Intelligenz ist es leicht, den Überblick zu verlieren. Um eine Struktur in die Vielfalt der Anwendungen zu bringen, hat die Technische Universität München (UnternehmerTUM) eine treffende Klassifizierung der Fähigkeiten von KI vorgenommen:

Die erste Kategorie ist die der *wahrnehmenden Intelligenz*. Sie umfasst die Fähigkeit der KI, ihre Umwelt zu verstehen und zu interpretieren. Ein Teilbereich davon ist die *Computer Vision*, bei der Maschinen Bilder und Videos erkennen und analysieren können, von der Gesichtserkennung bis zur Analyse komplexer Szenen. *Computer Audition* ermöglicht es Computern, Klänge und Sprache zu verarbeiten und zu verstehen, ähnlich dem menschlichen Gehör. Die *Computerlinguistik* befasst sich mit dem Verstehen und Generieren menschlicher Sprache, was insbesondere in der Interaktion mit Sprachassistenten eine große Rolle spielt.

Die zweite Kategorie umfasst die *analytischen Fähigkeiten*. Hier geht es um die Verarbeitung und Analyse von Informationen. KI-Systeme können Muster in Daten erkennen und zukünftige Ereignisse oder Ergebnisse vorhersagen. Sie sind auch in der Lage, neue Muster oder Erkenntnisse in großen Datenmengen zu entdecken, die dem menschlichen Auge oft verborgen bleiben. Darüber hinaus können sie komplexe Planungs- und Optimierungsprobleme lösen, wie etwa bei Logistiknetzwerken.

Die dritte Kategorie beinhaltet die *motorischen Fähigkeiten*. Diese beziehen sich auf die physische Interaktion von KI-Systemen mit ihrer Umgebung. Ein klassisches Beispiel hierfür sind Roboterarme in der Fertigungsindustrie – aber auch selbstfahrende Fahrzeuge zählen dazu.

Die vierte und letzte Kategorie bilden die *generierenden Fähigkeiten*. Diese ermöglichen es KI-Systemen, neue Inhalte zu erstellen. Dazu gehört das Verfassen neuer Texte, das Generieren von Kunstwerken oder das Komponieren von Musik. Solche Fähigkeiten finden zunehmend Anwendung in kreativen Berufen, um innovative Ideen und Konzepte zu entwickeln.

Diese Klassifizierung der TU München bietet einen klaren Überblick über die vielfältigen Fähigkeiten der Künstlichen Intelligenz und zeigt, wie diese in verschiedenen Bereichen eingesetzt werden können. Jede dieser Kategorien illustriert, inwieweit KI in der Lage ist, menschliche Fähigkeiten zu imitieren oder zu erweitern. Durch die Kombination dieser Fähigkeiten kann KI komplexe Aufgaben übernehmen, die bisher lediglich dem Menschen vorbehalten waren. Bei den analytischen Fähigkeiten spielt die bereits angesprochene Mustererkennung eine zentrale Rolle. Aber was können wir uns darunter genau vorstellen?

Francis Anscombe war ein bedeutender Statistiker des 20. Jahrhunderts, bekannt für seine Beiträge zur statistischen Theorie und Praxis. Geboren im Jahr 1918 in Hove, England, erwarb er seinen Doktorgrad in Statistik an der Universität Cambridge. Anscombe war besonders für sein Interesse an der praktischen Anwendung von Statistik bekannt und betonte die Bedeutung der grafischen Darstellung von Daten. Er stellte beispielsweise fest, dass der Mensch Muster meistens erst nach einer geeigneten Visualisierung erkennen kann. Eines seiner populärsten Werke ist das »Anscombe-Quartett«, eine Gruppe von vier Datensätzen, die trotz identischer einfacher statistischer Eigenschaften völlig unterschiedliche grafische Darstellungen aufweisen. Probieren Sie es einfach selbst aus: Welche Muster erkennen Sie in den Daten auf der nächsten Seite?

| I | | II | | III | | IV | |
|---|---|---|---|---|---|---|---|
| x | y | x | y | x | y | x | y |
| 4,0 | 4,26 | 4,0 | 3,10 | 4,0 | 5,39 | 8,0 | 5,25 |
| 5,0 | 5,68 | 5,0 | 4,74 | 5,0 | 5,73 | 8,0 | 5,56 |
| 6,0 | 7,24 | 6,0 | 6,13 | 6,0 | 6,08 | 8,0 | 5,76 |
| 7,0 | 4,82 | 7,0 | 7,26 | 7,0 | 6,42 | 8,0 | 6,58 |
| 8,0 | 6,95 | 8,0 | 8,14 | 8,0 | 6,77 | 8,0 | 6,89 |
| 9,0 | 8,81 | 9,0 | 8,77 | 9,0 | 7,11 | 8,0 | 7,04 |
| 10,0 | 8,04 | 10,0 | 9,14 | 10,0 | 7,46 | 8,0 | 7,71 |
| 11,0 | 8,33 | 11,0 | 9,26 | 11,0 | 7,81 | 8,0 | 7,91 |
| 12,0 | 10,84 | 12,0 | 9,13 | 12,0 | 8,15 | 8,0 | 8,47 |
| 13,0 | 7,58 | 13,0 | 8,74 | 13,0 | 12,74 | 8,0 | 8,84 |
| 14,0 | 9,96 | 14,0 | 8,10 | 14,0 | 8,84 | 19,0 | 12,50 |

Abbildung 9: Das Anscombe-Quartett

Dieses Quartett wird oft in der Statistiklehre verwendet, um die Bedeutung der Datenvisualisierung zu unterstreichen. Anscombe argumentierte, dass vor jeder Analyse eine visuelle Inspektion der Daten erfolgen sollte, um Anomalien oder Besonderheiten zu erfassen. Wir zeigen Ihnen nun, warum der Mensch Muster in Daten nur schwer erkennt, es ihm allerdings nach der Visualisierung häufig leichter fällt. Wie können Sie jetzt aber diese Zahlen deuten?

Visualisiert stellt sich der Datensatz wie folgt dar:

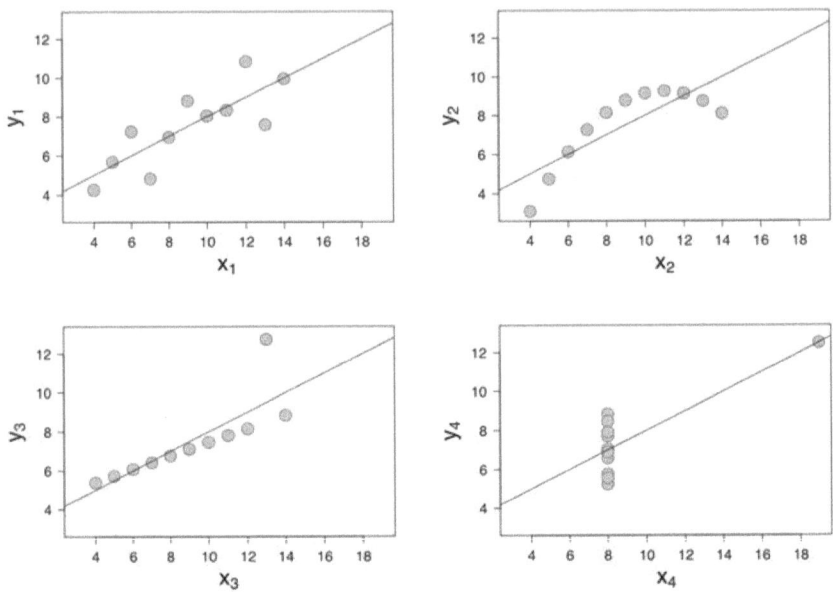

Abbildung 10: Quelle: Anscombe, Francis J. (1973) Graphs in statistical analysis. American Statistician, 27, S. 17–21.

Nun erkennen Sie sicher, wie die unterschiedlichen Datensätze jeweils einem Muster folgen, dass es allerdings auch Ausreißer gibt. Es handelt sich hierbei um ein einfaches Modell, gleichwohl zeigt das Beispiel auf, dass die meisten Menschen ohne die Visualisierung der Datensätze schon mit der Interpretation überfordert sind. Genau hier liegt einer der zentralen Vorteile der statistischen Bearbeitung von Daten durch Algorithmen und neurale Netzwerke – also durch die Künstliche Intelligenz. Anscombe plädierte dafür, statistische Daten grundsätzlich immer zu visualisieren, um Muster zu erkennen.

Ist das nun für die Berufswelt relevant? Ja, ist es! Zwar müssen wir nicht, wie hier dargestellt, grafische Muster erkennen, aber die klassische Arbeit von White-Collar-Workern (Ärzten, Ingenieuren oder Juristen – man könnte auch von »Kopfarbeitern« sprechen) besteht zum größten Teil daraus, Muster zu erkennen und anzuwenden. Wenn Sie zu Ihrer Hausärztin gehen und Ihre Symptome schildern, zum Beispiel Kopfschmerzen, eine verstopfte Nase und Halsweh, dann wird diese Ärztin mit Ihnen eine Anamnese durchführen und Sie einige Dinge fragen, beispielsweise, ob Sie Fieber haben oder hatten. Aus der Fülle an Informationen wird sie ein Muster erkennen und damit auf die Krankheit schließen, die es zu behandeln gilt, in diesem Fall vermutlich ein grippaler Infekt. Gleiches betrifft Juristen und andere akademische Berufe, die primär gelernt haben, Muster zu erkennen, auch wenn die konkreten Arbeitsschritte in der Praxis anders bezeichnet werden.

Und wie sieht es im Unternehmertum aus? Die Integration von KI ins Entrepreneurship markiert eine Ära der Transformation, in der Technologie und Geschäftsstrategien Hand in Hand gehen. KI optimiert nicht nur operative Prozesse, sondern ermöglicht auch neue Geschäftsmodelle und -strategien.

Die Anpassungsfähigkeit einer Organisation, insbesondere in Bezug auf ihr Geschäftsmodell, ist entscheidend für den anhaltenden Erfolg. KI ermöglicht es Unternehmen, innovative Geschäftsmodelle zu entwickeln, die auf Datenanalyse, Automatisierung und maschinellem Lernen basieren. KI-Technologien, insbesondere im Bereich des maschinellen Lernens und der Datenanalyse, haben die Interaktion von Unternehmen mit ihren Kunden radikal verändert. Personalisierte Kundenerlebnisse, präzise Zielgruppenansprache und verbesserte Kundenservice-Interaktionen sind nur einige Möglichkeiten, wie KI die Kundenbindung und -zufriedenheit verbessern kann.

Die Implementierung von KI in betriebliche Abläufe steigert die Effizienz. KI-Systeme können riesige Datenmengen analysieren, Muster erkennen und Vorhersagen treffen, um menschliche Entscheidungsträger bei der Optimierung von Prozessen und Strategien zu unterstützen. Durch die Analyse globaler Daten und Trends können Unternehmen internationale Geschäftsstrategien entwickeln, die auf lokalen Marktbedingungen und Verbraucherpräferenzen basieren. Auch kleine und mittelständische Unternehmen können mit KI viele ihrer Prozesse optimieren und so den Output der Mitarbeiter erhöhen, die Qualität steigern oder Kosten sparen.

Mit fortschreitenden Entwicklungen in den Bereichen maschinelles Lernen, Datenanalyse und Robotik werden immer mehr Unternehmen neue Wege finden, KI zur Steigerung ihrer Leistungs- und Wettbewerbsfähigkeit zu nutzen – vergleichbar mit der Zeit, als das Internet eingeführt wurde. Wer hätte damals gedacht, dass ein Online-Bücherversand funktioniert und viele Jahre später eines der größten Logistikunternehmen weltweit werden würde?

Abbildung 11: KI ist vielseitig einsetzbar wie ein digitales Schweizer Taschenmesser (erstellt mit Midjourney).

# KI im Einsatz: hier und jetzt!

Die Fortschritte in der Künstlichen Intelligenz haben in verschiedenen Branchen bereits zu bemerkenswerten Anwendungen geführt, die sowohl die Art und Weise, wie wir arbeiten, als auch unsere täglichen Erfahrungen tiefgreifend verändern.

In der Medizin werden mittlerweile KI-Systeme eingesetzt, um medizinische Bilder mit hoher Präzision zu analysieren. Sie helfen bei der frühzeitigen Erkennung von Krankheiten und ermöglichen personalisierte Behandlungspläne, die auf genetischen und biometrischen Daten der Patienten basieren. Beispielsweise verbessert KI im Bereich der Radiologie die Genauigkeit von Diagnosen. Zu den Erfolgsgeschichten zählt hier die Bestimmung von Hautkrebs mithilfe Künstlicher Intelligenz: Ein Team engagierter Forscher entwickelte ein KI-System, das speziell darauf trainiert wurde, Bilder von Hautkrebs zu analysieren. Dieses System nutzt umfangreiche Datenmengen von Hautkrebsbildern, um Muster zu erkennen und zu lernen, welche Merkmale auf Hautkrebs hinweisen. Die bemerkenswerteste Fähigkeit dieses KI-Systems besteht in der Identifikation von Hautkrebs mit einer Genauigkeit, die mit der von erfahrenen Dermatologen vergleichbar und ihnen teilweise sogar überlegen ist. Eine beeindruckende Leistung – vor allem wenn man bedenkt, dass die Diagnose von Hautkrebs eine komplexe Aufgabe ist, die traditionell ein hohes Maß an Fachwissen und Erfahrung erfordert. Dieses Anwendungsbeispiel zeigt nicht nur die Fortschritte in der KI-Technologie, sondern auch ihr enormes Potenzial, die Gesundheitsversorgung zu verbessern. Durch solche Innovationen können wir hoffen, dass die medizinische Diagnostik effizienter, zugänglicher und genauer wird, was letztendlich zu einer besseren Patientenversorgung führt.

Im Finanzwesen spielt KI eine zentrale Rolle bei der Entwicklung von Handelsstrategien und der Vorhersage von Markttrends. Sie wird auch zur Erkennung von Betrug eingesetzt, indem sie verdächtige Aktivitäten identifiziert, die auf unregelmäßige oder kriminelle Transaktionen hinweisen könnten.

In der Landwirtschaft gehen Bauern zunehmend dazu über, mithilfe von KI-gesteuerten Drohnen den Zustand ihrer Felder in Echtzeit präzise zu überwachen, den besten Zeitpunkt für Aussaat oder Ernte zu bestimmen und den Einsatz ihrer Ressourcen zu optimieren. Die Drohnen sind in der Lage, große Flächen aus der Luft zu sichten und detaillierte Daten zu erfassen, die für das menschliche Auge oder bei bodenbasierten Methoden nicht zugänglich wären. Die dadurch gesammelten Daten erweisen sich dabei als äußerst wertvoll: Die Landwirte können den Wasserverbrauch optimieren und Schädlinge sowie Krankheiten in ihren Kulturen frühzeitig erkennen, was zu einer Steigerung des Ertrags und einer effizienteren Nutzung von Ressourcen führt.

Ein weiteres revolutionäres Beispiel der Anwendung von KI in der Landwirtschaft sind Systeme, die mittels Lasertechnologie gezielt Unkraut vernichten. Dabei erkennen KI-gestützten Geräte Unkraut und eliminieren es mit einem präzisen Laserstrahl, ohne dass dabei gesundheitsschädliche Pestizide eingesetzt werden müssen. Diese Methode bietet eine umweltfreundliche und effiziente Alternative zur herkömmlichen Unkrautbekämpfung, reduziert den Einsatz chemischer Mittel und schont somit die Gesundheit der Verbraucher sowie die Umwelt. Durch KI können Landwirte also nicht nur ihre Erträge verbessern, sondern auch nachhaltiger wirtschaften.

In Estlands landwirtschaftlichem Register- und Informationsamt (ARIB) wird mit SATIKAS32 ein KI-System eingesetzt, das mittels Bilderkennung feststellt, ob landwirtschaftliche Grünflächen gemäht wurden. Durch den Einsatz von Deep Learning und konvolutionellen neuronalen Netzwerken[13] analysiert das System Satellitendaten des europäischen COPERNICUS-Programms. Dabei werden optische Bilder der Satelliten Sentinel 1 und 2 mit Referenzdaten von Bauernfeldern, historischen Inspektionsprotokollen und

---

[13] Konvolutionelle neuronale Netzwerke (CNNs) sind eine spezielle Art von künstlichen neuronalen Netzwerken, die hauptsächlich in der Bild- und Videoverarbeitung eingesetzt werden. Stellen Sie sich vor, Ihr Gehirn ist ein superkomplexer Computer, der Bilder verarbeitet, wenn Sie etwas sehen. Wenn Sie beispielsweise ein Foto von einem Hund betrachten, analysiert Ihr Gehirn das Bild in kleinen Abschnitten und achtet auf Details wie Formen, Kanten und Texturen, um zu erkennen, dass es sich um einen Hund handelt. Ähnlich funktionieren konvolutionelle neuronale Netzwerke. Sie nehmen ein Bild und zerlegen es in viele kleine Teile oder Abschnitte. Jeder dieser Teile wird dann einzeln analysiert. Das Netzwerk sucht nach Mustern wie Linien, Kanten und anderen visuellen Merkmalen.

Wetterdaten kombiniert. Ursprünglich 2011 als Forschungsprojekt der Universität Tartu gestartet, wurde SATIKAS 2018 in ARIB implementiert und gilt als eine der ersten KI-Anwendungen der estnischen Regierung. Sie wirkt damit dem Problem entgegen, dass das Mähen oder Beweiden der Grünflächen häufige Voraussetzungen für landwirtschaftliche Subventionen sind und in Estland oft nicht eingehalten werden. Das System, das durch den Europäischen Fonds für regionale Entwicklung finanziert wurde, optimiert die Inspektionskapazität und unterstützt Landwirte. Trotz anfänglicher Skepsis hat sich das Vertrauen in das System erhöht, und es wird erwartet, dass es in Zukunft auch zur Identifizierung verschiedener Pflanzen und Bäume eingesetzt wird.

Im Einzelhandel werden KI-Systeme dazu genutzt, um Kaufgewohnheiten und Vorlieben der Kundschaft zu analysieren. Sie bieten personalisierte Produktvorschläge und helfen bei der Optimierung von Lagerbeständen, was sowohl die Kundenzufriedenheit als auch die Betriebseffizienz steigert.

Die Unterhaltungsindustrie nutzt KI, um personalisierte Inhaltsvorschläge durch Empfehlungssysteme anzubieten. Dienste wie Netflix, Spotify und Amazon verwenden KI-Algorithmen, um unser Verhalten und unsere Vorlieben zu analysieren. Auf diese Weise können sie uns personalisierte Empfehlungen für Filme, Musik oder Produkte geben, was unser Erlebnis noch individueller und relevanter macht. Außerdem wird KI in der Musik- und Filmproduktion eingesetzt, um kreative Prozesse zu unterstützen.

In der Fertigung und Produktion überwachen KI-Systeme die Produktionsprozesse, erkennen Fehler in Echtzeit und sagen voraus, wann Maschinen gewartet werden müssen. Diese Anwendungen tragen zur Qualitätskontrolle und Effizienzsteigerung in der Produktion bei.

Im Bereich Recht und Verwaltung kann KI große Mengen an Dokumenten durchsuchen, relevante Informationen extrahieren und sogar einfache rechtliche Fragen beantworten. Dies erleichtert die Analyse von Informationen und bietet eine automatisierte Rechtsberatung, die Zeit und Ressourcen spart.

Bilderkennung ist ein weiterer faszinierender Anwendungsbereich der KI. Programme wie Google Fotos und die Gesichtserkennung auf Smartphones analysieren visuellen Input und sind in der Lage, bestimmte Objekte, Orte oder Gesichter zu erkennen. Dadurch verbessert sich nicht nur unsere Interaktion mit der Technologie, sondern bietet uns außerdem erhebliche Fortschritte in Bereichen wie Sicherheit und persönlicher Organisation.

Auch bei der Textverarbeitung und -korrektur leistet KI einen wichtigen Beitrag. Tools wie Grammarly und DeepL helfen uns, unsere Texte zu verfassen und zu verbessern, indem sie Grammatik, Rechtschreibung und sogar den Stil überprüfen und Vorschläge zur Verbesserung bieten.

Im Smart Home wird KI ebenfalls eingesetzt, um unsere Häuser intelligenter und effizienter zu gestalten. Produkte wie Nest-Thermostate und Philips Hue nutzen KI, um Heizung, Beleuchtung und andere Systeme an unsere Vorlieben und Gewohnheiten anzupassen.

Bei der Überwachung unserer Gesundheit spielt KI ebenfalls eine wichtige Rolle: Sie analysiert Daten, die von Wearables wie Fitbits gesammelt werden, und unterstützt Ärzte bei der Diagnose durch die Auswertung medizinischer Bilder.

Schließlich revolutioniert KI auch den Bereich Verkehr und Mobilität. Die Analyse und Vorhersage komplexer Verkehrssituationen reduziert Stausituationen. Solche Systeme sind zudem die treibende Kraft hinter der Entwicklung autonomer Fahrzeuge, die das Potenzial haben, unsere Art zu reisen, grundlegend zu verändern.

In all diesen Bereichen verbessert KI unser Leben, indem sie Aufgaben vereinfacht, personalisierte Erfahrungen ermöglicht und neue Möglichkeiten eröffnet. Sie ist zu einem unsichtbaren, aber unverzichtbaren Teil unserer täglichen Routine geworden. Tatsächlich berühren wir dauernd KI-gestützte Produkte, ohne es zu merken – seien es die kleinen Dinge in unserem Alltag oder auch innovative Projekte in ganz großem Maßstab:

2014 entwickelte die flämische Agentur für Kind und Familie (Kind en Gezin) ein KI-System, um genauere Vorhersagen für die Erkennung von Kindertagesstätten zu ermöglichen, die einer Inspektion bedürfen. Diese Kontrollen dienen dazu, die Qualität der Betreuungsdienste zu gewährleisten und das Wohlbefinden der Kinder zu verbessern. Die Agentur führt die Inspektionen nicht selbst durch, sondern arbeitet mit der regionalen Gesundheitsinspektionsstelle des Wohlfahrts-, Gesundheits- und Familienministeriums zusammen. Aufgrund begrenzter Kapazitäten für Inspektionen wurde ein datengestütztes System entwickelt, das mithilfe von maschinellem Lernen (logistische Regression und XGBoost[14]) Daten der Gesundheitsinspektionsstelle analysiert und zielgerichtete Interventionen ermöglicht. Während der Entwicklungsphase gab es eine enge Zusammenarbeit mit verschiedenen Abteilungen und Expertenteams. Das System wird von den Beamten geschätzt, wobei betont wurde, dass es die menschliche Expertise ergänzt und nicht ersetzt. Eine kontinuierliche Wartung des Modells ist entscheidend, um seine Genauigkeit und Zuverlässigkeit zu gewährleisten und das Vertrauen in datenbasierte Projekte aufrechtzuerhalten.

Jede dieser branchenspezifischen Anwendungen zeigt, wie vielfältig und einflussreich KI-Technologie ist. Sie bietet Möglichkeiten zur Prozessoptimierung, Kostensenkung und Entwicklung neuer Dienstleistungen oder Produkte. Um wettbewerbsfähig zu bleiben und von den Vorteilen der KI zu profitieren, ist es für Unternehmen und Fachleute wichtig, sich kontinuierlich über die neuesten Fortschritte in ihrer Branche zu informieren.

---

[14] XGBoost: Die Abkürzung steht für »eXtreme Gradient Boosting«. Diese Methode ist wie ein fortgeschrittenes Teamwork verschiedener Modelle, die zusammenarbeiten, um eine Aufgabe zu lösen. Stellen Sie sich vor, Sie versuchen, den Preis eines Hauses vorherzusagen. XGBoost nutzt viele kleine Modelle, die jeweils einen Teilaspekt wie die Größe des Hauses oder die Lage bewerten. Diese Modelle lernen aus ihren Fehlern, und jedes neue Modell versucht, die Fehler des vorherigen zu verbessern. Das Endergebnis ist eine möglichst genaue Vorhersage, die aus der Zusammenarbeit vieler kleinerer Beiträge entsteht.

# KI einfach erklärt: von null auf verstehen

Künstliche Intelligenz ist ein faszinierendes Feld der Informatik, das sich mit der Schaffung von Computern und Maschinen beschäftigt, die in der Lage sind, Aufgaben auszuführen, die typischerweise menschliche Intelligenz erfordern. Diese Maschinen können »denken«, lernen und sich anpassen. Ein alltägliches Beispiel für KI ist, wenn Sie einen Sprachassistenten wie Siri nach dem morgigen Wetter fragen und er Ihnen basierend auf KI-Technologien eine Antwort gibt.

Wir sprachen bereits an, dass die Definition und das Verständnis von KI erstmals während der Dartmouth-Konferenz von John McCarthy und anderen Wissenschaftlern formuliert wurden. Sie definierten KI als den Versuch, Maschinen so zu programmieren, dass sie Sprache verwenden, Abstraktionen und Konzepte bilden sowie Probleme lösen, die normalerweise Menschen vorbehalten sind und sich selbst verbessern können. Das Ziel bestand darin, Maschinen zu entwickeln, deren Handlungen als intelligent gelten würden, wenn sie von Menschen ausgeführt würden. Das ist eine spannende Definition. Es ging also nicht um die künstliche Erzeugung menschlicher Intelligenz, wie es der Begriff vermuten lässt, sondern nur um das Verhalten einer Maschine, welches als intelligent bezeichnet werden sollte.

Heutzutage unterscheiden wir vier verschiedene KI-Arten: die *spezifische*, die *allgemeine*, die *schwache* und die *starke KI*.

Generative Tools wie ChatGPT[15], Monica oder Bard sind Beispiele für spezifische KIs, auch »narrow AI« genannt, die eigenständig Inhalte wie Texte oder Musikstücke generieren können, ohne dabei auf menschliche Vorlagen

---

[15] Generative Pre-trained Transformer, besser bekannt als GPT, ist ein hoch entwickeltes Computerprogramm im Bereich der Künstlichen Intelligenz. Es funktioniert ähnlich wie ein sehr fortgeschrittener Autokorrektur-Mechanismus, aber auf einem viel höheren Niveau. Stellen Sie sich vor, Sie beginnen einen Satz und GPT vervollständigt ihn nicht nur, sondern kann ganze Absätze, Geschichten oder sogar Gedichte in flüssigem Stil schreiben – wie von einem Menschen verfasst.

angewiesen zu sein. Diese Systeme sind darauf ausgelegt, spezifische einzelne Aufgaben zu erlernen und zu perfektionieren.

Dem gegenüber steht die »allgemeine KI« (»general AI«), die fähig wäre, eine Vielzahl stark divergierender Aufgaben zu handhaben – ein Bereich, in dem die moderne KI-Technologie noch Defizite aufweist.

Außerdem gibt es die Unterscheidung zwischen »schwacher« und »starker KI« (»weak« und »strong AI«). Schwache KI-Systeme zeigen Verhaltensweisen, die als intelligent interpretiert werden können, haben aber kein Bewusstsein oder ichbezogenes Verständnis ihrer Existenz. Starke KI würde jedoch ein echtes Verständnis und Bewusstsein ihrer eigenen Intelligenz und Handlungen umfassen, Eigenschaften, die in aktuellen KI-Systemen noch fehlen.

Aber warum will man Systeme nutzen, die ein Ergebnis liefern, das wir als intelligent bezeichnen würden? Nun, weil KI Arbeitsabläufe effizienter gestalten kann, in der Medizin zu Durchbrüchen führt oder uns über den Streamingdienst den passenden Film vorschlägt. Im Grunde brauchen wir KI immer dann, wenn wir Ergebnisse optimieren wollen, neue Ergebnisse schaffen wollen oder einfach bisherige Ergebnisse erreichen möchten.

Doch bei aller Begeisterung für die Vorteile und Möglichkeiten der KI haben stets prominente Stimmen wie Stephen Hawking vor potenziellen Gefahren gewarnt. So äußerte sich der Physiker besorgt über die Entwicklung einer vollständigen Künstlichen Intelligenz, in der er das mögliche Ende der menschlichen Rasse sah. Im Gegensatz dazu stehen Visionäre wie Elon Musk, die KI als eine Technologie betrachten, die unsere Zivilisation in jeder Hinsicht übertreffen wird. Diese gegensätzlichen Perspektiven zeigen, wie wichtig es ist, sich intensiv mit KI auseinanderzusetzen und verantwortungsbewusst mit ihr umzugehen. Mit diesem Thema werden wir werden uns zu einem späteren Zeitpunkt noch ausführlich beschäftigen. Dafür braucht es jedoch zunächst ein besseres Verständnis für die Technologie und die Antwort auf die Frage, was dazu geführt hat, dass in den letzten Jahrzehnten die Nutzung und Entwicklung von Künstlicher Intelligenz, Deep Learning und Machine Learning tatsächlich so stark zugenommen hat.

Die Voraussetzungen für die Anwendung von KI umfassen drei Schlüssel-faktoren:

1. Daten (also maschinell lesbare Informationen),
2. Rechenleistung (Hardware) und fortgeschrittene Techniken und
3. Algorithmen.

Die mangelnde Datenverfügbarkeit und die unzureichende Rechenleistung waren in der Vergangenheit oft die limitierenden Faktoren. Mittlerweile leben wir jedoch im Zeitalter von Big Data[16], in dem Daten nicht mehr nur als notwendige Ressource, sondern als Grundlage fast aller Prozesse und Entscheidungen verwendet werden.

Dieser Wandel wurde durch mehrere Faktoren begünstigt: Einerseits veränderte die exponentielle Zunahme der Datenmenge und die vielfältigen Möglichkeiten ihrer Sammlung und Analyse die digitale Landschaft – von sozialen Medien bis hin zu Sensoren in Smartphones und IoT-Geräten.[17] Andererseits begünstigte der technologische Fortschritt diesen Boom – in der Prozessorarchitektur in Form von schnelleren CPUs, spezialisierter Hardware wie GPUs (Grafikprozessoren) und TPUs.[18] Erst diese verbesserte Hardware ermöglicht es, komplexe Berechnungen schneller durchzuführen, was wiederum für die Entwicklung und das Training von KI-Modellen entscheidend ist.

---

[16] Big Data bezeichnet sehr große Mengen an Daten, die aus unterschiedlichsten Quellen stammen und so umfangreich sind, dass sie mit herkömmlichen Methoden der Datenverarbeitung nicht mehr effektiv gehandhabt werden können.
[17] IoT-Geräte, also Geräte des »Internet der Dinge«, sind alltägliche Gegenstände, die mit dem Internet verbunden sind und Daten senden und empfangen können. Dazu gehören zum Beispiel Smart-Home-Geräte wie intelligente Thermostate, Lichtsysteme, Sicherheitskameras, aber auch Wearables wie Fitness-Armbänder oder Smartwatches.
[18] Tensor Processing Units, kurz TPUs, sind spezielle Computerchips, die speziell für Aufgaben im Bereich der Künstlichen Intelligenz (KI) entwickelt wurden. Sie sind ähnlich wie die Prozessoren in Ihrem Computer oder Smartphone, aber sie sind darauf ausgelegt, sehr spezifische und komplexe Berechnungen durchzuführen, die für das Training und den Betrieb von KI-Modellen notwendig sind.

Abbildung 12: das »Internet der Dinge«. Dieses digitale Verkehrszeichen in Prag kann variabel an das Verkehrsaufkommen angepasst werden (Quelle: Wikipedia).

In diesem Kontext sind Daten und Rechenleistung nicht mehr nur unterstützende Elemente, sondern vielmehr zwei der drei zentralen Säulen, die das immense Wachstum und die fortschreitende Innovation im Bereich der KI antreiben.

Unternehmen und Organisationen, die in der Lage sind, Daten effektiv zu sammeln, zu verwalten und zu nutzen und gleichzeitig über die notwendige Rechenleistung verfügen, stehen oft an der Spitze, wenn es um Innovation und Wirtschaftlichkeit geht. So wird deutlich, dass im heutigen digitalen Zeitalter der effiziente Umgang mit Daten und die Nutzung leistungsfähiger Rechenkapazitäten zu den wichtigsten Determinanten des Erfolgs zählen. Nachfolgend beschäftigen wir uns im Detail mit den drei Schlüsselfaktoren *Daten, Rechenleistungen und Algorithmen.*

# Daten: der Treibstoff einer jeden KI

»Daten sind das neue Öl« – vermutlich haben Sie diesen Ausspruch schon einmal gehört. Diese prägnante Metapher, die ursprünglich dem Mathematiker Clive Humby zugeschrieben wird, betont die unschätzbare Bedeutung von Daten in der modernen Gesellschaft. Sie sind das Fundament der revolutionären Entwicklungen in den Bereichen der KI, des Maschinenlernens und des Deep Learnings.

Die exponentielle Zunahme an gespeicherten, insbesondere beschrifteten Daten[19] hat die Entwicklung von KI-Technologien maßgeblich beschleunigt. Beispielsweise tragen alle unserer Aktionen im digitalen Raum, sei es ein Klick auf einer Homepage, eine Online-Transaktion oder das Hochladen eines Bildes in den sozialen Medien zu einem immer größer werdenden Datenpool bei. Diese Daten bilden das Rohmaterial, aus dem maschinelles Lernen und KI-Modelle ihre Informationen schöpfen und lernen.

Die Rolle von Daten in der KI geht weit über die bloße Wertsteigerung hinaus. Ähnlich wie in der Vergangenheit Öl ganze Wirtschaftszweige angetrieben und revolutioniert hat, so sind es heute Daten, die die Weiterentwicklung der KI vorantreiben und Innovationen ermöglichen, die vor einigen Jahren noch undenkbar gewesen wären.

Große Technologieunternehmen wie Google, Amazon und Facebook haben den unschätzbar großen Wert von Daten erkannt und nutzen ihn, um ihre Geschäftsmodelle weiter auszubauen und zu stärken. Die Bedeutung von Daten zeigt sich an Beispielen wie Instagram und Waze, die von Facebook oder Google für Milliardenbeträge erworben wurden. Solche Übernahmen belegen, dass Daten nicht nur an sich wertvoll sind, sondern auch als Katalysator für die Entwicklung und Verbesserung von KI-Systemen

---

[19] Beschriftete Daten lassen sich im überwachten Lernen finden. Es handelt sich um Daten, die Kontextinformationen mitliefern, sodass ein KI-System dies Nutzen kann. Ein Beispiel wäre ein Bild von einem Apfel und die Information, dass es sich um einen Apfel handelt.

dienen, die wiederum neue Geschäftsmodelle und Anwendungen ermöglichen.

Im Kernbereich der Künstlichen Intelligenz, dem maschinellen Lernen, sind große Datenmengen unverzichtbar. Sie dienen als Lernmaterial für KI-Modelle, die durch ihre Analyse Muster erkennen, daraus lernen und in der Lage sind, Vorhersagen oder Entscheidungen zu treffen.

Die Genauigkeit und Zuverlässigkeit dieser Modelle steigen mit der Qualität und Quantität der zur Verfügung stehenden Daten. KI-Systeme sind umso präziser, je umfangreicher und hochwertiger der zugrunde liegende Datensatz ist.

Die in der KI verwendeten Daten können in verschiedenen Formen vorliegen. Strukturierte Daten, wie sie in Tabellen oder Datenbanken zu finden sind, beispielsweise in Kundendatenbanken oder Finanzberichten, sind klar definiert und leicht zugänglich. Unstrukturierte Daten hingegen, zu denen Texte, Bilder, Videos oder Social-Media-Beiträge zählen, weisen keine feste Struktur auf, was ihre Verarbeitung und Analyse erschwert.

Semistrukturierte Daten wie E-Mails, die sowohl geordnete Elemente (Betreff, Absender, Datum) als auch formlose Elemente (Inhalt der Nachricht) enthalten, stellen eine Kombination beider Datenarten dar.

Daten sind das Herzstück der Künstlichen Intelligenz. Sie versorgen KI-Systeme mit dem notwendigen »Wissen«, um zu funktionieren und zu lernen.

Ein tiefes Verständnis der Rolle von Daten in der KI und der damit verbundenen Herausforderungen und Möglichkeiten ist entscheidend, um das volle Potenzial dieser revolutionären Technologie zu nutzen.

## So wird ein KI-Modell zum Genie: die Ausbildung von GPT-3

In diesem Kapitel beschäftigen wir uns genauer damit, welche Daten zum Einsatz kamen, um das GPT-3-Modell zu trainieren. Man könnte sich fragen, warum wir uns mit GPT-3 befassen, obwohl es bereits als ein älteres Modell in der schnelllebigen Welt der KI gilt. Der Grund liegt in den letzten gesicherten und veröffentlichten Daten, die uns zur Verfügung stehen. Für die nachfolgenden Versionen hält sich OpenAI, also die Firma dahinter, deutlich bedeckter. Daher haben wir uns dafür entschieden, Ihnen die Mechaniken der Künstlichen Intelligenz anhand der GPT-3 Version zu erklären.

GPT-3 ist ein hervorragendes Beispiel, um anschaulich zu erläutern, welche Daten in den Trainingsprozess eines solchen Modells einfließen und wie dies geschieht. Durch die Analyse dieser Daten erhalten wir nicht nur eine Vorstellung davon, wie sich unterschiedliche Informationen auf das Ergebnis auswirken, sondern es zeigt uns auch, warum Entwickler sorgfältig darüber nachdenken müssen, welche Daten sie verwenden.

Die Datenauswahl hat einen entscheidenden Einfluss auf die Qualität eines Modells. Sie bestimmt, wie gut es reale Weltkontexte abbilden und auf Anfragen reagieren kann.

Diese Erkenntnis ist nicht nur für das Verständnis von GPT-3 relevant, sondern bietet auch wertvolle Einblicke in die Entwicklung zukünftiger KI-Modelle.

GPT-3 wurde von OpenAI entwickelt und etablierte sich nach seiner Veröffentlichung im Jahr 2022 als eines der beeindruckendsten Sprachmodelle in der Welt der Künstlichen Intelligenz.

Doch was steckt hinter dieser beeindruckenden Technologie? Wie wurde ein Modell geschaffen, das so vielseitig und leistungsstark ist, dass es in der Lage ist, eine Vielzahl von Aufgaben zu bewältigen, von einfachen Textgenerierungen bis hin zu komplexen Problemlösungen?

## Wie GPT-3 in zwei Schritten lernte, zu sprechen

Der Trainingsprozess von GPT-3 ist ein zweistufiges Verfahren, das sowohl in seiner Tiefe als auch in seiner Breite beeindruckend ist. Zunächst erfolgte ein Vorabtraining. In dieser Phase wurde GPT-3 mit einer immensen Menge von Texten aus dem Internet gefüttert, die eine breite Palette von Themen und Genres repräsentieren – von wissenschaftlichen Artikeln bis hin zu

Blogposts – und aus einer Vielzahl von Quellen wie Büchern, Artikeln und Websites stammen.

Das Ziel dieses intensiven Vorabtrainings war es, dem Modell ein grundlegendes Verständnis der menschlichen Sprache zu vermitteln. Es lernte, Muster in den Daten zu erkennen, Kontexte zu verstehen und auf dieser Basis Antworten zu generieren.

Dabei ist es bemerkenswert, dass OpenAI nicht explizit einzelne Datenquellen identifizierte – obwohl es auf eine solch breite Datenbasis zurückgriff. Dies unterstreicht den allgemeinen und umfassenden Ansatz des Trainings.

Nachdem das Modell ein solides Grundverständnis der Sprache erlangt hatte, folgte die Phase der Feinabstimmung. In dieser Phase wurde GPT-3 mit spezifischeren Daten trainiert, die von OpenAI selbst erstellt wurden.

Hier kamen menschliche Bewerter von OpenAI ins Spiel, die mit dem Modell interagierten, ihm Fragen stellten und seine Antworten bewerteten. Durch diesen interaktiven Prozess wurde das Modell weiter verfeinert, wodurch es in der Lage war, präzisere und kontextuell relevantere Antworten zu liefern.

Dieser Schritt war entscheidend, um sicherzustellen, dass GPT-3 nicht über nur eine breite Datenbasis verfügte, sondern auch in der Lage war, spezifische und nuancierte Antworten auf eine Vielzahl von Anfragen zu geben.

## Die Studiengebühren einer Künstlichen Intelligenz

Das Training eines fortschrittlichen Modells wie GPT-3 ist keine leichte Aufgabe. Es erfordert nicht nur spezialisierte Hardware, sondern auch eine enorme Menge an Rechenleistung.

Die Kosten für das Training von GPT-3 sind beeindruckend: Allein die Verwendung einer spezialisierten Cloud-Instanz wie der Tesla V100[20] würde Millionen US-Dollar kosten. Und das ist nur ein Bruchteil des Ganzen. Die energetischen Kosten sind ebenfalls erheblich, da das Training Wochen oder sogar Monate dauert, je nach Größe des Modells und der Datenmenge.

Doch warum sind diese Kosten so hoch? Ein wesentlicher Grund dafür ist die Art der Datenquellen und deren Gewichtung. GPT-3 wurde mit Daten aus einer Vielzahl von Quellen trainiert, von allgemeinen Web-Crawl-Daten bis hin zu spezifischen Korpora wie Wikipedia und BookCorpus. Jede dieser Quellen trägt auf ihre Weise zum Verständnis des Modells bei.

Aber nicht alle Datenquellen sind gleich. Im Trainingsprozess könnten verlässliche Quellen wie renommierte wissenschaftliche Artikel oder etablierte Nachrichtenmedien eine höhere Gewichtung erhalten als weniger überprüfte Inhalte. Vielleicht haben Sie von dem Börsengang von Reddit im März 2024 gehört. Es handelt sich dabei um ein US-amerikanisches Unternehmen, dass eine Art Forum betreibt. Diese Plattform gruppiert Themen in sogenannte »Subreddits«, die eine vielfältige Palette an Interessen abdecken – von wissenschaftlichen Diskussionen bis hin zu Unterhaltung. Wie hilfreich eine Antwort ist, wird durch die Nutzer bewertet. Erkennen Sie den Wert für das Anlernen von KI-Systemen? Sie haben beschriftete Daten, die nicht nur themenspezifisch, sondern auch qualitativ bewertet wurden.

Im Trainingsprozess könnten verlässliche Quellen wie renommierte wissenschaftliche Artikel, Informationen, die aus einer Art »Schwarmintelligenz« wie bei Reddit entstammen oder etablierte Nachrichtenmedien eine höhere Gewichtung erhalten als weniger überprüfte Inhalte. Diese Faktorisierung

---

[20] Die Tesla V100 Cloud-Instanz ist ein hochspezialisiertes Werkzeug im Bereich der KI und des ML, vergleichbar mit einem extrem leistungsfähigen Motor in der Welt der Computer. Stellen Sie sich vor, Sie haben einen sehr komplexen Rechenauftrag, ähnlich einem großen Puzzle mit Millionen von Teilen. Ein normaler Computer würde Wochen brauchen, um dieses Puzzle zusammenzusetzen. Die Tesla V100 ist jedoch wie ein Team von Experten-Puzzlespielern, die das Puzzle in einem Bruchteil der Zeit lösen können.

oder Gewichtung der Datenquellen ist entscheidend, um die Qualität der Modellausgaben zu verbessern.

Ein bedeutender Teil zum Anlernen von GPT-3 stammte vom Common Crawl. Diese Non-Profit-Organisation sammelt Daten aus dem gesamten Web, die zwar roh und vielfältig sind, jedoch einen umfassenden Überblick über die Online-Welt bieten.

OpenWebText2, ein weiterer wichtiger Datensatz, deckt alle Reddit-Posts von 2005 bis 2020 ab. Reddit bietet als eine der größten Social-News-Websites eine Fülle von generierten Inhalten, Meinungen und Diskussionen zu einer Vielzahl von Themen. Dadurch erhält das Modell einen Einblick in die alltägliche Sprache und die Art und Weise, wie Menschen online kommunizieren.

Die Datensätze Books1 und Books2 stellen weitere wichtige Datenquellen dar. Sie stammen aus dem BookCorpus und bieten einen tiefen Einblick in die literarische Welt, indem sie eine breite Palette von Genres und Stilen repräsentieren – von Fiktion bis hin zum Sachbuch.

Obwohl es nur einen kleinen Prozentsatz der Trainingsdaten ausmacht, ist Wikipedia eine unschätzbare Quelle für verifizierte und gut recherchierte Informationen zu einer Vielzahl von Themen. Damit bietet es dem KI-Modell ein solides Fundament an Fakten und Hintergrundwissen.

Zusätzlich zu diesen Hauptdatenquellen wurden auch spezialisierte Datensätze wie RealNews, Grover und CC-Stories verwendet. Jeder dieser Datensätze hat seinen eigenen Fokus und trägt dazu bei, das Modell in bestimmten Bereichen zu verfeinern.

Zusammenfassend lässt sich sagen, dass GPT-3 durch die Trainingsdaten ein umfassendes Verständnis der menschlichen Sprache erlangt, um als eines der fortschrittlichsten Sprachmodelle dieser Zeit auf eine Vielzahl von Anfragen in einer menschenähnlichen Weise zu reagieren.

Wie bereits erwähnt, hat GPT-3 eine Faktorisierung der Datenquellen vorgenommen. Während des Trainings wurden also einige Quellen höher gewichtet als andere. Informationen aus vertrauenswürdigen und renommierten Quellen hatten also mehr Einfluss auf das Modell als weniger verifizierte Inhalte – mit dem Ziel, die Qualität und Zuverlässigkeit der Modellausgaben zu verbessern.

In Ergänzung haben menschliche Bewerter im Feinabstimmungsprozess dabei geholfen, dem Modell Feedback zu geben, indem sie seine Antworten bewerteten. Das erfolgte jedoch nicht »frei Schnauze«: Die Bewerter befolgten standardisierte Anweisungen von OpenAI, um nicht ihre eigenen Vorurteile oder Meinungen in den Prozess einzubringen.

## Grenzen der KI

Trotz seiner beeindruckenden Fähigkeiten hat GPT-3 auch seine Grenzen. Es basiert auf den Daten, mit denen es trainiert wurde, und kann daher nur Informationen liefern, die bis zu seinem letzten Trainingsdatum bekannt waren. Es kann nicht über aktuelle Ereignisse oder Entwicklungen berichten, die nach diesem Datum stattfanden.

Obwohl das Modell in der Lage ist, menschenähnliche Texte zu generieren, hat es nicht das gleiche Bewusstsein wie ein Mensch. Seine gerierten Antworten basieren auf Mustern in den Daten, mit denen es trainiert wurde, und nicht auf echtem Verständnis oder Intuition. Im Grunde berechnet GPT-3, welches Wort am wahrscheinlichsten auf das nächste folgt. Es verfügt also nicht über ein Problemverständnis im eigentlichen Sinne.

Es zeigt sich aber auch, dass neuere Versionen von GPT nochmals deutlich leistungsfähiger sind und mittlerweile außerdem auf aktuelle Informationen im Internet zugreifen können. Die Grenzen der Leistungsfähigkeit verschieben sich unglaublich schnell.

GPT-3 ist ein beeindruckendes Beispiel für die Möglichkeiten der Künstlichen Intelligenz, wenn man riesige Mengen an Daten mit fortschrittlichen Algorithmen und Techniken kombiniert. Es ist jedoch auch wichtig, ihre Grenzen zu erkennen und zu verstehen, um die KI effektiv und verantwortungsbewusst einzusetzen.

## GPT-3 als Meilenstein der Künstlichen Intelligenz

Die Fähigkeiten von GPT-3 sind nicht nur das Ergebnis der schieren Datenmenge, mit der es trainiert wurde, sondern auch der fortgeschrittenen Techniken und Algorithmen, die im Trainingsprozess verwendet wurden.

Das Modell nutzt eine Architektur namens Transformer, die es ihm ermöglicht, komplexe Beziehungen und Abhängigkeiten im Text zu erkennen und zu verstehen. Diese Architektur ist der Schlüssel zu seiner Fähigkeit, kohärente und relevante Texte über eine Vielzahl von Themen zu generieren.

Ein weiterer entscheidender Aspekt von GPT-3 ist seine Skalierbarkeit. Das Modell wurde in unterschiedlichen Größen trainiert, von kleineren Versionen mit weniger Parametern[21] bis hin zu massiven Modellen mit Milliarden von Parametern. Durch diese Skalierbarkeit kann das Modell für verschiedene Anwendungen und Anforderungen optimiert werden. Während kleinere Modelle schneller und effizienter sind, bieten größere Modelle eine tiefere und nuanciertere Textgenerierung.

GPT-3 ist Teil eines größeren Ökosystems von KI-Modellen und -Technologien. Es dient als Benchmark und Inspirationsquelle für Forscher und Entwickler auf der ganzen Welt.

Zum Schluss müssen wir uns daher einmal die Evolution von GPT ansehen, also in welchem Umfang die unterschiedlichen Versionen angelernt wurden:

---

[21] Den Begriff »Parameter« im Zusammenhang mit Künstlicher Intelligenz, insbesondere bei einem GPT-Modell, kann man sich am besten vorstellen wie die individuellen Einstellungen eines sehr komplexen Werkzeugs. Um dies verständlicher zu machen, lassen Sie uns ein Alltagsbeispiel verwenden: Denken Sie an ein digitales Thermostat in Ihrem Haus. Ein solches Thermostat hat verschiedene Einstellungen – zum Beispiel die Temperatur, die Uhrzeit und wann die Heizung ein- oder ausgeschaltet werden soll. Jede dieser Einstellungen ist ein Parameter, der das Verhalten des Thermostats bestimmt. Ähnlich verhält es sich bei einem GPT-Modell. Dieses Modell hat Millionen oder sogar Milliarden von Parametern. Jeder Parameter ist wie eine kleine Einstellung, die beeinflusst, wie das Modell Informationen verarbeitet und auf Anfragen reagiert.

- GPT-1: Die erste Version von GPT legte den Grundstein für die nachfolgenden Modelle. Mit 117 Millionen Parametern war es bereits in der Lage, beeindruckende Texte zu generieren, zeigte jedoch auch Limitierungen in Bezug auf Konsistenz und Verständnis.
- GPT-2: Das nächste Modell brachte signifikante Verbesserungen mit sich und wurde mit 1,5 Milliarden Parametern ausgestattet. Es konnte längere und kohärentere Texte erzeugen und wurde in zahlreichen Anwendungen eingesetzt – von der Texterstellung bis zur Übersetzung.
- GPT-3: Mit 175 Milliarden Parametern wurde GPT-3 zu einem der mächtigsten Sprachmodelle seiner Zeit. Es konnte nicht nur beeindruckend realistische Texte generieren, sondern war auch in der Lage, in natürlicher Sprache formulierte Anweisungen zu verstehen und darauf zu reagieren, was es für eine Vielzahl von Anwendungen nutzbar machte.
- GPT-4: Das Wissen von GPT-4 ist mit hundert Billionen Parametern trainiert worden. GPT-4 steht seit Januar 2022 zur Verfügung.
- GPT-5: Die Quellenlage zu GPT-5 ist dünn, aber es wird davon ausgegangen, dass GPT-5 mit zwischen 1,76 Trillionen und 15 Trillionen Parameter trainiert wird.

## Datenbanken: die Klassenräume der KI

Ein weiteres Beispiel dafür, wie Daten zum Training einer KI zum Einsatz kommen, liefert uns ImageNet. Diese Bilddatenbank wurde von Fei-Fei Li ins Leben gerufen und von der Stanford University betreut. Sie umfasst über vierzehn Millionen Bilder, die nicht nur gesammelt wurden – jedes einzelne Bild wurde manuell mit mehreren Labels versehen, das genau beschreibt, was auf dem Bild zu sehen ist – ob »Hund«, »Katze« oder »Banane.«

Diese Art von Datenbank ist für die Entwicklung von KI-Systemen, insbesondere im Bereich des maschinellen Sehens, von unschätzbarem Wert. Sie bietet eine reiche Quelle an Informationen und Beispielen, um zu lernen, Objekte in Bildern korrekt zu erkennen und zu klassifizieren.

ImageNet dient somit als grundlegende Ressource, um die Fähigkeiten Künstlicher Intelligenz im Bereich der Bilderkennung zu schulen und zu verbessern und etablierte sich mit seinen 20.000 verschiedenen Labels und durchschnittlich 500 Bildern pro Begriff als eine reichhaltige Quelle für das Training von KI-Modellen im Bereich der visuellen Erkennung. Zwischen 2010 und 2017 war ImageNet der virtuelle Austragungsort des »ImageNet Large Scale Visual Recognition Contest«, eines Wettbewerbs, der Forscher auf der ganzen Welt dazu inspirierte, innovative Algorithmen zur Bilderkennung zu entwickeln.

Im Laufe der Jahre erlebte die Technologie, insbesondere durch den Einsatz von Deep Learning, eine rasante Entwicklung. Ein markantes Zeichen dieses Fortschritts war der deutliche Rückgang der Fehlerquoten. Während im Jahr 2011 die Fehlerquote noch bei etwa 25 Prozent lag, sank sie bis zum Jahr 2017 auf unter fünf Prozent. Einige Modelle neuronaler Netzwerte wie z.B. Residual neural network oder kurz »ResNet«, zeigten dabei sogar Leistungen, die über die menschliche Fähigkeit hinausgingen.

Während Datenbanken wie ImageNet wesentlich zur Weiterentwicklung der Künstlichen Intelligenz beitrugen, lösten sie auch Kontroversen aus. Organisationen wie Human Rights Watch kritisierten bestimmte in diesen Datenbanken verwendete Labels als subjektiv und moralisch fragwürdig.

Labels wie »Alkoholiker« oder »Verlierer« sind populäre Beispiele, denn sie zeigen, dass die Auswahl und Anwendung von Labels in KI-Trainingsdaten nicht nur eine technische, sondern auch eine ethische Dimension besitzt.

Aber es gibt noch weitere Probleme bei der Klassifizierung von Daten durch die KI: Sie ist eng mit der Mustererkennung verbunden und spielt in vielen Anwendungsbereichen eine entscheidende Rolle.

Um dies zu verdeutlichen, lassen Sie uns ein Szenario betrachten, in dem zwischen Äpfeln und Birnen unterschieden werden soll. Die KI wird dazu verwendet, in einer Mischung verschiedener Obstsorten die Äpfel zu identifizieren. Bei dieser Aufgabe wird das Erkennen eines Apfels als »Positivfall« und das Erkennen einer anderen Obstsorte, zum Beispiel einer Birne, als »Negativfall« bezeichnet. Bei der Klassifizierung können jedoch Fehler auftreten, ähnlich wie bei den uns aus der Corona-Pandemie bekannten Begriffen »falsch positiv« und »falsch negativ«:

Ein falsch positives Ergebnis tritt auf, wenn das KI-System fälschlicherweise eine Birne (oder ein anderes Obst) als einen Apfel identifiziert. Ein falsch negatives Ergebnis liegt vor, wenn ein tatsächlicher Apfel vom System nicht als solcher erkannt wird. Diese Fehler können aus verschiedenen Gründen entstehen:

1. Probleme mit den Trainingsdaten: Wenn die Daten, mit denen das KI-Modell trainiert wurde, nicht vielfältig oder repräsentativ genug sind, kann dies zu Fehlklassifikationen führen. Beispielsweise könnte ein Modell, das nur mit Bildern von roten Äpfeln trainiert wurde, Schwierigkeiten haben, grüne Äpfel korrekt zu identifizieren.

2. Auswahl ungeeigneter Algorithmen: Der Erfolg der Klassifizierung hängt außerdem von der Wahl des passenden Algorithmus ab. Einige Algorithmen sind möglicherweise nicht in der Lage, feine Unterschiede zwischen ähnlich aussehenden Objekten wie Äpfeln und Birnen zu erkennen.

3. Probleme bei der Modellbildung: Dies umfasst Herausforderungen wie Überanpassung (Overfitting) und Unteranpassung (Underfitting). Überanpassung tritt auf, wenn ein Modell zu sehr auf die Details der Trainingsdaten fixiert ist und dadurch an Generalisierbarkeit verliert. Dabei wird der »Lärm« in den Daten statt der tatsächlichen Muster erlernt. Hatten einige Äpfel in den Trainingsdaten beispielsweise einen Aufkleber, lernt das Modell, diesen Aufkleber als Merkmal für einen »Apfel« zu behandeln. Dadurch kann es in der Praxis zu Fehlern kommen. Unteranpassung hingegen bedeutet, dass das Modell zu einfach ist und die Komplexität der realen Daten nicht ausreichend abbilden kann.

Das Beispiel von ImageNet verdeutlicht eindrucksvoll, dass Künstliche Intelligenz weit mehr als nur eine Sammlung von Codezeilen ist, die zum Lernen in die digitale Welt entsandt werden. Die Anstrengungen, die mit der Sammlung, Aufbereitung und Pflege der Daten, der Entwicklung fortschrittlicher Algorithmen sowie der Bereitstellung der notwendigen Rechenleistung verbunden sind, machen deutlich, dass die KI-Entwicklung ein komplexer und kostspieliger Prozess ist.

Doch dieser große Aufwand ist notwendig und lohnt sich, um KI-Systeme zu schaffen, die in der realen Welt effizient und effektiv funktionieren. Es ist ein Prozess, der weit über das einfache Programmieren hinausgeht und in den sowohl technologische als auch menschliche Fähigkeiten einfließen.

Abbildung 13: Auszug der Bilddatenbank, die zum Training von ImageNet zum Einsatz gekommen ist (Quelle: CS Stanford).

**Tipp**: Wenn Sie nachvollziehen möchten, wie gut die Bilderkennung mittlerweile ist, dann haben wir etwas für Sie zum Ausprobieren. Auf **https://huggingface.co/spaces/ydshieh/Kosmos-2** können Sie Beispielfotos oder auch eigene Fotos von einer Bilderkennungs-KI analysieren und beschreiben lassen. Der Clou dabei: Es wird Ihnen genau angezeigt, was die KI auf dem Foto wie identifiziert.

# Rechenleistung: die unsichtbare Muskelkraft der KI

Nachdem wir im vorherigen Kapitel die entscheidende Rolle von Daten in der Welt der Künstlichen Intelligenz beleuchtet haben, wenden wir uns nun dem kritischen Aspekt der Rechenleistung zu.

Die Rechenleistung fungiert in der KI wie ein Kraftwerk, das es KI-Systemen erst möglich macht, riesige Datenmengen zu durchforsten, Muster zu erkennen und in Echtzeit Entscheidungen zu treffen. Somit bildet die Rechenleistung das Rückgrat für eine Vielzahl von Anwendungen – von der Spracherkennung bis hin zur Steuerung autonomer Fahrzeuge. Sie ist der Schlüssel, um das volle Potenzial der Daten, die wir im vorherigen Kapitel betrachtet haben, auszuschöpfen und in praktische, intelligente Lösungen umzusetzen.

Die Entwicklung der Rechenleistung ist eine Geschichte des exponentiellen Wachstums und der technologischen Durchbrüche. Ein entscheidender Faktor in dieser Entwicklungsgeschichte ist das sogenannte Mooresche Gesetz, das eine Verdoppelung der Transistoranzahl auf Mikrochips etwa alle zwei Jahre voraussagte. Überraschenderweise hat sich die von Gordon Moore im Jahr 1965 getroffene Voraussage als erstaunlich präzise erwiesen und über fünf Jahrzehnte hinweg Bestand gehabt. Diese Steigerung der Rechenkapazität hat es ermöglicht, dass KI-Systeme immer komplexere Aufgaben bewältigen und zunehmend in unseren Alltag integriert werden konnten.

Das exponentielle Wachstum gemäß Moores Gesetz lässt sich bildlich darstellen, indem man es mit der Steigerung der Pferdestärken bei Autos vergleicht. Stellen wir uns vor, das erste Auto aus dem Jahr 1886 hätte nur ein PS gehabt. Wenn wir nun Moores Gesetz darauf anwenden und davon ausgehen, dass sich die PS-Zahl alle zwei Jahre verdoppelt, ergäbe sich eine faszinierende Entwicklung. Wir würden eine exponentielle Steigerung der PS-Zahlen erhalten, welche eine rasante technologische Entwicklung verdeutlicht – vorausgesetzt, sie folgt demselben Muster. So würde die Leistung der Autos in nur wenigen Jahrzehnten astronomische Werte erreichen.

| | |
|---|---|
| 1886 | 1 |
| 1888 | 2 |
| 1890 | 4 |
| 1892 | 8 |
| 1894 | 16 |
| 1896 | 32 |
| 1898 | 64 |
| 1900 | 128 |
| 1902 | 256 |
| 1904 | 512 |
| 1906 | 1024 |
| 1908 | 2048 |
| 1910 | 4096 |
| 1912 | 8192 |
| 1914 | 16.384 |
| 1926 | 1.048.576 |
| 1946 | 1.073.741.824 |

Wäre die Entwicklung der Pferdestärken in Automobilen diesem exponentiellen Trend gefolgt, wären im Jahr 1914 bereits 16.384 PS erreicht worden, und im Jahr 1926, nur vier Jahrzehnte nach der Konstruktion des ersten Wagens, hätte die Leistung die Millionengrenze überschritten. Im Jahr 1946 wären wir dann bei einer unvorstellbaren Zahl von über einer Milliarde PS angelangt.

Schnell wird deutlich, dass solche gigantischen Zahlen für den menschlichen Verstand kaum noch fassbar sind: Die theoretische Leistung im Jahr 2024 läge bei $5{,}92 \times 10^{20}$ PS, was einer »592« mit 18 angehängten Nullen entspricht. Zum besseren Verständnis: Angenommen, jeder der etwa 8 Milliarden Menschen auf der Erde zählt täglich eine Million Dinge: Es würde es mehr als 20.000 Jahre dauern, um diese Zahl zu erreichen. Diese Analogie verdeutlicht das Prinzip hinter Moores Gesetz und die beeindruckende Natur exponentiellen Wachstums.

Erst diese exponentielle Steigerung der Rechenleistung hat es ermöglicht, dass Computer immer komplexere Aufgaben in immer kürzerer Zeit bewältigen können.

Abbildung 14: Werbung für einen PC in »The Sun« aus dem Jahre 1997. Jedes Smartphone verfügt heutzutage über vielfach bessere Komponenten. Kaum ein anderer Technologiezweig kann ein derart rasantes Tempo in seiner Entwicklung aufweisen (Quelle: Flickr).

Die Entwicklung von Grafikprozessoreinheiten (GPUs) stellt einen weiteren signifikanten Meilenstein in der Geschichte der Rechenleistung dar. GPUs sind speziell dafür konzipiert, parallele Operationen durchzuführen, was sie von herkömmlichen Zentralprozessoren (CPUs) unterscheidet.

Diese Fähigkeit, mehrere Berechnungen gleichzeitig auszuführen, im Gegensatz zur sequenziellen Verarbeitung durch CPUs, hat sich als besonders vorteilhaft für die Anforderungen der KI erwiesen.

In Anwendungen wie der Bild- und Spracherkennung, die große Datenmengen verarbeiten und komplexe Algorithmen nutzen, sind GPUs besonders effektiv. Sie ermöglichen es, die immense Datenflut und die komplizierten Berechnungen, die für solche KI-Systeme erforderlich sind, effizient und schnell zu bewältigen.

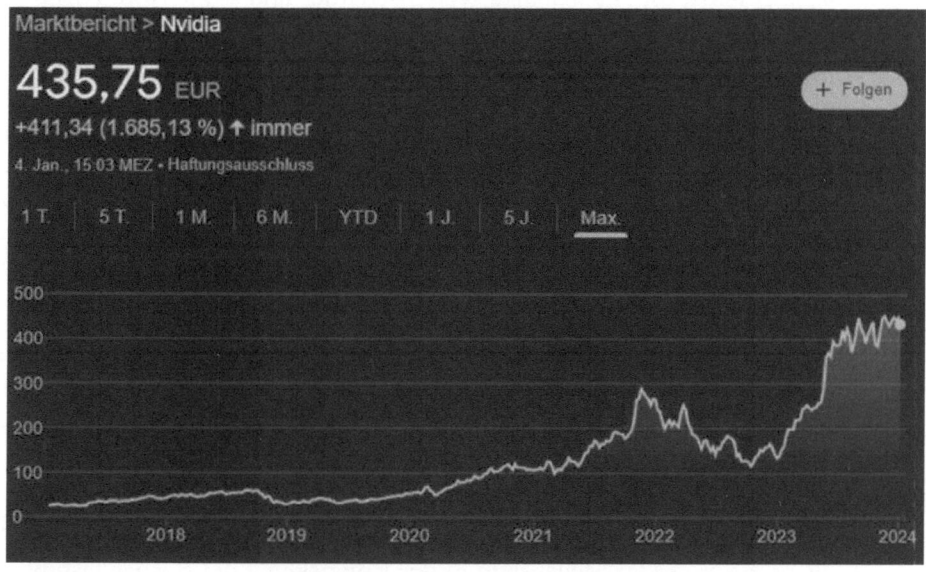

Abbildung 15: Entwicklung der Aktie des Grafikkarten-Herstellers NVIDIA. Vor allem der Einsatz von GPUs in der KI sorgt für eine immer größere Nachfrage.

Die parallele Verarbeitungskapazität der GPUs bedeutet, dass sie in der Lage sind, die für Deep-Learning-Modelle erforderlichen umfangreichen und rechenintensiven Aufgaben wesentlich schneller zu erledigen als herkömmliche CPUs.

Durch diese Beschleunigung der Berechnungsprozesse haben GPUs die Entwicklung und Implementierung von KI-Anwendungen maßgeblich vorangetrieben. Somit spielen sie eine zentrale Rolle in der fortlaufenden Evolution der Künstlichen Intelligenz. Das Cloud-Computing hat eine Art Demokratisierung der Rechenleistung bewirkt. Unternehmen und Einzelpersonen war es dadurch möglich, Zugang zu massiven Rechenzentren zu erhalten, ohne selbst in physische Hardware investieren zu müssen. Forscher und Entwickler konnten nun auf nahezu unbegrenzte Rechenressourcen zugreifen, um ihre KI-Algorithmen zu trainieren und zu testen. Diese Verfügbarkeit von Rechenleistung in der Cloud hat die Schwelle für den Einstieg in die KI-Forschung und -Entwicklung erheblich gesenkt.

Kleine Start-ups, unabhängige Wissenschaftler und sogar Hobby-Entwickler können mit großen Unternehmen konkurrieren, indem sie die gleichen fortschrittlichen Rechenressourcen nutzen.

Insgesamt hat Cloud-Computing die Entwicklungsgeschwindigkeit und Innovationskraft im Bereich der KI also signifikant erhöht, indem es ein breiteres Spektrum an Akteuren dazu befähigt, an der Gestaltung der KI-Zukunft mitzuwirken.

Natürlich gibt es auch hier ein »ja, aber!«. In der Welt der Rechenleistung und Künstlichen Intelligenz stehen wir an einem entscheidenden Wendepunkt. Das Mooresche Gesetz, das über Jahrzehnte hinweg als Leitfaden für die Zunahme der Rechenleistung diente, stößt zunehmend an seine physikalischen Grenzen.

In diesem Kontext gewinnt das Quantencomputing an Bedeutung und wird als nächster großer Meilenstein in der Entwicklung der Rechenleistung angesehen. Quantencomputer nutzen die Prinzipien der Quantenmechanik und unterscheiden sich dadurch grundlegend von herkömmlichen Computern. Während traditionelle Computer sogenannte »Bits« verwenden, die entweder den Zustand 0 oder 1 annehmen können, arbeiten Quantencomputer mit Quantenbits oder Qubits, die gleichzeitig mehrere Zustände einnehmen können.

Diese Eigenschaft, bekannt als »Superposition[22]«, zusammen mit der Verschränkung[23] (einer weiteren quantenmechanischen Besonderheit) ermöglicht es Quantencomputern, eine enorme Anzahl an Berechnungen parallel durchzuführen.

Die potenziellen Anwendungen des Quantencomputings sind besonders für Bereiche relevant, die komplexe Berechnungen erfordern, wie für die Kryptografie, die Materialwissenschaften oder eben die Künstlichen Intelligenz. Im Kontext der KI könnten Quantencomputer Probleme lösen, die für herkömmliche Computer bisher unerreichbar waren – beispielsweise bei der Optimierung von Algorithmen des maschinellen Lernens oder der Verarbeitung extrem großer Datensätze.

Sollte das Quantencomputing sein volles Potenzial entfalten, könnte es tatsächlich eine Revolution in der KI-Entwicklung auslösen. Es würde nicht nur neue Möglichkeiten in der Forschung und Anwendung eröffnen, sondern auch unsere Denkweise über Rechenleistung und ihre Grenzen grundlegend verändern. Allerdings befindet sich die Quantencomputertechnologie noch in einem frühen Entwicklungsstadium, und es müssen viele Herausforderungen gemeistert werden, bevor sie ihren vollen Einfluss entfalten kann.

---

[22] Superposition bezieht sich auf die Fähigkeit eines Quantensystems, sich gleichzeitig in mehreren Zuständen zu befinden. Ein Quantenbit oder Qubit kann jedoch dank der Superposition gleichzeitig Anteile von 0 und 1 enthalten. Diese Eigenschaft ermöglicht es Quantencomputern, viele Rechenoperationen parallel durchzuführen, wodurch sie potenziell wesentlich leistungsfähiger als herkömmliche Computer sein können.
[23] Verschränkung ist ein weiteres Schlüsselkonzept im Quantencomputing, das zwei oder mehr Quantenteilchen – wie etwa Qubits in einem Quantencomputer – miteinander in Verbindung bringt, sodass der Zustand eines Teilchens unmittelbar den Zustand eines anderen beeinflussen kann, unabhängig von der räumlichen Distanz zwischen ihnen. Diese Verbindung bleibt bestehen, selbst wenn sich die Teilchen über große Entfernungen hinweg befinden, ein Phänomen, das Albert Einstein einst als »spukhafte Fernwirkung« bezeichnete.

# Ihre persönliche KI: vom Labor in Ihr Wohnzimmer

Wie wir bereits aufgezeigt haben, schreitet die Entwicklung neuer Technologie in einem rasanten Tempo voran, und es steht uns eine bemerkenswerte Entwicklung bevor: die Ära des KI-gesteuerten Personalcomputers. Hersteller und Experten gehen von einem tiefgreifenden Einfluss der neuen KI-PCs auf Wissenschaft, Produktivität und der Kreativität im eigenen Wohnzimmer aus.

Die Einführung von KI-PCs wird eine der bedeutendsten Veränderungen in der Computerbranche seit zwei Jahrzehnten markieren. Analysten prognostizieren, dass schon bald jeder fünfte verkaufte Computer ein KI-PC sein wird, was auf einen signifikanten Aufschwung im globalen PC-Markt hindeutet, und so scheint es nur konsequent, dass auf der Consumer Electronics Show in Las Vegas[24] führende Computerhersteller wie HP, Dell und Lenovo erklärten, dass KI-PCs als der nächste große Trend die Branche spürbar verändern werden.

Die KI-PC-Generation bringt einige revolutionäre Funktionen mit sich: Im Gegensatz zu herkömmlichen Computern, die auf eine Internetverbindung angewiesen sind, um KI-Funktionen auszuführen, versprechen KI-PCs, generative KI-Aufgaben auch offline zu bewältigen. Ihr KI-PC lernt direkt von Ihren Interaktionen und passt sich Ihren Vorlieben und Bedürfnissen an, indem er kontinuierlich aus den Daten, die Sie eingeben, und den Interaktionen, die Sie mit diesem System haben, dazu lernt. Diese Informationen bleiben lokal gespeichert und werden nicht mit externen Servern oder Unternehmen geteilt. Das Ergebnis ist ein höchst persönliches, auf Ihre Präferenzen zugeschnittenes System, das sich mit jeder Nutzung weiterentwickelt und verbessert, ohne dass Ihre Daten die Sicherheit Ihres eigenen Heims verlassen. Dies verstärkt nicht nur die Privatsphäre und Sicherheit Ihrer Da-

---

[24] Die Consumer Electronics Show, oft kurz als CES bezeichnet, ist eine der weltweit größten und einflussreichsten Fachmessen für Unterhaltungselektronik und findet jährlich in Las Vegas, USA, statt. Sie ist wie ein Schaufenster für die neuesten und innovativsten Technologien und Produkte in der Elektronikbranche.

ten – ein Aspekt, mit dem wir uns später noch beschäftigen –, sondern ermöglicht auch eine tiefere und effizientere Personalisierung der KI-Funktionen.

Abbildung 16: Künstliche Intelligenz im eigenen Wohnzimmer (erstellt mit DALL-E).

Aber auch beruflich könnten KI-PCs einen enormen Mehrwert bieten. Sie könnten virtuelle Hintergründe in Videokonferenzen verbessern, Bilder und Videos auf der Grundlage von Beschreibungen erstellen, Videocalls transkribieren und Echtzeit-Sprachübersetzungen durchführen. Möglich wird das durch neue Chips und neuronale Prozessoreinheiten (NPUs), die speziell für KI-Anwendungen entwickelt wurden.

Ein weiterer Vorteil der KI-PCs liegt in ihrer lokalen Ausführung, die schneller, kostengünstiger und sicherer als eine Cloud-basierte Lösung ist. Das ist besonders für Unternehmen relevant, die ihre Geschäftsgeheimnisse nicht in einer Cloud speichern wollen. Microsoft plant bereits, seinen KI-

Assistenten Co-Pilot stärker in das PC-Betriebssystem zu integrieren, was die Bedeutung von KI in der nächsten Windows-Version unterstreicht.

Insgesamt steht die KI-PC-Generation für eine bedeutende Evolution in der Computertechnologie. Sie erweitert die Grenzen dessen, was mit persönlichen Computern möglich ist, und öffnet die Tür zu einer Welt, in der KI nicht nur ein Werkzeug, sondern ein integraler Bestandteil unseres digitalen Alltags sein wird.

## Algorithmen: die Denkweise der KI

Das dritte Puzzleteil neben Daten und Rechenleistung stellen die Algorithmen dar. Sie sind die »Gehirne« hinter den Maschinen, die es erst ermöglichen, Daten zu verarbeiten, Muster zu erkennen und Entscheidungen zu treffen.

Ein Algorithmus wird als eine klar definierte Reihe von Anweisungen oder Regeln verstanden, ähnlich einem Kochrezept, das Schritt für Schritt Anleitungen zur Zubereitung eines Gerichts gibt. In der KI folgt der Algorithmus diesen Anweisungen, um bestimmte Aufgaben zu lösen oder Probleme zu bewältigen.

Ein Algorithmus startet mit der Eingabe, bei der Daten oder Informationen aufgenommen werden. Diese Informationen werden gemäß festgelegten Regeln oder Anweisungen verarbeitet. Schließlich liefert der Algorithmus eine Ausgabe, also ein Ergebnis oder eine Lösung, die auf den verarbeiteten Daten basiert.

In der KI gibt es verschiedene Arten von Algorithmen:

- Suchalgorithmen durchforsten große Datenmengen, um spezifische Informationen zu finden oder den besten Lösungsweg zu ermitteln.
- Optimierungsalgorithmen hingegen suchen nach der bestmöglichen Lösung aus einer Reihe von Möglichkeiten.

- Besonders wichtig sind die Lernalgorithmen, die im maschinellen Lernen eingesetzt werden und sich selbstständig anhand von Daten anpassen, um ihre Performance zu verbessern.

Die Funktionsweise von Algorithmen ist sehr komplex, was sie manchmal schwer verständlich macht. Zudem benötigen einige KI-Algorithmen besonders im Bereich des Deep Learnings erhebliche Rechenressourcen.

Algorithmen bilden das Rückgrat der Künstlichen Intelligenz und ermöglichen es Maschinen, intelligent zu handeln, indem sie Daten verarbeiten und darauf basierend Entscheidungen treffen. Schauen wir uns den Bereich des maschinellen Lernens etwas genauer an.

Tom M. Mitchell, ein renommierter Wissenschaftler im Bereich der Künstlichen Intelligenz, definierte maschinelles Lernen im Jahr 1997 als »das Studium von Computer-Algorithmen, die die Fähigkeit haben, sich automatisch durch Erfahrungen zu verbessern«.

Mitchell, der für seine prägende Arbeit an der Carnegie Mellon University bekannt ist, hat mit dieser Definition einen wesentlichen Beitrag zum Verständnis und zur Entwicklung des maschinellen Lernens geleistet. Maschinelles Lernen wird dabei als ein Unterbereich der KI angesehen und lässt sich in verschiedene Ansätze unterteilen wie das überwachte Lernen, das unüberwachte Lernen oder das bestärkende Lernen.

Um die Unterschiede dieser Ansätze zu verdeutlichen, kommen wir wieder zu unserem Beispiel zurück. Stellen Sie sich vor, Sie müssen einen Korb voller Äpfel und Birnen sortieren. Vor dieser Aufgabe wussten Sie nicht, was ein Apfel und was eine Birne ist. Nach ein paar Durchgängen erkennen Sie allerdings Muster: Äpfel sind meistens röter und runder, während Birnen oft eine längliche Form haben. Jetzt können Sie diese Früchte leicht unterscheiden und sortieren, ohne darüber nachzudenken.

Das ist im Grunde das, was maschinelles Lernen macht – es lernt aus Erfahrungen sowie Mustern und wendet dieses Wissen an, um Entscheidungen zu treffen. Dieser Prozess umfasst im Wesentlichen fünf Schritte:

1. Zieldefinition
2. Ausprobieren
3. Analyse
4. Anpassung
5. Optimierung

Bevor ein maschinelles Lernsystem seine Arbeit aufnehmen kann, muss es zunächst eine Vorgabe erhalten, was als *Zieldefinition* bezeichnet wird. Dieses Ziel gibt an, was das System lernen soll – um bei unserem Beispiel zu bleiben, also Äpfel von Birnen zu unterscheiden. Das Entwicklungsteam definiert dieses Ziel als »das Erkennen von Äpfeln und Birnen« in mathematischer Form und gibt dem System eine Methode an die Hand, mit der es überprüfen kann, wie gut es dieses Ziel bereits erreicht hat. Da dieses Vorgehen mithilfe von Daten erfolgt, kann sich das System auch in eine ungewünschte Richtung optimieren.

Einmal mit einem Ziel ausgestattet, beginnt das System mit dem »Lernen« durch *Ausprobieren*. Es verwendet Daten, die ihm zur Verfügung gestellt werden – in unserem Beispiel anhand von Bildern. Auf einigen sind Äpfel zu sehen, auf anderen Birnen und auf wieder anderen weder das eine noch das andere. Das System versucht, Muster in diesen Daten zu erkennen und Vorhersagen zu treffen, basierend auf dem, was es bisher gelernt hat.

Aber wie weiß das System, ob es richtig liegt? Hier kommt die *Analyse* ins Spiel. Das System überprüft seine eigenen Vorhersagen und identifiziert Bereiche, in denen es sich verbessern kann. In unserem Beispiel prüft es beispielsweise einen zweiten Datensatz, wie gut das Model hier zwischen Äpfeln und Birnen unterscheiden kann. Es passt sich dann selbst an (»Anpassung«), um in Zukunft bessere Vorhersagen zu treffen. Dieser Prozess des Lernens und Anpassens wird viele Male wiederholt, bis das System seine Aufgabe so gut wie möglich erfüllt (»Optimieren«).

Schließlich wird das System erneut getestet. Es wird mit neuen Daten konfrontiert, die es noch nie zuvor gesehen hat, um zu prüfen, ob es das Gelernte auf neue Situationen anwenden kann. In unserem Beispiel würden dem System Bilder von Äpfeln, Birnen und anderen Dingen gezeigt werden, die es während seiner Trainingsphase nicht gesehen hat. Besteht das System diesen Test, kann von einer Generalisierung ausgegangen werden, das heißt das System hat gelernt, auch in einem unbekannten Kontext (hier in Form von unbekannten Bildern) Äpfel und Birnen zu erkennen. Genau genommen kann es sogar Äpfel, Birnen und Dinge identifizieren, die »weder Apfel noch Birne« sind.

Zusätzlich zu diesen fünf Schritten stellt sich die Frage nach dem Lernstil und Problemtyp. Man könnte auch sagen: »Wie kommen die Daten in das System?« Die bereits genannten Schlüsselkonzepte funktionieren wie folgt:

*Überwachtes Lernen*: Stellen Sie sich vor, Sie zeigen einem Kind verschiedene Tiere und sagen ihm, um welches Tier es sich jeweils handelt. Nach einiger Zeit wird das Kind durch Ihre Anleitung in der Lage sein, die Tiere selbst zu identifizieren. Überwachtes Lernen funktioniert ähnlich: Der Computer wird mit vielen Beispielen (Daten) und den dazugehörigen Antworten (Ausgaben) gefüttert. Diese Antworten werden auch als »Label« bezeichnet beziehungsweise beschriftete Daten.

In unserem Apfel-Birne-Beispiel können Sie sich jetzt eine Kiste mit gemischtem Obst vorstellen, wobei jede Frucht das jeweils richtige »Label« trägt (z. B. klebt auf dem Apfel das Label »Apfel«)[25]. Diese Labels sorgen dafür, dass die Grundwahrheit für die Datenelemente definiert sind. Nach genügend Übung kann der Computer dann Vorhersagen oder Klassifizierungen für neue, unbekannte Daten treffen.

*Unüberwachtes Lernen*: Hier geben wir dem System eine Menge von Daten und lassen ihn selbst Muster oder Zusammenhänge entdecken, ohne ihm vorher

---

[25] Natürlich stellen Sie einem Computer keine Kiste Obst hin, sondern würden digitale Bilder übermitteln, die durch die Labels jeweils zusätzliche Informationen liefern.

zu sagen, was er suchen soll. Es gibt keine Labels, und wir geben dem System nicht vor, was eine Ananas, ein Apfel oder eine Birne wäre. Es ist, als würden Sie einem Kind eine Box mit Legosteinen geben und es einfach spielen lassen, um zu sehen, was es baut, ohne spezifische Anweisungen zu geben.

Für die Prüfung des Lernfortschritts des Computers würden wir die von ihm eingeteilten Gruppen nach »inhaltlicher Nähe« bewerten: Wir stellen ihm ohne weitere Informationen eine Kiste Obst hin. Die KI könnte dann beispielsweise »automatisch« die unterschiedlichen Obstsorten in einzelne Gruppen unterteiltn, weil der Algorithmus selbst ohne Label Gemeinsamkeiten und Unterschiede bei Äpfeln, Birnen oder anderen Früchten erkennen würde. Diese Methode hat den Vorteil, dass man keine vorbereiteten Daten braucht und auch explorativ unbekannte Muster identifiziert werden können.

*Verstärkungslernen (engl. »Reinforcement Learning«)*: Dieser Ansatz ähnelt dem Training eines Hundes durch Belohnungen und Bestrafungen. Das System (häufig auch als »Agent« bezeichnet) trifft Entscheidungen und erhält Feedback in Form von Belohnungen oder Strafen, um zu lernen, welche Entscheidungen optimal sind.

Ein Agent, der ein Spiel spielt, kann beispielsweise eine Belohnung erhalten, sobald er etwas richtig macht oder ein gewünschtes Verhalten zeigt und eine Strafe, wenn er etwas falsch macht beziehungsweise ein unerwünschtes Verhalten zeigt. Diese Form der Problemlösung dient dazu, Strategien zu finden oder Handlungsabfolgen zu optimieren.

In unserem Beispiel würden wir mit unserem System zusammenarbeiten und ihm jedes Mal ein direktes Feedback geben, wenn es die einzelnen Dinge aus der gemischten Kiste richtig oder falsch zugeordnet hat. Wenn es Äpfel und Birnen falsch zuordnet, erhält es also Minuspunkte, bei einer korrekten Einteilung eine Belohnung. Natürlich würden wir nicht die ganze Zeit daneben sitzen, sondern eine Regel zur automatischen Bewertung hinterlegen.

*Merkmalslernen und Dimensionsreduktion*: Manchmal haben wir eine riesige Menge an Daten, aber nicht alle sind nützlich oder notwendig für das Lernen. Hier sollen Algorithmen die wichtigsten Informationen extrahieren und den Rest ignorieren, um den Lernprozess effizienter zu gestalten. In unserem Fall würde das System bei einer gemischten Box 1 alle Nicht-Äpfel und Nicht-Birnen erkennen und schnell aussortieren.

*Semiüberwachtes und schwach überwachtes Lernen*: Diese Methoden befinden sich irgendwo zwischen überwachtem und unüberwachtem Lernen, wobei einige Daten beschriftet sind und andere nicht oder die Beschriftungen nicht ganz eindeutig sind. Sie sind dann nützlich, wenn genaue Daten schwer zu bekommen sind, beispielsweise wenn wir mit unseren Kindern die erste Box mit Obst beschriften, die Kinder währenddessen allerdings die Lust verlieren und die Boxen 2 bis 15 ohne Beschriftung genutzt werden müssen.

Was bis hierhin relativ vereinfacht dargestellt wurde, ist für das Verständnis des Konzepts unerlässlich. Intelligente Systeme können selbst einfache Dinge wie die Unterscheidung von Äpfeln und Birnen nicht automatisch. Alles muss langwierig gelernt und antrainiert werden. Diese scheinbar trivialen Herausforderungen haben Forscher jahrzehntelang intensiv beschäftigt, da die sensorischen Fähigkeiten einer Maschine – Sehen, Hören, Sprechen – nicht natürlich gegeben sind, sondern aufwendig ›erlernt‹ werden müssen.

In der Praxis wird maschinelles Lernen (ML) in vielen Bereichen eingesetzt, von der Vorhersage des Wetters bis zur Empfehlung von Filmen auf Streaming-Plattformen. Wenn Sie sich beispielsweise einen Film bei Netflix ansehen, analysiert das ML-System Ihre bisherigen Präferenzen, lernt daraus und schlägt Ihnen ähnliche Filme vor, die Ihnen gefallen könnten. In einem erweiterten Rahmen ermöglicht maschinelles Lernen Computern, bestimmte Aufgaben zu begreifen und ihre Leistung mit der Zeit durch Erfahrung zu verbessern, ohne dass sie explizit programmiert werden müssen. Das ist ein Schlüsselmerkmal, das ML besonders mächtig macht: die Fähigkeit, aus Daten zu lernen und Vorhersagen oder Entscheidungen zu treffen – selbst wenn die Daten unvollständig oder unsicher sind.

ML-Algorithmen sind also so konzipiert, dass sie mit Unsicherheiten und der Variabilität von Informationen umgehen können. Sie erkennen Muster und Zusammenhänge in den Daten, die sie während des Trainingsprozesses sehen. Diese Muster werden anschließend auf neue, unbekannte Daten angewandt. Dadurch können ML-Modelle, »vernünftige« Vorhersagen oder Entscheidungen treffen, auch wenn sie mit neuen Daten konfrontiert werden, die sie noch nie zuvor gesehen haben, was nicht selbstverständlich ist.

In Anwendungsbereichen wie der Finanzmodellierung oder der medizinischen Diagnostik, wo oft lückenhafte oder von Natur aus variable Daten vorliegen, ist besonders diese Fähigkeit, also Unsicherheiten zu managen und dennoch nützliche Vorhersagen zu treffen, besonders wichtig. Ein beeindruckendes Beispiel für die Anwendung der Methode des unüberwachten Lernens mit lückenhaften Daten ist die Identifikation von Tumoren durch KI. In diesem Fall erhält die KI eine Vielzahl von medizinischen Bildern, ohne dass ihr explizit mitgeteilt wird, was ein Tumor ist oder wie er aussieht. Die KI analysiert diese Bilder und lernt eigenständig, Merkmale zu identifizieren, die Tumore kennzeichnen könnten.

Erstaunlicherweise haben solche KI-Systeme in einigen Fällen eine höhere Trefferquote bei der Erkennung von Tumoren erzielt als Systeme, die auf überwachtem Lernen basieren, bei denen die Daten bereits mit Labels wie »Tumor« oder »kein Tumor« versehen sind. Dies liegt daran, dass die KI Muster und Anomalien in den Bilddaten entdecken kann, die menschlichen Experten möglicherweise entgehen oder die nicht in den vorbereiteten Labels enthalten sind. Die Benutzer wissen dabei nicht genau, nach welchen spezifischen Kriterien die KI die Tumore identifiziert, was sowohl als Stärke als auch als Herausforderung angesehen werden kann. Doch zusammenfassend lässt sich festhalten, dass diese Methode der KI ermöglicht, neue und möglicherweise unbekannte Aspekte in den Daten aufzudecken, was insbesondere in komplexen Gebieten wie der medizinischen Diagnostik von großem Nutzen sein kann.

Hier spielen auch Big Data und die Statistik eine entscheidende Rolle. Big Data bezieht sich auf extrem große Datenmengen, die analysiert werden können, um Muster, Trends und Zusammenhänge zu enthüllen, insbesondere in Bezug auf menschliches Verhalten und Interaktionen.

ML-Algorithmen können auf Big Data angewendet werden, um komplexe Muster zu erkennen, die für Menschen schwer zu erkennen sind. Dadurch ist es möglich, umfassendere Einsichten und treffendere Vorhersagen zu erhalten, die auf der Analyse einer breiten Palette und großen Menge an Daten beruhen.

Für viele ML-Techniken stellt die Statistik eine zentrale Grundlage dar (auch wenn dieser Begriff bei Ihnen möglicherweise negative oder gar traumatische Erinnerungen an Uni- oder Schulzeiten hervorruft). Statistische Methoden bieten Rahmenbedingungen, um Unsicherheiten zu quantifizieren, Hypothesen zu testen und Schätzungen über die Allgemeingültigkeit von Mustern und Zusammenhängen in Daten vorzunehmen. ML nutzt statistische Konzepte, um Daten zu modellieren und Vorhersagen zu treffen. Beispielsweise verwenden viele ML-Modelle statistische Techniken, um die Qualität ihrer Vorhersagen zu bewerten und um zu verstehen, wie sicher sie in ihren Vorhersagen sind.

Durch die Kombination von ML, Big Data und Statistik können wir also intelligente Systeme entwickeln, die aus Erfahrungen lernen, Muster in riesigen Datenmengen erkennen und fundierte Vorhersagen und Entscheidungen treffen – selbst bei unsicheren und variablen Informationen. Solche Systeme öffnen die Tür zu einer Vielzahl von Anwendungen und Möglichkeiten in verschiedenen Bereichen wie dem Gesundheitswesen, Finanzen, Einzelhandel und vielen weiteren Branchen und befähigen uns, bessere datengesteuerte Entscheidungen zu treffen.

# Deep Learning: wie KI das Denken lernt

Neuronale Netzwerke oder künstliche neuronale Netzwerke (ANNs, engl. »Artificial Neural Networks«) haben in der aktuellen Forschung eine besondere Bedeutung, da sie sich an eine Vielzahl mathematischer Funktionen annähern können und daher für die Lösung zahlreicher Probleme geeignet sind. Wenn von Deep Learning gesprochen wird, dann verbirgt sich dahinter häufig ein ANN.

Diese Algorithmen sind so konzipiert, dass sie die Informationsverarbeitung des menschlichen Gehirns nachahmen und komplexe Muster in umfangreichen Datenmengen erkennen. Doch obwohl Deep Learning und neuronale Netzwerke von der Funktionsweise des menschlichen Gehirns inspiriert sind, unterscheiden sich die Lernprozesse von Menschen und Maschine deutlich. ANNs sind sehr komplex, aber im Grunde geht es darum, die Verbindung zwischen Eingabedaten und gewünschten Ausgabedaten herauszufinden. ANNs neigen von Natur aus dazu, zu »Black Boxes« zu werden, weil man oft nicht nachvollziehen kann, welche Lernprozesse stattgefunden haben. Darüber hinaus ist es sehr aufwendig, neuronale Netzwerke zu trainieren.

Lassen Sie uns gemeinsam den Prozess durchlaufen, wie mithilfe eines ANN die Erkennung von verschiedenen Obstsorten realisiert werden kann.

Der Ablauf orientiert sich an den grundlegenden Schritten des maschinellen Lernens, legt jedoch den Fokus auf den Entwicklungsprozess:

1. *Zielsetzung*: Zunächst definieren wir, was unser System lernen soll. In unserem Szenario ist das Ziel klar. Das System soll auf einem gegebenen Bild identifizieren können, ob es einen Apfel, eine Birne oder eine andere Obstsorte zeigt. Diese Kategorien bestimmen die möglichen Ausgaben des Netzes. Zusätzlich legen wir eine Metrik[26]

---

[26] Eine Metrik ist ein Maßstab oder eine Methode, um etwas zu messen oder zu bewerten. Sie ist vergleichbar mit einem Lineal, das wir verwenden, um die Länge eines Objekts zu messen. In verschiedenen Bereichen kann eine Metrik verschiedene Dinge messen.

fest, die angibt, wie präzise das ANN bei der Kategorisierung vorgegangen ist.

2. *Datensammlung*: Jetzt sammeln wir Bilder von verschiedenen Obstsorten. Ein ausgewogener Datensatz, der von jeder Kategorie ähnlich viele Bilder enthält, ist hierbei ideal. Da wir den Ansatz des überwachten Lernens verfolgen, versehen wir jedes Bild mit einem Label der entsprechenden Obstsorte.

3. *Training*: Hier kommt das ANN ins Spiel. Die gesammelten Daten werden in das Netzwerk eingespeist. Das ANN verarbeitet diese Daten und gibt für jedes Bild eine Kategorie sowie eine »Vertrauensbewertung« (Confidence) aus, die angibt, wie sicher das System bei seiner Entscheidung ist. Dieser Wert liegt zwischen 0 und 1, wobei 1 für eine hundertprozentige Sicherheit steht. Anfangs sind die Vorhersagen oft zufällig und können ungenau sein. Das System vergleicht seine Vorhersagen mit den tatsächlichen Labels und passt sich auf der Grundlage der Abweichungen an. Dieser Anpassungsprozess wird viele Male wiederholt, bis das System seine Aufgabe optimal erfüllt.

4. *Testphase*: Um sicherzustellen, dass das System auch in der Praxis zuverlässig funktioniert, muss es getestet werden. Hierfür verwenden wir Bilder, die dem System während des Trainings nicht gezeigt wurden. Nur wenn das System die Obstsorten auf diesen neuen Bildern korrekt identifiziert, kann es als erfolgreich trainiert betrachtet werden. Wenn Systeme mit einem bestimmten Prozentwert an »Sicherheit« beworben werden oder einer Fehlerquote, dann handelt es sich meistens um den hier ermittelten Wert. Zeigen wir dem System beispielsweise 100 Bilder und es hat 98 richtig erkannt, dann würden von einer 98-prozentigen Sicherheit sprechen können beziehungsweise von einer zweiprozentigen Fehlerquote.

Nach Abschluss dieses Prozesses sollte das neuronale Netzwerk in der Lage sein, die verschiedenen Obstsorten wie Äpfel, Birnen und andere zuverlässig auf Bildern zu erkennen. Es ist jedoch zu beachten, dass die Leistungsfähigkeit der Erkennung stark von der Vielfalt und Qualität der Trainingsdaten abhängt.

Dabei müssen wir das Ganze auch in Relation zum Menschen setzen. Ein Kind versteht oft nach nur wenigen Beispielen ein Konzept. Zeigen Sie ihm beispielsweise einige Male eine Kuh, wird es schnell in der Lage sein, dieses Tier in der realen Welt zu erkennen. Es ist in der Fähigkeit des menschlichen Gehirns begründet, visuelle Muster zu erkennen und auf Basis von Kontext und Erfahrung zu generalisieren.

Ein anschauliches Beispiel ist das Berühren einer heißen Herdplatte. Als Kind haben Sie vielleicht einmal eine heiße Platte berührt und schnell gelernt, dies nicht zu wiederholen. Vermutlich haben Sie dies einmal getan, vielleicht auch noch ein zweites Mal, aber wir gehen jetzt mal davon aus, dass kein Leser dieses Buches dies mehr als dreimal machen musste, um zu verstehen, dass heiße Herdplatten nicht angefasst werden sollten. Im Kontrast dazu könnte eine KI, insbesondere eine solche, die auf Deep Learning basiert, Zehntausende oder gar Millionen solcher Erfahrungen benötigen, um dieselbe Lektion zu lernen – wenngleich auch dieser Prozess in der Zukunft optimiert und effizienter werden wird. Dies liegt daran, dass sie keine »intuitive« Vorstellung von der Welt hat und sich stattdessen auf die schiere Menge an Daten verlässt, die sie verarbeitet.

Während KI-Systeme eine viel größere Datenmenge benötigen, können sie diese Informationen allerdings in einem Bruchteil der Zeit verarbeiten, die ein Mensch benötigen würde. Dadurch können sie in kurzer Zeit ein überaus spezifisches und detailliertes Wissen erlangen. Kommen wir auf das Beispiel mit der Herdplatte zurück, so könnte ein KI-System in wenigen Minuten millionenfach auf den Herd greifen und es so auch relativ schnell lernen, auch wenn es mehr Versuche benötigen würde.

Ein weiterer Vorteil von KI-Systemen ist ihre Fähigkeit, die Wahrscheinlichkeit ihrer Vorhersagen zu quantifizieren. Während ein Mensch sagt: »Das ist eine Kuh«, gibt eine KI an: »Es gibt eine 98-prozentige Wahrscheinlichkeit, dass dies eine Kuh ist«, basierend auf den Daten, mit denen sie trainiert wurde.

Wenn wir das Beispiel des autonomen Fahrens betrachten, wird klar, dass die KI nicht auf alle Eventualitäten ausgerichtet wird, weil das schlichtweg nicht möglich ist. Stattdessen lernt sie datenbasiert, wie Menschen in bestimmten Situationen reagieren. Ein autonomes Fahrzeug kann nicht für jede mögliche Verkehrssituation programmiert werden, da die Vielfalt an möglichen Szenarien unendlich ist. Stattdessen nutzt die KI Deep Learning, um aus den Daten von Millionen von gefahrenen Kilometern zu lernen und zu verstehen, wie sie in verschiedenen, oft auch unvorhersehbaren Verkehrssituationen agieren sollte. Die Daten, die aus diesen Fahrkilometern gesammelt werden, enthalten eine Fülle von Szenarien, die auf den Straßen weltweit auftreten können. Hierbei geht es nicht nur um die physischen Bewegungen des Fahrzeugs, sondern auch um die Entscheidungen, die im Bruchteil einer Sekunde unter Berücksichtigung der Sicherheit aller Verkehrsteilnehmer getroffen werden müssen.

Rollt beispielsweise ein Ball auf die Straße, würde ein menschlicher Fahrer instinktiv abbremsen, da ein Kind dem Ball hinterherrennen könnte. Ein autonomes Fahrzeug muss lernen, ähnliche assoziative Verbindungen herzustellen und entsprechend zu handeln, um sicher und effektiv in der realen Welt zu agieren. Dabei handelt es sich um eine komplexe Herausforderung, da die KI nicht nur die physischen Gesetze des Fahrens verstehen, sondern auch eine Art »gesunden Menschenverstand« entwickeln muss, um in einer von Menschen dominierten Umgebung zu agieren.

Deep Learning ermöglicht es dem autonomen Fahrzeug durch die Analyse von Datenmengen, die aus verschiedenen Fahrerfahrungen gesammelt wurden, zu »lernen«. Es analysiert Muster und erkennt Zusammenhänge, die für die Entscheidungsfindung während des Fahrens wesentlich sind. Beispielsweise kann es lernen, dass abruptes Bremsen oft mit bestimmten visuellen Reizen verbunden ist, wie einem Ball, der auf die Straße rollt, oder einer Person, die am Straßenrand steht. Es reicht also nicht aus, die Straßenverkehrsordnung hochzuladen und sich darauf zu verlassen, dass die KI »dann schon Bescheid weiß«. Auch kann man einer KI nicht einfach für alle Szenarien die richtigen Entscheidungen einprogrammieren – genau das ist eben nicht die Idee hinter einem neuronalen Netzwerk.

Trotz der beeindruckenden Fortschritte im Bereich des Deep Learning und der autonomen Fahrzeuge steht diese Technologie noch immer vor erheblichen Herausforderungen.

Dazu gehören nicht nur technische und sicherheitsrelevante Fragen, sondern auch ethische Dilemmata. Wie sollte ein autonomes Fahrzeug beispielsweise reagieren, wenn es sich zwischen der Sicherheit eines Passanten und der des Fahrzeuginsassen entscheiden muss? Ein klassisches Beispiel ist das Szenario auf einer Bergstraße: Ein autonomes Auto fährt schnell um eine Kurve und steht plötzlich vor der Wahl, entweder auszuweichen und dabei von einer Klippe zu stürzen oder einen Passanten zu überfahren, der unerwartet auf der Straße steht. In solchen Momenten, in denen menschliche Fahrer wahrscheinlich instinktiv und reflexartig reagieren würden, steht die Frage im Raum, nach welchen Kriterien ein künstliches System eine Entscheidung treffen sollte. Dies wirft nicht nur technische und sicherheitsrelevante Fragen auf, sondern berührt auch tiefgehende ethische Aspekte darüber, was wir von einer Maschine in einer derart kritischen Situation erwarten und wie diese Erwartungen sich zu menschlichen Reaktionen verhalten.

Abbildung 17: die Extremsituation (erstellt mit DALL-E).

Auch wir können uns hier fragen, wie wir in einer solchen Situation reagieren würden. Ziemlich sicher instinktiv oder gar nicht. Auch mit diesem Phänomen werden wir uns noch befassen: Was fordern wir von einem künstlichen System, und wo liegt eigentlich der menschliche Vergleichswert?

Die Entwicklung von KI im Bereich des autonomen Fahrens bleibt ein spannendes und dynamisches Feld, das ständig neue Fragen und Herausforderungen aufwirft. Es ist eine Domäne, in der Ingenieure, Datenwissenschaftler, Ethiker und Gesetzgeber zusammenarbeiten müssen, um zu gewährleisten, dass die Technologie sicher, effizient und ethisch vertretbar entwickelt und implementiert wird. In den kommenden Kapiteln werden wir uns näher mit diesen Herausforderungen und möglichen Lösungsansätzen beschäftigen, um ein umfassendes Verständnis der Rolle von KI und Deep Learning in unserer Gesellschaft zu entwickeln.

Sowohl das menschliche Gehirn als auch KI-Systeme haben ihre Stärken und Schwächen, wenn es um das Lernen geht. Während Menschen in der Lage sind, schnell und intuitiv zu lernen, können KI-Systeme eine enorme Menge an Daten verarbeiten und präzise Vorhersagen treffen. Das Verständnis dieser Unterschiede ist entscheidend, um die Möglichkeiten und Grenzen der Künstlichen Intelligenz in verschiedenen Anwendungen zu erkennen.

## Grüne KI: ein Verbündeter gegen den Klimawandel

Die Herausforderungen des Klimawandels bieten eine hervorragende Gelegenheit, die vielfältigen Einsatzmöglichkeiten der Künstlichen Intelligenz zu demonstrieren. KI wird in diesem Zusammenhang in vielen unterschiedlichen Bereichen zur Analyse großer Datenmengen und zur Optimierung von Ressourcen genutzt. In diesem Abschnitt möchten wir Ihnen einige Schlüsselbereiche vorstellen, in denen KI damit schon heute entscheidend zur Bekämpfung der Klimakrise beitragen kann. So wird deutlich, wie diese fortschrittliche Technologie helfen kann, komplexe und drängende Umweltprobleme zu adressieren und nachhaltige Lösungen zu fördern.

Einer der wichtigsten Fortschritte betrifft die Verbesserung von Klimamodellen durch KI-gestützte Systeme, indem die Folgen menschlichen Handelns genauer vorhergesagt und somit rechtzeitig Gegenmaßnahmen eingeleitet werden können. Forscher nutzen zudem ML, um innovative Materialien zu entdecken, die beispielsweise für eine höhere Energiedichte in Batterien sorgen und damit die Speichertechnologien für erneuerbare Energien revolutionieren.

Ein anschauliches Beispiel für die Anwendung von maschinellem Lernen im Transportwesen ist die Optimierung der Lieferketten großer Logistikunternehmen. Durch den Einsatz von ML-Algorithmen können diese Unternehmen ihre Lieferfahrzeuge so routen, dass die effizientesten Wege gewählt werden. Dies führt nicht nur zu einer signifikanten Reduktion des Treibstoffverbrauchs, sondern auch zu entsprechend niedrigeren Emissionen.

In unserer zunehmend energiebewussten Welt gewinnt die optimale Verteilung von Wärme und Strom zunehmend an Bedeutung. Maschinelles Lernen spielt dabei eine entscheidende Rolle, indem es hilft, Energieverluste zu minimieren und den Einsatz von Ressourcen zu optimieren. Durch präzise Algorithmen können Energieversorger beispielsweise die Lastverteilung in Echtzeit steuern, was zu einer effizienteren Nutzung von Strom- und Wärmenetzen führt. Das verbessert nicht nur die Energieeffizienz, sondern trägt auch dazu bei, die Betriebskosten zu senken und die Umweltbelastung zu reduzieren.

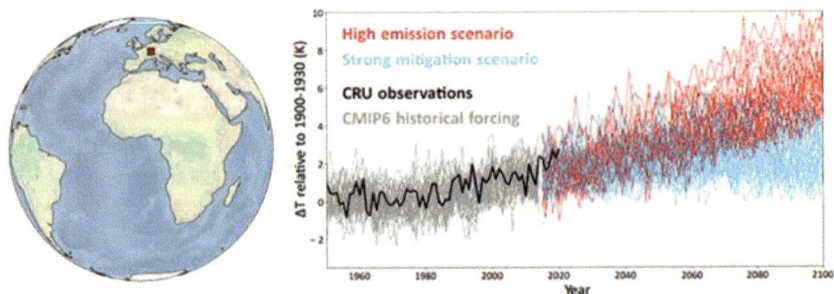

Abbildung 18: Am Karlsruher Institut für Technologie (KIT) werden Satellitendaten und Methoden des maschinellen Lernens kombiniert, um Unsicherheiten in globalen und regionalen Klimawandelprojektionen zu verringern (mit freundlicher Genehmigung von Herrn Peer Nowack vom KIT).

Ein weiterer entscheidender Beitrag der Künstlichen Intelligenz im Kampf gegen die Auswirkungen des Klimawandels liegt in der präzisen Vorhersage von Extremwetterereignissen. Durch den Einsatz fortschrittlicher maschineller Lernverfahren können meteorologische Modelle frühzeitig potenziell gefährliche Wetterbedingungen identifizieren. Dadurch können Warnsysteme rechtzeitig aktiviert und vorbeugende Maßnahmen ergriffen werden, um Menschenleben zu schützen und materielle Schäden so gering wie möglich zu halten. Diese Technologien verbessern nicht nur die Reaktionsfähigkeit in Notfallsituationen, sondern tragen auch dazu bei, die langfristigen sozioökonomischen Folgen von Klimakatastrophen zu minimieren.

Durch maschinelles Lernen können Unternehmen Materialzusammensetzungen in der Produktentwicklung optimieren. KI-Modelle analysieren große Datenmengen über Materialverhalten und -eigenschaften, um Kombinationen zu identifizieren, die nicht nur leistungsstark, sondern auch einfacher zu recyceln sind. Produkte können so am Ende ihrer Lebensdauer leichter demontiert und die Materialien effektiver wiederverwertet werden. Dabei unterstützen ML-Algorithmen die Designer, Produkte so zu gestalten, dass sie am Ende ihrer Nutzungsdauer leichter auseinandergebaut werden können. Indem KI aus historischen Daten lernt, welche Designmerkmale das Recycling erleichtern, helfen diese Systeme dabei mit, Produkte zu entwickeln, die von vornherein für die Kreislaufwirtschaft konzipiert sind.

Maschinelles Lernen ist ebenfalls ein unverzichtbares Werkzeug, um Überproduktion und Verschwendung in Industrien zu verhindern. Durch die genaue Analyse historischer Daten und aktueller Markttrends ermöglicht ML präzisere Nachfrageprognosen und effizientere Produktionspläne, bei denen nur die genau benötigte Menge produziert wird, die der Markt verlangt. Dieser Ansatz minimiert nicht nur die Verschwendung von Ressourcen, sondern optimiert auch die Betriebskosten, was sowohl ökonomisch als auch ökologisch von großem Vorteil ist. Unternehmen haben dadurch die Möglichkeit, nachhaltiger zu wirtschaften und ihre ökologischen Fußabdrücke zu reduzieren.

Die angeführten Beispiele veranschaulichen nur einen kleinen Ausschnitt der umfangreichen Einsatzmöglichkeiten von Künstlicher Intelligenz und maschinellem Lernen im Kampf gegen den Klimawandel. KI-Technologien sind nicht nur zentrale Werkzeuge zur Bewältigung dieser globalen Herausforderung, sondern eröffnen uns auch immer wieder innovative und neue Perspektiven, die es uns ermöglichen, die natürlichen Ressourcen unseres Planeten nachhaltiger zu nutzen und zu schützen. Dabei zeigt sich, dass KI bereits in vielen Bereichen erfolgreich eingesetzt wird. Im Diskurs über die KI ist daher ein differenziertes Vorgehen essenziell, denn viele Anwendungen sind absolut sicher und helfen schon heute, die Erde für kommende Generationen zu bewahren.

Wir wollten mit diesem Kapitel verdeutlichen, dass Künstliche Intelligenz weit mehr umfasst als nur ChatGPT und ähnliche Tools, die oft unter dem Begriff »Generative KI« zusammengefasst werden. Im nächsten Kapitel widmen wir uns eben jener Technologie und ihrer vielfältigen Anwendungsbereiche. Diese Tools sind nicht nur faszinierend, sondern auch äußerst praktisch, da sie Ihnen ermöglichen, direkt mit der Technologie zu interagieren und sie für Ihre Zwecke zu nutzen. Freuen Sie sich auf spannende Einblicke und inspirierende Möglichkeiten, die Generative KI bald schon in Ihrem Alltag oder geschäftlichen Umfeld einsetzen zu können.

# Vierter Teil


# Generative Künstliche Intelligenz

# Was ist Generative Künstliche Intelligenz?

Nachdem wir uns in den vorhergehenden Kapiteln mit den Grundlagen und Funktionen der Künstlichen Intelligenz vertraut gemacht haben, öffnet sich nun vor uns ein neues, faszinierendes Kapitel: die Welt der Generativen KI. Diese spezielle Form der KI stellt einen Wendepunkt in unserem Verständnis und unserer Nutzung Künstlicher Intelligenz dar. Anders als traditionelle Systeme, die darauf ausgerichtet sind, Daten zu analysieren und Entscheidungen zu treffen, beschreitet die Generative KI kreative Pfade in **der Erstellung von neuen Inhalten, die von menschlichen Erzeugnissen oft kaum zu unterscheiden sind.**

Diese Form der KI kann Texte, Bilder, Musik und mehr generieren, indem sie Muster in den Daten erkennt, mit denen sie trainiert wurde, und diese nutzt, um neue, originelle Inhalte zu schaffen. Ein prominentes Beispiel für Generative KI im Bereich der Texterstellung ist ChatGPT, das Sie wahrscheinlich bereits getestet haben. Im Unterschied zu Suchmaschinen und -funktionen werden diese Texte »neu« erstellt. Hier werden nicht nur vorhandene Texte gefunden. KI kann also, wenn sie entsprechend trainiert wurde, neue Dinge aufgrund bestehender Muster erstellen.

Erinnern wir uns an die Grundlagen des Machine Learning und der neuronaler Netze: GPT ist je nach Version vorab mit einer größeren Menge an Daten trainiert worden, die aus zahlreichen Büchern, Internetdokumenten, Forenbeiträgen und wissenschaftlichen Abhandlungen bestehen. Aus diesen Mustern hat GPT gelernt, wie das Muster »Sprache« funktioniert.

Dabei ist heute schon absehbar, dass ChatGPT und Generative KI-Modelle in Zukunft präzisere und vielseitige Texte generieren werden können. Sie werden die spezifischen und nuancierten Anforderungen der Nutzer besser verstehen und durch die Anwendung kontinuierlich lernen und sich verbessern. Zukünftige Entwicklungen könnten außerdem eine verbesserte ethische Nutzung und Entscheidungsfindung betreffen, um nicht nur hochwertige Texte zu generieren, sondern auch um ihre verantwortungsbewusste Unvoreingenommenheit sicherzustellen.

Abbildung 19: KI als Methode und Werkzeug der musischen Künste (erstellt mit Midjourney).

Die Entwicklung von GPT und ChatGPT zeigt schon heute einen klaren Trend hin zu immer leistungsfähigeren und vielseitigeren KI-Modellen. In Teil V dieses Buches geben wir Ihnen einige Strategien und Techniken an die Hand, um das volle Potenzial dieser Technologie auszuschöpfen. Von der richtigen Formulierung von Anfragen bis hin zu Tipps für ein besseres Verstehen der KI-Antworten – dieses Kapitel bietet praktische Einblicke, um eine optimale Interaktion mit Generativen KI-Modellen zu ermöglichen. Denn wie der Name ChatGPT vermuten lässt, chatten Sie mit dem KI-System. Aber wie intelligent ist ein solches System eigentlich?

# Wie intelligent ist Künstliche Intelligenz?

Um diese Frage zu beantworten, ist es hilfreich, die Funktionsweise einer KI mit der des menschlichen Gehirns zu vergleichen. Denken Sie an das Bild von Talos, das wir zu Beginn des Buches gezeigt haben. Versuchen Sie, sich die Details ins Gedächtnis zu rufen:

- Wissen Sie noch, ob Talos bekleidet war oder nicht?
- Stand er auf einer Insel oder auf einem Berg?
- Was hielt er in der Hand?

Es ist sehr wahrscheinlich, dass Sie nicht alle Antworten auf diese Fragen kennen – falls doch, verfügen Sie offensichtlich über exzellente geschichtliche Kenntnisse oder ein fotografisches Gedächtnis. Vermutlich sind die Bilddetails nicht mehr in Ihrem Arbeitsgedächtnis gespeichert und wurden auch nicht in Ihrem Langzeitgedächtnis abgelegt. Wir nehmen das nicht persönlich – ist es doch der Beweis für die Effizienz Ihres Gehirns.

Unser Gehirn ist nämlich ein Meister darin, Informationen zu filtern und zu priorisieren. Es behält, was ihm wichtig erscheint, und lässt Unwesentliches beiseite. Wir sind ständig mit einer Flut an Informationen konfrontiert, die auf uns einwirken und die wir ununterbrochen verarbeiten müssen. Daher ist das Vergessen eine sinnvolle und notwendige Fähigkeit, um handlungsfähig zu bleiben. So gesehen können Sie sogar ein wenig stolz darauf sein, dass Ihr Gehirn Bilddetails von Talos aussortiert hat. Es hat entschieden, dass andere Informationen aus diesem Buch (oder Ihrer Umgebung) relevanter sind.

Das menschliche Gehirn verfügt also über ein Langzeitgedächtnis, das Informationen über lange Zeiträume speichert und bei Bedarf abrufen kann. Ähnlich verhält es sich mit den Trainingsdaten einer KI. Sie setzen sich zu einer Art digitalem Gedächtnis zusammen, das Informationen speichert und durch eine Wissensdatenbank erweitert werden kann. Ein Beispiel hierfür wäre, dass die KI Sprachmuster speichert und für eine Übersetzungsaufgabe verwendet, ähnlich wie ein Mensch im Laufe seines Lebens eine Sprache erlernt und im Gedächtnis behält.

Wir können das Kontextfenster einer KI mit dem Kurzzeit- oder Arbeits-gedächtnis eines Menschen vergleichen. Beide halten Informationen für einen begrenzten Zeitraum und verarbeiten sie in Verbindung mit dem Langzeitgedächtnis oder vielmehr den Trainingsdaten.

Ein Mensch, der sich eine Telefonnummer merkt, um sie kurz darauf zu wählen, nutzt sein Arbeitsgedächtnis. Eine KI, die auf einen Chat-Prompt reagiert, nutzt ihr Kontextfenster, um eine passende Antwort basierend auf den gespeicherten Trainingsdaten zu generieren. Der »Prompt« bei einer KI entspricht einem zu verarbeitenden Eingabesignal, ähnlich einem Sinneseindruck beim Menschen. Wenn jemand beispielsweise den Geruch von Kaffee wahrnimmt, wird diese Information verarbeitet und kann Erinnerungen oder Assoziationen hervorrufen. In der KI löst ein Prompt wie eine Frage oder ein Befehl eine Verarbeitungskette aus, die zu einer spezifischen Antwort führt.

Der Vergleich zwischen der Funktionsweise einer Künstlichen Intelligenz mit der des menschlichen Gehirns ist nicht nur ein spannendes Gedankenspiel, sondern auch entscheidend für das technische Verständnis von KI-Modellen. Diese Gegenüberstellung ermöglicht eine klarere Vorstellung davon, wie KI-Daten verarbeitet und welche Quellen genutzt werden. Wenn wir verstehen, dass das Langzeitgedächtnis sich zu den Trainingsdaten so verhält wie das Arbeitsgedächtnis zum Kontextfenster einer KI, können wir besser nachvollziehen, wie KI-Modelle Informationen aufnehmen, speichern und wiederverwenden.

Dieses Wissen ist fundamental, um die Stärken und Schwächen von KI-Systemen zu identifizieren. Beispielsweise wird deutlich, dass KI-Modelle von der Qualität und Vielfalt ihrer Trainingsdaten abhängig sind und dass ihr »Verstehen« von Informationen durch die begrenzte Kapazität des Kontextfensters eingeschränkt ist.

Solche Erkenntnisse sind nicht nur bei der Entwicklung von KI-Systemen entscheidend, um beispielsweise technische Herausforderungen zu erkennen und effektive Lösungen für Probleme wie Datenverzerrung oder Kontextmissverständnisse zu entwickeln, sondern auch um als Endanwender die passenden Produkte auszuwählen und sie korrekt anzuwenden.

Kurzum: Der Vergleich mit dem menschlichen Gehirn dient als wertvolle Metapher, um die technischen Aspekte und Begrenzungen von KI-Systemen besser zu verstehen.

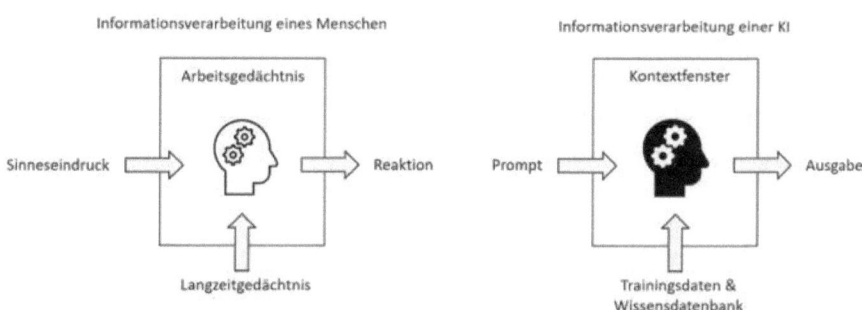

Abbildung 20: Stark vereinfacht ähneln sich die Prozesse der Informationsverarbeitung von Menschen und einer Generativen KI. Der KI fehlt es jedoch an Emotionen, Stimmungen und einem Bewusstsein. Für den Endnutzer einer KI werden die Ergebnisse dadurch berechenbarer und bis zu einem gewissen Grad replizierbar.

Nun sind wir Ihnen immer noch eine Antwort schuldig. Ist Künstliche Intelligenz also nun tatsächlich intelligent?

Zweifellos können wir von einer Form der Intelligenz sprechen, wenn wir KI-Systeme betrachten. In einigen Bereichen, insbesondere bei Aufgaben, die schnelle Datenverarbeitung und präzise Analyse erfordern, scheint die KI sogar schlauer als der Mensch zu sein. Doch in vielen Aspekten bleibt die menschliche Intelligenz unerreicht und deutlich komplexer. Das wird deutlich, wenn man die menschliche Intelligenz näher betrachtet:

Wir Menschen verfügen über die einzigartige Fähigkeit, Informationen schnell und ökonomisch zu verarbeiten, wenn es die Situation erfordert – allerdings oft auf Kosten der Genauigkeit. Andererseits sind wir auch in der Lage, tiefgehend und reflektiert zu denken, sobald es angebracht ist – Unterscheidungen, die in KI-Systemen nicht vorhanden sind. Unsere menschliche Intelligenz hat sich durch die Evolution entwickelt und ist auf das reale Leben ausgerichtet, indem sie einst – und vermutlich auch noch heute- einen Überlebensvorteil bot. Zudem spielt unsere Stimmung eine wesentliche

Rolle in unserem Denkprozess, führt sie doch zu völlig unterschiedlichen Denkmustern, je nach emotionalem Zustand. Diese Aspekte der menschlichen Erfahrung fehlen zwangsläufig in KI-Systemen. Wir sind in der Lage, die Gefühle anderer Menschen nachzuvollziehen, sei es Schmerz, Freude oder Leid. Dieses Phänomen ist an die sogenannten Spiegelneuronen gekoppelt. Einfach ausgedrückt sind Spiegelneuronen Nervenzellen in unserem Gehirn, die sowohl dann aktiviert werden, wenn wir selbst eine Handlung ausführen oder ein Gefühl empfinden, als auch dann, wenn wir dasselbe bei anderen Menschen nur beobachten. Sie sind sozusagen für das »Spiegeln« der Erfahrungen anderer verantwortlich und ermöglichen uns ein tiefes Verständnis für andere und ein Mitgefühl mit ihnen.

Im Gegensatz dazu ist Künstliche Intelligenz nicht zu Empathie fähig. Sie kann menschliche Emotionen möglicherweise erkennen oder darauf reagieren, aber das echte Nachempfinden und Verstehen von Emotionen bleibt ihr verwehrt. Das neueste KI-Modell GPT-4o beispielsweise kann anhand der Stimmlage des Benutzers dessen Emotionen erkennen und entsprechend reagieren. Doch auch wenn es in der Lage ist, auf diese Weise menschliche Emotionen zu erkennen und passende Antworten zu generieren, handelt es sich nicht um Mitgefühl im wahrsten Sinne des Wortes. GPT-4o fühlt nicht wirklich und wird durch die erkannten Emotionen auch nicht selbst beeinflusst. Es bleibt ein Werkzeug, das auf Daten und Algorithmen basiert, und kann daher nur simulieren, aber nicht tatsächlich erleben, was es bedeutet, menschliche Emotionen zu empfinden.

KI besitzt eine Form von Intelligenz, die sich allerdings (noch) grundsätzlich von der menschlichen Intelligenz unterscheidet. In einigen Bereichen überflügelt uns die KI schon heute, insbesondere, wenn es um Mustererkennung und die Anwendung von Wissen geht. In anderen Bereichen hingegen, wie etwa im Verständnis von komplexen emotionalen Zuständen oder der Fähigkeit, mit unerwarteten Situationen umzugehen, ist die KI uns noch deutlich unterlegen. Dieses Phänomen ist unter dem Namen Moravecsches Paradox bekannt und wird im folgenden Kapitel ausführlicher beleuchtet.

## Moravecsches Paradox: Warum KI anders denkt

Benannt nach dem Robotiker Hans Moravec, beleuchtet das Moravecsche Paradox eine erstaunliche Diskrepanz: Während Computer und Roboter in der Lage sind, hochkomplexe kognitive Aufgaben mit erstaunlicher Präzision und Geschwindigkeit zu bewältigen, tun sie sich mit Aufgaben schwer, die für den Menschen grundlegend und intuitiv einfach sind.

Eine Schachpartie gegen einen Weltmeister zu gewinnen, mathematische Probleme in Sekundenschnelle zu lösen oder riesige Datenmengen zu analysieren, sind Bereiche, in denen die KI brilliert. Doch wenn es darum geht, einfache sensorische und motorische Fähigkeiten zu meistern – wie einen Roboterarm zu steuern, um einen Gegenstand zu greifen, in unstrukturierten Umgebungen zu navigieren oder menschliche Emotionen zu erkennen und zu interpretieren – scheinen selbst die fortschrittlichsten KI-Systeme unbedarft.

Abbildung 21: Das Moravecsche Paradox (erstellt mit DALL-E).

Moravec und andere Experten führen dieses Phänomen darauf zurück, dass die Evolution Millionen von Jahren benötigt hat, um die sensorischen und motorischen Fähigkeiten des Menschen zu perfektionieren. Diese tief in unserem biologischen Erbe verankerten Anlagen sind das Ergebnis eines langen, komplexen Lernprozesses. Im Gegensatz dazu stellen Fähigkeiten wie logisches Denken, Rechnen und Problemlösen relativ neue Entwicklungen in der menschlichen Evolution dar und sind daher für Maschinen einfacher nachzuahmen.

Die Erkenntnisse des Moravecschen Paradoxons eröffnen spannende Vergleiche zwischen menschlicher Intelligenz und Künstlicher Intelligenz: Intelligenz wird in verschiedenen wissenschaftlichen Disziplinen unterschiedlich definiert, was das Konzept äußerst vielschichtig und komplex macht.

Die Psychologie sieht Intelligenz als die Fähigkeit an, zu lernen, zu verstehen und Probleme zu lösen, während die Biologie sie als Kapazität eines Individuums definiert, sein Verhalten basierend auf Erfahrungen anzupassen. In der Künstlichen Intelligenz wird Intelligenz oft durch die Fähigkeit bestimmt, Aufgaben zu erfüllen, die traditionell menschliche Intelligenz erfordern.

Angesichts dieser vielseitigen Definitionen, die von operationalen Ansätzen wie IQ-Tests bis zu Theorien über multiple oder emotionale Intelligenzen reichen, erscheint es sinnvoll, spezifische Kompetenzen zu betrachten, um einen effektiven Vergleich zwischen menschlicher und maschineller Intelligenz zu ziehen.

Beispielsweise zeigt sich bei der Kompetenz in der logisch-mathematischen Datenverarbeitung und Analyse ein Feld, in dem die Unterschiede zwischen menschlicher und Künstlicher Intelligenz besonders deutlich werden.

KI-Systeme sind mit der Fähigkeit ausgestattet, große Mengen an numerischen Daten rasch zu verarbeiten und komplexe Berechnungen durchzuführen und übertreffen damit den Menschen in Geschwindigkeit und Präzision. Diese Systeme sind in der Lage, in Sekundenbruchteilen Algorithmen auszuführen, die für die meisten Menschen langwierige und fehleranfällige Aufgaben darstellen würden. Menschen bringen jedoch einzigartige Stärken wie kreative Problemlösung in solche Prozesse ein – oder die Fähigkeit, mathematische Modelle in neuen und unerwarteten Kontexten anzuwenden, was KI-Systeme oft nicht leisten können. Während die KI beeindruckende Fähigkeiten in der Verarbeitung definierter Datensätze zeigt, bleibt der Mensch unübertroffen in der Anwendung logisch-mathematischer Konzepte auf breitere, oft unstrukturierte Probleme, die ein tiefes Verständnis und flexible Denkansätze erfordern.

Ein weiteres Beispiel ist die Kompetenz in der Spracherkennung und -verarbeitung: Moderne KI-Systeme wie virtuelle Assistenten sind in der Lage, gesprochene Sprache zu erkennen und auf spezifische Anfragen zu reagieren. Dagegen können sie die Feinheiten des menschlichen Sprachgebrauchs wie Ironie, Sarkasmus oder emotionale Nuancen oft nicht erfassen. Menschen hingegen nutzen ihre tiefgehende soziale und emotionale Intelligenz, um nicht nur Worte, sondern auch den Kontext, in dem sie gesprochen werden, zu verstehen.

Setzen wir unseren Vergleich im Bereich der visuellen Wahrnehmung fort. KI-Systeme analysieren Bilder und identifizieren Objekte mit einer übermenschlichen Geschwindigkeit, was in Bereichen wie der medizinischen Bildgebung revolutionär wirkt. Dennoch stoßen diese Systeme an ihre Grenzen, wenn es darum geht, komplexe visuelle Szenen ganzheitlich zu erfassen, wie es Menschen tun, wenn sie beispielsweise durch eine belebte Straße navigieren. Die Fähigkeit des Menschen, visuelle Informationen schnell zu verarbeiten und darauf basierend Entscheidungen zu treffen, beruht auf jahrtausendealten Überlebensmechanismen.

Auch in der Kreativität zeigt sich ein deutlicher Unterschied zwischen menschlicher und Künstlicher Intelligenz. KI kann neue Musikstücke komponieren oder Kunstwerke generieren, indem sie bestehende Werke analysiert und darauf basierende Muster neu kombiniert. Diese »Kreativität« ist jedoch weitgehend eine Imitation und Zusammenstellung existierender Daten. Menschen hingegen sind fähig, durch abstraktes Denken, emotionale Tiefe und persönliche Erfahrung wirklich Neues und Originelles zu schaffen.

Schließlich ist die ethische Entscheidungsfindung eine Domäne, in der KI noch in den Kinderschuhen steckt. Während Menschen ethische Prinzipien und moralische Überlegungen in ihre Entscheidungsprozesse einbeziehen, basieren KI-Systeme auf Algorithmen und Datensätzen, die diese tiefgreifenden menschlichen Überlegungen nicht vollständig erfassen können. Die Herausforderung besteht darin, KI-Systeme zu entwickeln, die nicht nur effizient, sondern auch in ethischer Hinsicht verantwortungsbewusst agieren.

Diese Vergleiche verdeutlichen, dass trotz beeindruckender Fortschritte in der KI-Technologie die einzigartigen Aspekte der menschlichen Intelligenz – insbesondere jene, die auf langfristiger evolutionärer Entwicklung beruhen und für die KI schwer zu replizieren sind – nach wie vor eine wichtige Rolle spielen. Wir vergleichen generative KI daher gerne mit einem Taschenrechner – nur für kreative oder textbasierte Inhalte. Denken Sie daran: Ein Taschenrechner ist ein mächtiges Werkzeug, doch das Verständnis der Rechenvorgänge – also zu wissen, woher Sie kommen, wohin Sie wollen und wie Sie dahin kommen – müssen Sie selbst beherrschen. Es ist ebenso nützlich, ein gewisses Gefühl für die Ergebnisse zu haben, um beurteilen zu können, ob diese plausibel sind. Ist ein Taschenrechner intelligent? Wohl kaum, aber dennoch ist er ausgesprochen hilfreich. Ähnliches lässt sich über viele Anwendungen generativer KI sagen: Sie sind nützliche Hilfsmittel, doch die wahre Intelligenz und Urteilsfähigkeit liegen nach wie vor bei den Nutzern.

Im Folgenden wenden wir uns einem zentralen Leistungsmerkmal generativer KI-Modelle zu: dem Kontextfenster, also der maximalen Anzahl an Informationseinheiten (Tokens), die ein Modell gleichzeitig verarbeiten kann. Diese Aspekte sind nicht nur Indikatoren für die technische Kapazität eines KI-Systems, sondern lassen sich im weiteren Sinne auch als Maßstäbe für dessen Intelligenz interpretieren.

# Das Prinzip von Tokens

Tokens sind die kleinsten Einheiten der Informationsverarbeitung in KI-Modellen. Sie können einzelne Wörter, Buchstaben oder sogar ganze Sätze repräsentieren, je nach Kontext und Modell. In der KI-Welt dienen Tokens dazu, komplexe Informationen in handhabbare Teile zu zerlegen, die dann vom Modell verarbeitet werden können. Dies ermöglicht eine effiziente und genaue Informationsverarbeitung, ähnlich wie Worte und Sätze in der menschlichen Sprache Informationen übermitteln. Entgegen früheren Technologien »vergisst« die KI nicht, was Sie als Letztes oder Vorletztes mit ihr besprochen haben. Alle Aufgaben werden im Kontext der Informationen verarbeitet, welche Sie zuvor mit der KI geteilt haben – deshalb spricht man von einem Kontextfenster. Wie groß dieses ist, hängt von dem eingesetzten Modell und seinem festgelegten Token-Limit ab. Wird das Token-Limit überschritten, werden chronologisch die ältesten Informationen durch die neuesten ersetzt.

In ChatGPT-Modellen repräsentieren Tokens oft Worte oder kurze Phrasen. Ein Satz wie »Wie geht es Ihnen?« kann in mehrere Tokens zerlegt werden: zum Beispiel in »Wie«, »geht«, »es«, »Ihnen« und »?«. Jedes Token hat eine bestimmte Anzahl von Zeichen, und es gibt eine maximale Anzahl von Tokens, die ein Modell in einer einzigen Anfrage verarbeiten kann. Diese Begrenzung bestimmt, wie viele Informationen auf einmal verarbeitet werden und wie detailliert die Antwort der KI sein wird.

Eine zu große Anfrage, die die maximale Token-Grenze beziehungsweise das Kontextfenster überschreitet, kann dazu führen, dass die KI nicht in der Lage ist, eine vollständige oder genaue Antwort zu liefern, weil relevante Informationen aus dem Kontextfenster verdrängt wurden.

Prompts und Tokens arbeiten Hand in Hand: Während Prompts den Rahmen für die KI-Interaktion festlegen, bestimmen Tokens, wie viele Informationen innerhalb dieses Rahmens im Kontextfenster verarbeitet werden. Ein gut formulierter Prompt, kombiniert mit einer effizienten Token-Verarbeitung, kann die Genauigkeit und Relevanz der KI-Antworten erheblich verbessern und das Risiko von Halluzinationen, auf die wir gleich eingehen werden, reduzieren.

Die technischen Unterschiede zwischen GPT-3.5 und GPT-4, insbesondere in Bezug auf die Token-Grenzen, sind bemerkenswert. In GPT-3.5 wurde das Token-Limit auf 4.096 Tokens festgelegt, was ungefähr drei Seiten einzeilig geschriebenen englischen Texts entspricht. GPT-4 hingegen bietet in seiner Standardversion Unterstützung für bis zu 8.192 Tokens. Es gibt auch die erweiterte Variante GPT-4 Turbo, die bereits 128.000 Tokens unterstützt.

In der Praxis bedeutet dies, dass GPT-4 in der Lage ist, deutlich längere und komplexere Eingaben und Ausgaben zu verarbeiten als sein Vorgänger. Zur Verdeutlichung: Ein Token in GPT-3.5 und GPT-4 kann ein Wort, ein Zeichen oder sogar ein Satzzeichen sein. Daher können 4.096 Tokens in GPT-3.5 etwa 2.000 bis 3.000 Worte umfassen, während 32.768 Tokens in GPT-4 etwa 8.000 bis 12.000 Worten entsprechen. Diese Erhöhung der Token-Grenzen ermöglicht es Nutzern, mit der KI detailliertere und umfangreichere Diskussionen zu führen, was insbesondere für komplexe Anfragen von Vorteil ist.

Die Token-Begrenzung in KI-Modellen wie GPT-4 kann in bestimmten Anwendungsfällen trotzdem einschränkend wirken, insbesondere wenn umfangreiche Informationen verarbeitet oder generiert werden müssen. Glücklicherweise gibt es in der GPT-4-Architektur Möglichkeiten, diese Begrenzungen zu umgehen oder zu erweitern, insbesondere durch den Einsatz von Wissensdatenbanken.

# Warum halluziniert Künstliche Intelligenz?

Halluzinationen sind nicht nur Phänomene, die im menschlichen Bewusstsein auftreten. Auch Künstliche Intelligenzen können in gewisser Weise »halluzinieren«. Im Kontext von Künstlicher Intelligenz bezeichnet der Begriff der »Halluzination« jedoch nicht die visuellen oder auditiven Täuschungen, wie sie beim Menschen auftreten können. Stattdessen handelt es sich um Situationen, in denen eine KI Informationen generiert, die nicht korrekt oder nicht relevant sind oder nicht auf den ihr zur Verfügung gestellten Daten basieren. Manchmal handelt es sich auch um eine Kombination aus diesen drei Varianten.

Halluzinationen treten auf, wenn die KI mit Anfragen konfrontiert wird, die sie nicht korrekt interpretieren kann oder die ihre Trainingsdaten oder ihre Kapazität übersteigen. Die Kapazität wiederum leitet sich aus den im vorigen Kapitel beschriebenen Tokens ab. Im Wesentlichen handelt es sich um fehlerhafte oder irreführende Ergebnisse, die durch unzureichende Daten, unspezifische Prompts oder Modellbeschränkungen verursacht werden. Solche Halluzinationen zu verstehen und zu erkennen ist eine entscheidende Voraussetzung, um die Zuverlässigkeit und Genauigkeit von KI-Systemen zu gewährleisten und um sie sicher anzuwenden.

Das Funktionsprinzip Künstlicher Intelligenz, insbesondere das von Sprachmodellen wie ChatGPT, lässt sich mit dem Verhalten eines Schülers vergleichen. Versetzen Sie sich kurz in Ihre Schulzeit zurück: Der Lehrer stellt eine Frage an einen Klassenkameraden, der gerade nicht aufgepasst hat. Der Schüler weiß die Antwort nicht – er hat die Frage vielleicht nicht einmal richtig verstanden – verspürt aber den Druck, antworten zu müssen. Vielleicht hofft er, mithilfe fragmentarischen Wissens oder durch Raten mehr oder weniger zufällig die richtige Antwort zu geben.

Ähnlich verhält es sich mit der Künstlichen Intelligenz, insbesondere bei Sprachmodellen wie ChatGPT. Diese Systeme sind darauf programmiert, auf Anfragen zu reagieren – das ist ihre grundlegende Funktion. Wenn ChatGPT eine Frage gestellt wird, sucht es in seiner umfangreichen Datenbasis nach relevanten Informationen und generiert daraus eine Antwort. Dabei kann es jedoch vorkommen, dass das Modell nicht über genaue oder ausreichende Informationen verfügt, um eine präzise Antwort zu liefern. In solchen Fällen generiert es eine Antwort, die plausibel erscheint, ähnlich wie der Schüler, der rät. Das Modell hat in einem solchen Fall noch keine Möglichkeit, seine Unsicherheit auszudrücken oder um weitere Informationen zu bitten, um die Antwort zu präzisieren, außer man fordert die KI explizit dazu auf.

KI-Systeme antworten basierend auf den Mustern und Daten, die sie während ihrer Trainingsphase gelernt haben. Das erklärt, warum KI-Systeme manchmal Antworten geben, die nicht ganz präzise oder sogar irreführend sein können. Sie folgen dann ihrer grundlegenden Programmierung, auf Anfragen zu antworten und sind dabei auf die Qualität und Reichweite ihrer Trainingsdaten angewiesen. Die Antworten von KI-Systemen sollten also immer kritisch hinterfragt und zu überprüft werden, besonders in Situationen, in denen die Genauigkeit entscheidend sind.

Die Qualität der Ausgaben einer Künstlichen Intelligenz hängt außerdem von der Wahl des Modells ab. GPT-3.5, GPT-4 oder Gemini – jedes Modell hat spezifische Stärken, Schwächen und Einsatzbereiche. Für einfachere Aufgaben wie das Erstellen einer Umzugsliste sind kostenlose Modelle wie GPT-3.5 oder Gemini Pro völlig ausreichend. Sie bieten eine schnelle und genaue Informationsverarbeitung für alltägliche Anfragen und stellen den durchschnittlichen Benutzer oft mehr als zufrieden.

Bei komplexeren und umfangreicheren Vorhaben wie tiefgehenden Forschungsanfragen, umfangreichen kreativen Schreibprojekten oder spezialisierten technischen Anfragen ist es jedoch entscheidend, ein Modell zu wählen, das für die spezifische Aufgabe optimiert ist. In solchen Fällen kann die Wahl eines erweiterten Modells wie GPT-4 oder Gemini Ultra sowie die Nutzung von Wissensdatenbanken von Vorteil sein.

Bevor man eine KI für komplexere Aufgaben einsetzt, ist es daher von entscheidender Bedeutung, sich mit den Fähigkeiten und Grenzen der verschiedenen Modelle vertraut zu machen, um die besten Ergebnisse aus der KI-Interaktion herauszuholen. Dabei handelt es sich nicht nur um die Frage der

Effizienz, sondern auch um die Verantwortung, dass die generierten Informationen präzise, relevant und zuverlässig sind. Die Qualität der Prompts und die Länge der Tokens entscheiden über die Güte und Genauigkeit der von der KI gelieferten Antworten. Ein sorgfältiges Verständnis und eine bewusste Nutzung dieser Werkzeuge tragen dazu bei, die Effizienz von KIs zu maximieren und gleichzeitig das Risiko von Fehlern zu minimieren.

Diese Tabelle gibt einen schnellen Überblick über einige der führenden LLMs und ihre Kernmerkmale:

| Modell | Hersteller | Max. Token-Länge | Datenstand | Preis |
|---|---|---|---|---|
| GPT-3.5 | OpenAI | 4.096 | Bis September 2021 | Open Source |
| GPT-4 | OpenAI | 32.768 | 2022 | Abonnement[27] |
| Gemini Pro | Google | 16.384 | Neueste verfügbare Daten | Open Source |
| Gemini Ultra | Google | ca. 32.768 | Neueste verfügbare Daten | Abonnement |
| Llama 2 | Meta | 4.096 | Neueste verfügbare Daten | Open Source |
| Mistral 7B | Mistral AI | 8.192 | Neueste verfügbare Daten | Open Source |

Abbildung 22: Aktueller Sachstand etablierter Large Language Models (Stand: 01.05.2024).

---

[27] GPT-4o ist ebenfalls kostenlos, allerdings nur, wenn die aktuelle Nachfrage freie Kapazitäten zulässt. In Zeiten hoher Auslastung werden Sie automatisch auf das 3.5er Modell zurückgeschaltet (Stand Mai 2024).

Erläuterungen zur Tabelle:

- Maximale Tokenlänge: Dabei handelt es sich um die Anzahl der Tokens, die das Modell in einem einzelnen Eingabefenster verarbeiten kann. Ein höherer Wert ermöglicht es dem Modell, längere Texte zu verstehen und kohärenter darauf zu reagieren.
- Stand der Trainingsdaten: Gibt das Jahr oder die Aktualität der Daten an, mit denen das Modell zuletzt trainiert wurde. Neuere Daten können eine höhere Relevanz und Genauigkeit in den Modellantworten gewährleisten.
- Preis: Viele Modelle sind über ein Abonnementmodell zugänglich, bei dem je nach Anzahl der Anfragen oder Token berechnet wird. Einige sind als Open Source verfügbar, was bedeutet, dass sie kostenlos genutzt und modifiziert werden können, allerdings oft mit eigenen Kosten für den Betrieb und die Wartung verbunden sind.

## GPT in Reinform: ein Meisterwerkzeug für das Lernen

Die rasante Entwicklung im Bereich der Künstlichen Intelligenz und das kontinuierliche Aufkommen neuer Anwendungen sind bemerkenswert. Besonders auffällig wird diese Dynamik durch das fortlaufende Erscheinen innovativer KI-Anwendungen im Internet. Ein signifikantes Ereignis in dieser Entwicklung ist die Einführung einer Art App Store durch OpenAI im Januar 2024. Dieser digitale Marktplatz stellt eine bemerkenswerte Erweiterung der KI-Landschaft dar, da er das Anbieten von GPTs für bestimmte Anwendungszwecke ermöglicht, die rund um das GPT-Modell konzipiert sind. Allerdings ist für die Nutzer dann häufig nicht mehr möglich nachzuvollziehen, was im Hintergrund passiert.

Zusätzlich kommen mehr und mehr KI-Apps auf den Markt. Ein charakteristisches Merkmal dieser Anwendungen ist, dass sie ein speziell angepasstes Interface bieten, das die Art und Weise beeinflusst (häufig vereinfacht), wie wir mit dem Modell interagieren.

Ein Beispiel hierfür ist die Bildgenerierung per App, in der man einen Kunststil wie zum Beispiel »die Aufklärung« auswählen kann. Im Hintergrund übersetzt die App diese Auswahl in eine spezifische Anweisung für das Modell, zum Beispiel: »Erstelle ein Bild im Stil der Aufklärung.«

Abbildung 22: Apps rund um KI sprießen wie Pilze aus dem Boden (erstellt mit Stable Diffusion).

Diese spezialisierten Schnittstellen sind zweifellos nützlich, da sie die Komplexität der Interaktion mit dem Modell reduzieren und es Benutzern ermöglichen, mit geringem Aufwand erstaunliche Ergebnisse zu erzielen. Sie fungieren als eine Art Moderator zwischen dem Benutzer und dem zugrunde liegenden KI-Modell, indem sie die Kommunikation vereinfachen und standardisieren. Jedoch bietet die direkte Arbeit mit einem Modell wie ChatGPT – also quasi an der Quelle – eine einzigartige und wertvolle Erfahrung. Wenn Sie direkt mit ChatGPT oder anderen Generative KI-Modellen interagieren, haben Sie die Freiheit, jede beliebige Eingabeaufforderung (Prompt) zu erstellen. Dadurch eröffnet sich ein enormes Spektrum an Möglichkeiten. Sie können experimentieren, lernen und das Modell auf eine Weise nutzen, die durch vorgefertigte Schnittstellen möglicherweise nicht abgedeckt wird.

Die direkte Interaktion bietet zudem eine ausgezeichnete Lernkurve. Indem Sie selbst Fragen stellen, Antworten analysieren und das Modell herausfordern, gewinnen Sie ein tieferes Verständnis dafür, wie KI funktioniert und was sie leisten kann. Es ist, als würden Sie hinter den Vorhang blicken und die Mechanismen der KI aus erster Hand erleben. Zurzeit ist es also der perfekte Zeitpunkt, um sich mit KI zu befassen, bevor alles hinter »benutzerfreundlichen Interfaces« verschwindet.

# Fünfter Teil

## Praktische Anwendung

# Die Macht des Prompts: eine Einführung

Stellen Sie sich vor, Sie sprechen mit einem Mitarbeiter, Ihrer Kollegin oder Ihrem Kind. Sie wollen, dass Ihr Gegenüber etwas tut oder unterlässt. Die Formulierung Ihrer Frage oder Anweisung ist vergleichbar mit einem Prompt.

Ein Prompt ist also im Grunde eine Art Anleitung, die Sie einem KI-Modell geben, um eine spezifische Antwort oder einen spezifischen Output zu erhalten. Das Wort »Prompt« kommt aus dem Englischen und hat mehrere Bedeutungen, unter anderem als Verb mit der Bedeutung »auffordern«. In der Künstlichen Intelligenz, insbesondere im Zusammenhang mit Generativen KI-Systemen wie Chatbots oder Textgeneratoren, bezeichnet der »Prompt« eine Aufforderung oder einen Auslöser, der eine Reaktion oder Antwort des Systems initiiert.

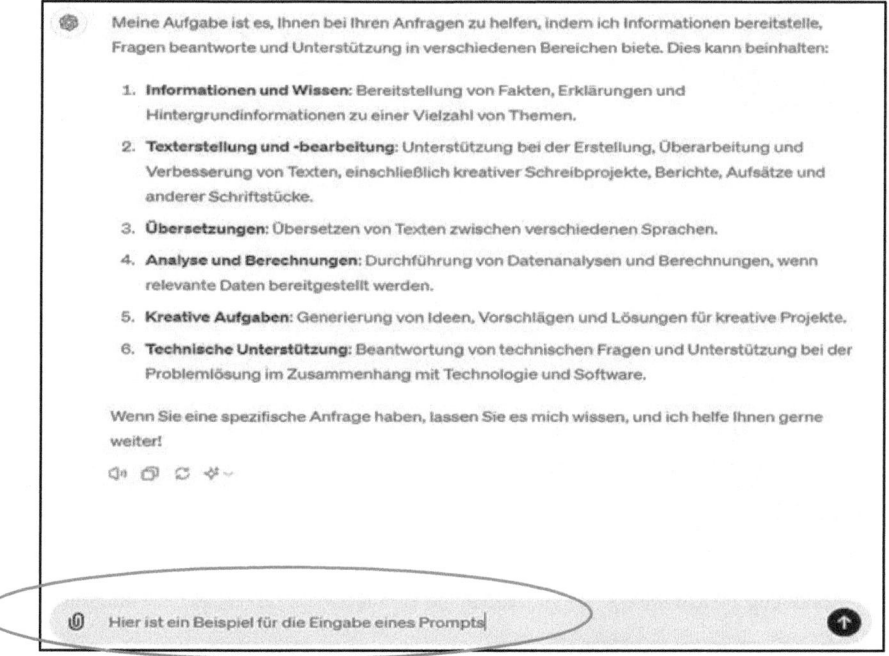

Abbildung 23: Screenshot eines Chats mit ChatGPT 4o

Und wie auch in der zwischenmenschlichen Kommunikation geht es darum, dass beim Empfänger die richtige Botschaft ankommen muss. Ein professionell gestalteter Prompt ist daher wie ein Schlüssel, der das Tor zu den umfangreichen Wissens- und Verarbeitungsfähigkeiten der KI öffnet. Eine klare und präzise Formulierung hilft dem Modell also genau zu verstehen, was Sie wissen möchten, und vermeidet Missverständnisse oder irrelevante Antworten.

Abbildung 24: Mit unseren Tipps werden Sie zum KI-Flüsterer (erstellt mit Midjourney).

Wie bei einer Zwiebel, die aus mehreren Schichten besteht, besitzt auch ein Prompt verschiedene Ebenen, die zusammenwirken, um das gewünschte

Ergebnis zu erzielen. Diese Ebenen reichen von der grundlegenden Aufgabenstellung über den Kontext bis hin zu spezifischen Anforderungen oder Erwartungen. Jede Schicht trägt dazu bei, die Anfrage zu verfeinern und der KI eine klarere Richtung zu geben. Das Zwiebelmodell hilft uns, die verschiedenen Ebenen eines Prompts zu verstehen, ohne uns in technischen Details zu verlieren und sicherzustellen, dass jeder Aspekt der Anfrage berücksichtigt wird.

Gutes Prompting ist also entscheidend, um präzise und nützliche Antworten von einem KI-Modell zu erhalten. Genauso wichtig ist es dabei, die Grenzen und Fähigkeiten des KI-Modells zu verstehen und den Prompt entsprechend anzupassen. Beispielsweise hat ein Sprachmodell nur eine begrenzte Kapazität, um Informationen zu verarbeiten. Das bedeutet, dass wir die Länge und Komplexität des Prompts anpassen müssen, um effektive Ergebnisse zu erzielen.

# Spielend lernen: das Teezubereitungs-Spiel als Metapher

In Kommunikations- und Führungskursen wird oft ein scheinbar einfaches Spiel gespielt, das die Bedeutung präziser Kommunikation veranschaulicht. Die Aufgabe besteht darin, einer anderen Person eine detaillierte Anweisung zu geben, wie sie einen Tee zubereiten soll. Die notwendigen Utensilien liegen auf dem Tisch. Der Clou dabei ist, dass die Person, die den Tee zubereitet, die Anweisungen wortwörtlich befolgen muss, ohne eigene Interpretationen oder Annahmen hinzuzufügen. Probieren Sie es gerne mal mit Kollegen, Freunden oder der Familie aus.

Das Spiel offenbart schnell, wie unpräzise unsere alltägliche Kommunikation häufig ist. Ein einfacher Satz wie »Packe den Teebeutel in die Tasse« kann ohne die nötige Detailtiefe zu Missverständnissen führen. Der Anweisende muss lernen, jede einzelne Handlung genau zu beschreiben, zum Beispiel: »Hebe deinen Arm über den Teebeutel, erfasse den Teebeutel mit der rechten Hand, führe die linke Hand zum Teebeutel und öffne die Verpackung, indem du das Papiertütchen zwischen den Fingern deiner linken Hand festhältst und horizontal das Tütchen von rechts nach links einreißt.«

Diese detaillierte Schritt-für-Schritt-Anleitung ist notwendig, um sicherzustellen, dass die ausführende Person genau das tut, was erforderlich ist – nicht mehr und nicht weniger. Das Teezubereitungs-Spiel zeigt deutlich, wie wichtig es ist, sich klar auszudrücken, um Missverständnisse zu vermeiden.

Abbildung 25: Ein Roboter, der Tee zubereitet (erstellt mit Midjourney).

Ähnlich verhält es sich mit der Formulierung von Prompts in der Interaktion mit KI-Systemen. Was Sie in einem Prompt nicht eindeutig ansprechen, überlassen Sie automatisch der Interpretation und Entscheidungsgewalt der KI. Doch sobald die KI aufgrund von Unklarheiten oder fehlenden Informationen eigene Entscheidungen trifft, entstehen schnell ungewollte oder unpräzise Ergebnisse. Sie müssen die wichtigen Elemente einer Anfrage gründlich und eindeutig formulieren, damit die KI die Aufgabe gemäß den tatsächlichen Intentionen bearbeitet.

Nehmen Sie dieses Verständnis für die Kommunikation mit der KI bitte mit. Die KI tut nur das, was Sie gesagt haben, was vielleicht nicht dem entspricht, was Sie gemeint haben!

## Das Zwiebelmodell: die Elemente des perfekten Prompts

Nachdem wir gelernt haben, worum es sich bei einem Prompt handelt und warum das Kontextfenster von zentraler Bedeutung ist, um Halluzinationen zu vermeiden, möchten wir nun einen Schritt weitergehen und uns den notwendigen Aufbau eines Prompts anschauen, um im Umgang mit Generativer KI beeindruckende Resultate zu erzielen. Dabei spielt das Zwiebelmodell eine zentrale Rolle, welches die einzelnen Elemente eines Prompts anschaulich verdeutlicht.

Im Kern des Zwiebelmodells liegt die essenzielle Komponente eines jeden Prompts – die konkrete Aufgabenstellung, ohne die keine zielführende Interaktion mit der KI möglich ist. Sie bildet das Herzstück des Prompts und gibt der KI eine deutliche Richtung vor.

Das Zwiebelmodell umfasst noch weitere Ebenen wie Kontext, Beispiele, erwartetes Verhalten und Erfolgskriterien. Diese Elemente – wenngleich auch optional – tragen wesentlich zu erfolgreichen Ergebnissen bei. Insbesondere bei komplizierten Anfragen, bei denen der Prompt selbst an Komplexität gewinnt, sind diese zusätzlichen Aspekte von großer Bedeutung. Sie erweitern und präzisieren die Anfrage, indem sie der KI zusätzliche Informationen und Richtlinien bieten, die über die reine Aufgabenstellung hinausgehen.

Das Zwiebelmodell ermöglicht es Ihnen, Ihre Prompts systematisch zu entwickeln. Jede Schicht des Modells fügt zusätzliche Klarheit und Kontext hinzu, wodurch die Kommunikation mit der KI optimiert und die Qualität der Antworten verbessert wird. In den nächsten Abschnitten werden wir jede Schicht des Zwiebelmodells im Detail untersuchen und erkunden, wie sie zur Gestaltung eines effektiven Prompts beiträgt.

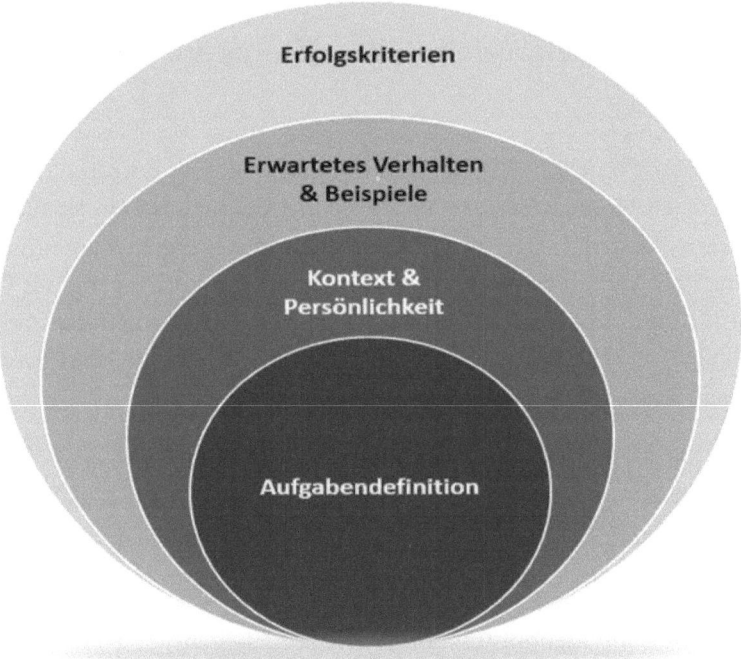

Abbildung 26: Passen Sie mit dem Zwiebelmodell Ihren Prompt an das gewünschte Vorhaben an. Je komplexer oder spezifischer eine Aufgabe ist, desto mehr Schichten sollten zum Einsatz kommen, um ein zufriedenstellendes Ergebnis zu erzielen (eigene Darstellung).

### Der Kern des Prompts: Kunst der präzisen Aufgabenstellung

Das Herz des Zwiebelmodells ist die Aufgabendefinition – das entscheidende Element eines jeden effektiven Prompts. Ihre Klarheit und Präzision sind von höchster Bedeutung, da sie die genaue Intention Ihrer Anfrage an die KI festlegt, die gesamte Interaktion mit der KI bestimmt und das Fundament für alle folgenden Schichten des Prompts bildet. Die Aufgabenstellung ist vergleichbar mit einer Fragestellung in einem Gespräch: Je genauer Sie Ihre Frage formulieren, desto zielgerichteter und informativer wird die Antwort sein.

Die KI ist so konzipiert, dass sie Ihnen immer reagieren wird. Schreiben Sie einer KI beispielsweise nur »Hallo« oder Ihren Namen, wird sie eine implizite Aufforderung konstruieren und Ihnen mit hoher Wahrscheinlichkeit mit einer Begrüßung antworten.

Nehmen wir an, dass Sie mithilfe der KI eine Zusammenfassung von George Orwells Buch »1984« erstellen möchten. Die Aufgabendefinition könnte lauten:

---

Erstelle eine kurze, prägnante und informative Zusammenfassung des Buches 1984 von Georg Orwell.

**1984 von George Orwell** ist ein dystopischer Roman, der in einer totalitären Gesellschaft spielt, die von der Partei unter der Führung des mysteriösen Großen Bruders regiert wird. Die Handlung folgt Winston Smith, einem einfachen Parteimitglied, das im Ministerium für Wahrheit arbeitet und die Aufgabe hat, historische Aufzeichnungen zu fälschen, um die Propaganda der Partei zu unterstützen.

In dieser düsteren Welt werden die Bürger rund um die Uhr überwacht, und jede abweichende Meinung wird brutal unterdrückt. Die Partei kontrolliert die Gedanken der Menschen durch die Manipulation von Sprache (Newspeak) und Geschichte, sowie durch den Einsatz von Folter und Gehirnwäsche.

Winston beginnt heimlich, gegen das Regime zu rebellieren. Er führt eine verbotene Liebesbeziehung mit Julia und hinterfragt zunehmend die Ideologie der Partei. Doch letztlich wird Winston verraten, verhaftet und in das berüchtigte Ministerium für Liebe gebracht, wo

---

er einer grausamen Gehirnwäsche unterzogen wird, bis er bedingungslos die Partei und den Großen Bruder akzeptiert.

**1984** ist eine kraftvolle Warnung vor den Gefahren totalitärer Regime und dem Verlust individueller Freiheit und Wahrheit. Orwells Werk bleibt eine relevante und scharfsinnige Analyse von Macht und Kontrolle in modernen Gesellschaften.

Diese Formulierung gibt der KI eine klare Anweisung: Es geht um die Zusammenfassung eines spezifischen Buches. Die KI versteht nun, dass sie Informationen über »1984« komprimieren und auf wesentliche Punkte fokussieren soll. Dieser Auftrag ist ihr Ausgangspunkt, um die spezifische Anfrage zu bearbeiten. Die Aufgabendefinition enthält jedoch noch nicht die Beschreibung des spezifischen Kontexts oder des gewünschten Formats der Zusammenfassung.

Diese Aspekte werden erst in den nächsten Schichten des Zwiebelmodells genauer definiert.

## Kontext verstehen: die innere Schicht Ihres Prompts

Die zentrale Aufgabendefinition liegt eingebettet in der Schicht des Kontextes, die den Prompt durch zusätzliche Hintergrundinformationen und Rahmenbedingungen erweitert und präzisiert. Dadurch sieht die KI die Aufgabenstellung im richtigen Licht und kann sie entsprechend interpretieren.

Der Kontext ist entscheidend, um der KI den Umfang und die Nuancen der Aufgabe zu vermitteln und um zu verhindern, dass die KI eine zu allgemeine oder unpassende Antwort liefert, die nicht den spezifischen Anforderungen oder dem Zweck der Anfrage entspricht. Im Beispiel der Zusammenfassung von George Orwells »1984« könnte der Kontext wie folgt lauten:

Du bist Deutschlehrer an einem Gymnasium und die Zusammenfassung ist für eine Schulklasse Klassenstufe 10 gedacht, die das Buch diskutieren wird.

Erstelle eine kurze, prägnante und informative Zusammenfassung des Buches 1984 von Georg Orwell

## ⚙ 1984 von George Orwell

Der Roman 1984 von George Orwell ist eine düstere Zukunftsvision, die in einer totalitären Gesellschaft spielt. In dieser Welt wird das Leben der Menschen von der Partei und ihrem Anführer, dem Großen Bruder, komplett kontrolliert. Die Handlung dreht sich um Winston Smith, der im Ministerium für Wahrheit arbeitet. Seine Aufgabe ist es, alte Zeitungen und Dokumente zu fälschen, damit sie den aktuellen Ansichten der Partei entsprechen.

In dieser Gesellschaft wird jeder Schritt der Bürger überwacht. Kameras und Mikrofone sind überall, und die Gedanken der Menschen werden durch die Sprache (Newspeak) und ständige Propaganda manipuliert. Es gibt keine persönliche Freiheit, und jede abweichende Meinung wird hart bestraft.

Winston beginnt, das Regime zu hinterfragen. Er verliebt sich in Julia und beide beginnen eine geheime Affäre. Sie hoffen auf eine Zukunft ohne die Unterdrückung der Partei. Doch schließlich werden sie verraten, verhaftet und ins Ministerium für Liebe gebracht. Dort wird Winston einer brutalen Gehirnwäsche unterzogen, bis er den Großen Bruder bedingungslos liebt und akzeptiert.

1984 ist eine wichtige Warnung vor den Gefahren einer totalitären Regierung und dem Verlust von Freiheit und Wahrheit. Der Roman zeigt, wie eine solche Macht die Gedanken und das Verhalten der Menschen vollständig kontrollieren kann. Orwells Werk bleibt auch heute noch relevant und bietet viele Anknüpfungspunkte für Diskussionen über Macht, Kontrolle und individuelle Freiheit.

Dieser Kontext informiert die KI darüber, für wen die Zusammenfassung bestimmt ist und wie sie verwendet werden soll. Er signalisiert der KI, dass die Zusammenfassung verständlich, bildungsfördernd und im Bildungsbereich für eine Diskussion geeignet sein sollte. Dadurch kann die KI sowohl die Tiefe als auch den Stil der Zusammenfassung entsprechend anpassen. Als zweite Schicht des Zwiebelmodells setzt der Kontext einen spezifischen Rahmen, der die Relevanz und Genauigkeit der KI-Antwort verbessert.

Im nächsten Schritt wenden wir uns den Beispielen und dem erwarteten Verhalten zu, die der KI weitere Hinweise geben, wie sie die Aufgabe umsetzen soll, damit wir ein optimales Ergebnis erhalten.

## Verhaltensmuster und Beispiele: die mittlere Schicht

Die mittlere Schicht des Zwiebelmodells umfasst Beispiele und Anweisungen für das erwartete Verhalten der KI. Diese Schicht ist besonders wichtig, um der KI eine konkrete Vorstellung davon zu geben, wie die Antwort formuliert und strukturiert sein sollte.

Geeignete Beispiele dienen der KI als konkrete Referenzpunkte und illustrieren, in welchem Stil, Format oder Umfang die Antwort gegeben werden sollte. So wird die KI in die richtige Richtung gelenkt, um sicherzustellen, dass sie die Aufgabenstellung richtig interpretiert. Außerdem ist es wichtig, das erwartete Verhalten der KI zu definieren, um ihr klare Anweisungen zu geben, wie sie die Aufgabe bearbeiten soll.

> Du bist Deutschlehrer an einem Gymnasium für eine Schulklasse der Klassenstufe 10, die ein Buch diskutieren wird. Erstelle eine prägnante und informative Zusammenfassung des Buches 1984 von Georg Orwell. Fokussiere dich auf die Darstellung der dystopischen Welt und die Kritik an totalitären Systemen. Gehe nicht zu sehr ins Detail und ziehe Parallelen zu realen totalitären Systemen wie Nord-Korea.
>
> ⑨ 1984 von George Orwell

Der Roman 1984 von George Orwell ist eine düstere Zukunftsvision, die in einem totalitären Staat spielt. Die Geschichte beschreibt eine Welt, in der die Partei unter der Führung des Großen Bruders das Leben der Menschen vollständig kontrolliert. In dieser Gesellschaft gibt es keine Freiheit, und die Regierung überwacht jede Handlung und jeden Gedanken der Bürger.

Die Hauptfigur, Winston Smith, lebt in dieser repressiven Welt und arbeitet im Ministerium für Wahrheit. Seine Aufgabe ist es, historische Aufzeichnungen zu fälschen, um die Propaganda der Partei zu unterstützen. Die Partei kontrolliert die Bevölkerung durch ständige Überwachung, Manipulation der Sprache (Newspeak) und Umschreibung der Geschichte. Die Menschen leben in ständiger Angst vor Bestrafung durch die Gedankenpolizei.

Winston beginnt, das System zu hinterfragen und sucht nach Möglichkeiten, sich gegen die Unterdrückung zu wehren. Er führt eine geheime Liebesbeziehung mit Julia, einer Kollegin, und hofft auf eine Zukunft ohne die Kontrolle der Partei. Doch ihre Rebellion wird entdeckt, und beide werden verhaftet. Im Ministerium für Liebe wird Winston einer brutalen Gehirnwäsche unterzogen, bis er die Partei und den Großen Bruder bedingungslos akzeptiert.

1984 ist eine eindringliche Warnung vor den Gefahren totalitärer Systeme. Orwell zeigt, wie solche Regime durch Überwachung, Propaganda und Unterdrückung die Freiheit und Wahrheit zerstören können. Der Roman zieht Parallelen zu realen totalitären Systemen, wie Nordkorea, und bleibt auch heute noch relevant als Mahnung gegen die Bedrohung durch diktatorische Herrschaftsformen.

Durch die Kombination von konkreten Beispielen und der Definition des erwarteten Verhaltens erhält die KI eine klarere Vorstellung davon, was von ihr erwartet wird. Im nächsten Schritt werden wir die äußerste Schicht des Zwiebelmodells betrachten: die Erfolgskriterien.

## Kriterien für Erfolg: die äußere Schicht Ihres Prompts

Die äußerste Schicht des Zwiebelmodells besteht aus den vorab definierten Erfolgskriterien, mit denen Sie festlegen, was eine erfolgreiche Antwort ausmacht und wie sie gemessen wird. Diese Kriterien sind entscheidend, um die Qualität und Angemessenheit der Auskünfte der KI zu beurteilen.

Die Festlegung klarer Erfolgskriterien ist wesentlich, damit Sie sicherstellen, dass die KI-Antworten nicht nur relevant und korrekt sind, sondern auch den spezifischen Bedürfnissen und Zielen Ihrer Anfrage entsprechen. Ohne diese Kriterien könnte die KI Antworten generieren, die zwar technisch richtig sind, aber möglicherweise nicht Ihren tatsächlichen Anforderungen als Nutzer nachkommen. Wenn man in unserem Beispiel nur nach einer Zusammenfassung von 1984 fragt, ist es dem Modell überlassen, welche Informationen dieses als relevant erachtet. Als fachkundiger Nutzer möchte ich aber beispielsweise darauf eingehen, wie sich ein Charakter im Laufe der Erzählung entwickelt oder den Schülern klarmachen, dass es sich zwar um ein fiktives Werk handelt, die Geschichte aber durchaus in ähnlicher Weise auf der Welt vorkommt, um Betroffenheit zu erzeugen und die Relevanz zu unterstreichen, sich mit solchen Themen zu beschäftigen. Je spezifischer Sie in Ihrem Prompt sind, desto eher wird die KI in Ihrem Sinne für Sie arbeiten. Indem Sie konkrete Anweisungen und Schwerpunkte festlegen, können Sie sicherstellen, dass die erzeugten Antworten nicht nur informativ, sondern auch pädagogisch wertvoll und emotional ansprechend sind. Sie definieren nicht nur die Länge der Zusammenfassung, sondern auch spezifische inhaltliche Aspekte, die berücksichtigt werden sollen. Durch diese klaren Vorgaben kann die Qualität der KI-Antworten besser gesteuert und bewertet werden.

Du bist Deutschlehrer an einem Gymnasium für eine Schulklasse der Klassenstufe 10, die ein Buch diskutieren wird. Erstelle eine kurze, prägnante und informative Zusammenfassung des Buches 1984 von Georg Orwell. Fokussiere dich auf die Darstellung der dystopischen Welt und die Kritik an totalitären Systemen. Gehe nicht zu sehr ins Detail und ziehe Parallelen zu realen totalitären Systemen wie Nord-Korea. Die Zusammenfassung sollte die Hauptthemen des Buches sowie die Charakterentwicklung der Hauptfigur klar hervorheben. Erstelle zunächst eine strukturierte Übersicht des Inhaltes mit einer kurzen Beschreibung der Unterpunkte, bevor wir die Zusammenfassung Schritt für Schritt abarbeiten.

Inhaltsübersicht für die Zusammenfassung von »1984« von George Orwell

1. Einleitung
   - Kurze Vorstellung des Buches und seines Autors
   - Überblick über die Bedeutung des Werkes
2. Die dystopische Welt von »1984«
   - Beschreibung der totalitären Gesellschaft
   - Rolle der Partei und des Großen Bruders
   - Überwachung und Kontrolle
3. Hauptthemen des Buches
   - Manipulation der Wahrheit und Geschichte
   - Überwachung und Gedankenpolizei
   - Verlust der individuellen Freiheit
4. Hauptfigur: Winston Smith
   - Beschreibung seines Lebens und seiner Arbeit
   - Beginn seines Widerstandes
   - Beziehung zu Julia
   - Seine Gefangennahme und Umerziehung
5. Kritik an totalitären Systemen
   - Parallelen zu realen totalitären Regimen wie Nordkorea
   - Relevanz der Themen in der heutigen Zeit
6. Schlussfolgerung
   - Bedeutung des Buches für die Gegenwart
   - Wichtige Botschaften und Lehren

> Formuliere nun 1. Einleitung mit einer kurzen Vorstellung des Autors aus
>
> ⑨ 1. Einleitung
>
> 1984 ist ein Roman von George Orwell, der erstmals 1949 veröffentlicht wurde. George Orwell, mit bürgerlichem Namen Eric Arthur Blair, war ein britischer Schriftsteller und Journalist, der für seine scharfsinnigen Analysen sozialer Ungerechtigkeit und totalitärer Regime bekannt ist. Seine Werke, darunter auch »Farm der Tiere«, gehören zu den bedeutendsten der englischen Literatur und bieten tiefe Einblicke in politische und gesellschaftliche Strukturen.
>
> Der Roman 1984 gehört zu den bekanntesten dystopischen Werken der Weltliteratur. In ihm beschreibt Orwell eine Zukunft, in der eine totalitäre Regierung die völlige Kontrolle über das Leben der Menschen hat. Der Roman ist eine eindringliche Warnung vor den Gefahren totalitärer Systeme und betont die Bedeutung von Freiheit und Wahrheit in der Gesellschaft.

Indem Sie Erfolgskriterien wie das strukturierte Abarbeiten von Gliederungen definieren, lassen sich auch größere Aufgaben in »kleineren Häppchen« abarbeiten. Dabei können Sie steuernd auf die Qualität der Ausgaben einwirken.

Die Erfolgskriterien schließen das Zwiebelmodell ab und sorgen dafür, dass alle vorherigen Schichten – von der Aufgabendefinition über den Kontext bis hin zu den Beispielen und dem erwarteten Verhalten – auf einen klaren Zweck ausgerichtet sind. Mithilfe dieser ganzheitlichen Betrachtung können Sie nun effektive Prompts erstellen, die zu zufriedenstellenden und zielgerichteten Ergebnissen führen.

# Die Gebote der erfolgreichen KI-Anwendung

Nachfolgend geben wir Ihnen ein »Bäckerdutzend« an Best Practices mit an die Hand, also ›bewährte Verfahren‹ in Form von Methoden oder Handlungsweisen, die sich bei unserer umfangreichen Arbeit mit Generativer KI in der Praxis als besonders effektiv und effizient erwiesen haben. Die folgenden dreizehn Gebote der KI-Nutzung sollen Ihnen dabei helfen, die Arbeit mit Generativer KI zu vereinfachen und die Theorie, die in diesem Buch beschrieben wird, effektiv in die Praxis umzusetzen. Wir beziehen uns in den Geboten häufig auf ChatGPT, wobei die Ratschläge auch analog hierzu bei anderen Generativen Modellen angewendet werden können.

> Die dreizehn Gebote der KI-Nutzung:
>
> 1. Integration der KI von Anfang an
> 2. Formalisierung eines Prompts
> 3. Prompts anpassen und optimieren
> 4. Große Aufgaben strukturieren
> 5. Zwischenergebnisse ausgeben lassen
> 6. Selbstzensur und Datensparsamkeit
> 7. Wissensdatenbanken anlegen
> 8. Reverse Prompting nutzen
> 9. Prompts durch KI schreiben lassen
> 10. So viel wie nötig, so wenig wie möglich
> 11. Bewusst den »Full Chat-Mode« nutzen
> 12. Kritisch bleiben und Ergebnisse überarbeiten
> 13. Lebenslanges Lernen

## Integration der KI von Anfang an

Die KI von Anfang an einzubinden (bekannt als der KI-First-Ansatz) ist ein zukunftsweisender Weg, um die Möglichkeiten Künstlicher Intelligenz optimal zu nutzen. Statt KI als nachträgliche Ergänzung zu betrachten, sollte sie von Beginn an ein integraler Bestandteil in jedem Projekt sein. Das gilt insbesondere für Aufgaben, die Recherche und Analyse erfordern, wie – um bei unserem Beispiel zu bleiben – die Auswahl eines geeigneten Buches für eine Diskussion in der 10. Klasse eines Gymnasiums. Indem Sie die KI frühzeitig einbeziehen, profitieren Sie von ihrem umfangreichen Wissen und ihrer Analysefähigkeiten. Anstatt selbst ausgiebig zu recherchieren, welche Bücher sich für den Unterricht eignen, könnten Sie die KI um Vorschläge bitten. Ein umfassend konzipierter Prompt ist dafür nicht erforderlich. Stattdessen treten Sie einfach mit der KI in den Dialog, stellen Fragen und bitten um Empfehlungen.

Der KI-First-Ansatz erfordert ein Umdenken in der Art und Weise, wie wir Aufgaben angehen. Statt automatisch davon auszugehen, dass bestimmte Aufgaben manuell erledigt werden müssen, sollten wir uns immer wieder fragen, ob und wie eine KI diese Aufgabe übernehmen könnte. Dieses Vorgehen kann zu einer signifikanten Effizienzsteigerung führen und ermöglicht es uns, die Vorteile der KI-Technologie voll auszuschöpfen. Wir sparen nicht nur Zeit und Ressourcen, sondern finden auch innovative und kreative Lösungsansätze, die ohne die frühzeitige Integration der KI wahrscheinlich nicht möglich gewesen wären.

---

Welche Bücher eignen sich für eine Buchbesprechung mit Diskussion für eine 10. Klasse eines Gymnasiums? Das Thema sollte sozialkritisch sein und zum Nachdenken anregen. Nenne mir drei exemplarische Beispiele.

🖉 Für eine Buchbesprechung mit Diskussion in einer 10. Klasse eines Gymnasiums eignen sich sozialkritische Bücher, die zum Nachdenken anregen und wichtige gesellschaftliche Themen aufgreifen. Hier sind drei exemplarische Beispiele:

1. »Der Vorleser« von Bernhard Schlink
   - Thema: Schuld, Verantwortung und Vergangenheitsbewältigung.
   - Inhalt: Die Geschichte handelt von der Beziehung zwischen dem jungen Michael Berg und der älteren Hanna Schmitz, die später wegen ihrer Beteiligung an NS-Ver-

---

brechen vor Gericht steht. Das Buch thematisiert moralische und rechtliche Fragen rund um die NS-Zeit und deren Aufarbeitung.

- Diskussionspunkte: Moralische Verantwortung, Generationenkonflikte, Recht und Gerechtigkeit, Umgang mit der Vergangenheit.

2. »Tschick« von Wolfgang Herrndorf

- Thema: Jugend, Freundschaft und gesellschaftliche Außenseiter.
- Inhalt: Zwei jugendliche Außenseiter, Maik Klingenberg und der aus Russland stammende Tschick, begeben sich auf eine abenteuerliche Reise durch Deutschland. Das Buch beleuchtet die Themen Freundschaft, Selbstfindung und den sozialen Umgang mit Außenseitern.
- Diskussionspunkte: Soziale Ausgrenzung, Identität, jugendliche Rebellion, das Erwachsenwerden.

3. »Die Welle« von Morton Rhue

- Thema: Gruppenzwang und die Gefahren totalitärer Systeme.
- Inhalt: Basierend auf einer wahren Begebenheit, erzählt das Buch die Geschichte eines Schulprojekts, das außer Kontrolle gerät, als ein Lehrer versucht, seinen Schülern die Mechanismen des Faschismus nahezubringen. Die Schüler gründen eine Bewegung namens »Die Welle«, die schnell autoritäre Züge annimmt.
- Diskussionspunkte: Macht und Manipulation, Gruppenzwang, die Attraktivität totalitärer Systeme, Zivilcourage.

Diese Bücher sind nicht nur spannend und gut zugänglich für Jugendliche, sondern bieten auch reichlich Stoff für tiefgehende Diskussionen über wichtige gesellschaftliche Themen.

## Komplexe Prompts strukturieren und formalisieren

Wie Sie festgestellt haben, erfordert eine umfangreiche Aufgabenstellung auch einen detaillierteren Prompt, der schnell unübersichtlich werden kann. Um das Kontextfenster effizient zu nutzen und Tokens zu sparen, sollten komplexere Prompts strukturiert werden. Die Formalisierung und Formatierung von Prompts sind hilfreiche Methoden, um effektive und klare Prompts zu entwickeln.

Eine klar formulierte Anfrage an ein KI-Modell ist wie ein präzise geschriebenes Rezept beim Backen eines Kuchens, denn unklare oder wirre Anweisungen führen häufig zu Ergebnissen, die weit von dem entfernt sind, was Sie sich vorgestellt haben. Das gilt ebenso für die Kommunikation mit KI-Modellen: Die Struktur eines Prompts ist wie eine schrittweise Anleitung, die der KI hilft, genau zu verstehen, was von ihr erwartet wird. Sie können einen Prompt problemlos in einem Textverarbeitungsprogramm wie Microsoft Word vorschreiben und dann über kopieren (Strg + c) und einfügen (Strg + v) in das Eingabefeld von ChatGPT überführen.

---

**Ein Prompt** lässt sich mithilfe verschiedener Mittel strukturieren wie beispielsweise:

- Bullet Points
1. Nummerierungen
   1.1. Nummerierungen
   [Klammern] (Klammern) <Klammern>
   »Anführungszeichen«

oder andere Markierungen.

---

Diese Elemente gestalten den Prompt übersichtlich und leicht verständlich. Die KI ist dadurch in der Lage, die gestellte Aufgabe besser zu erfassen und entsprechend zu reagieren. Auch Ihnen wird es leichter fallen, einzelne Aspekte einer Aufgabe gezielt zu bearbeiten, wenn Sie eine schrittweise Struktur verwenden. Nachdem Sie eine Formatierung gewählt haben, können Sie den Prompt kontinuierlich optimieren oder für ähnliche Aufgaben anpassen. Für unser Orwell-Beispiel haben wir den Prompt folgendermaßen strukturiert:

> • Erstelle eine prägnante und informative Zusammenfassung des Buches '1984' von George Orwell.
> • Du bist Deutschlehrer an einem Gymnasium und die Zusammenfassung ist für eine Schulklasse der Klassenstufe 10 gedacht, die das Buch diskutieren wird.
> • Fokussiere dich auf die Darstellung der dystopischen Welt und die Kritik an totalitären Systemen, ohne zu sehr ins Detail zu gehen.
> • Die Zusammenfassung sollte nicht länger als 2000 Wörter sein und die Hauptthemen des Buches sowie die Charakterentwicklung der Hauptfigur klar hervorheben. Erstelle zunächst eine strukturiertere Übersicht des Inhaltes mit einer kurzen Beschreibung der Unterpunkte, bevor wir die Zusammenfassung Schritt für Schritt abarbeiten.

Abbildung 27: So sieht das Ganze in ChatGPT aus, wenn Sie den Prompt in das Eingabefeld kopieren.

In diesem Beispiel wurde der Prompt durch Bullet Points klar strukturiert und nach den Prinzipien des Zwiebelmodells gegliedert. Dadurch sind alle wesentlichen Aspekte eines effektiven Prompts abgedeckt, und es ist einfach, Anpassungen in den jeweiligen Ebenen vorzunehmen.

Wenn dieser Prompt Ihre Erwartungen erfüllt, können Sie ihn als Vorlage für zukünftige Projekte verwenden, die durchaus komplexer sein können:

- Erstelle eine prägnante und informative Zusammenfassung des Buches (Quelle).
- Du bist Deutschlehrer an einem Gymnasium, und die Zusammenfassung ist für eine Schulklasse der [Klassenstufe] gedacht, die das Buch diskutieren wird.

- Orientiere dich an der Struktur und dem Detaillierungsgrad der Zusammenfassung von Beispiel 1, verwende den Schreibstil des Autors aus Beispiel 2:
  - Beispiel 1: (Quelle)
  - Beispiel 2: (Quelle)
- Die Zusammenfassung sollte nicht länger als [Anzahl Wörter] sein und die Hauptthemen des Buches sowie die Charakterentwicklung der Hauptfigur klar hervorheben. Erstelle zunächst eine strukturiertere Übersicht des Inhaltes mit einer kurzen Beschreibung der Unterpunkte, bevor wir die Zusammenfassung Schritt für Schritt abarbeiten.

Die Quelle können Sie, je nach verwendetem KI-Modell, in unterschiedlicher Form angegeben. Nutzen Sie ChatGPT, können Sie beispielsweise eine Homepage angeben oder eine PDF-Datei hochladen. Optimieren Sie Ihre Prompts für maximale Effizienz.

Es ist sinnvoll, den Prompt immer wieder zu bearbeiten und anzupassen – insbesondere bei längeren Projekten. Dadurch nutzen Sie das Kontextfenster effizient, denn KI-Modelle – speziell solche, die auf Sprachverarbeitung basieren – haben eine begrenzte Kapazität, Informationen zu speichern und zu verarbeiten: Sie »vergessen« chronologisch frühere Informationen, wenn die Grenze der Token-Kapazität erreicht wird. Durch die kontinuierliche Verfeinerung des Prompts reduziert sich die Gesamtzahl der verwendeten Tokens, was wiederum dazu beiträgt, das Kontextfenster nicht unnötig zu belasten. Anstatt also jedes Mal im Chat-Verfahren einen neuen Prompt zu erstellen, sollten Sie sich angewöhnen, den ersten

Prompt so lange zu überarbeiten, bis Sie mit dem Ergebnis zufrieden sind.

• Erstelle eine prägnante und informative Zusammenfassung des Buches '1984' von George Orwell.
• Du bist Deutschlehrer an einem Gymnasium und die Zusammenfassung ist für eine Schulklasse der Klassenstufe 10 gedacht, die das Buch diskutieren wird.
• Fokussiere dich auf die Darstellung der dystopischen Welt und die Kritik an totalitären Systemen, ohne zu sehr ins Detail zu gehen.
• Die Zusammenfassung sollte nicht länger als 2000 Wörter sein und die Hauptthemen des Buches sowie die Charakterentwicklung der Hauptfigur klar hervorheben. Erstelle zunächst eine strukturiertere Übersicht des Inhaltes mit einer kurzen Beschreibung der Unterpunkte, bevor wir die Zusammenfassung Schritt für Schritt abarbeiten.

Abbildung 28: Um einen Prompt bei ChatGPT zu bearbeiten, klicken Sie einfach auf das Stift-Symbol am unteren Rand. Anschließend können Sie den Prompt nach Ihren Wünschen anpassen und abspeichern. ChatGPT wird daraufhin die geänderte Anweisung durchführen.

Ein weiterer Vorteil der schrittweisen Prompt-Optimierung liegt in der Entwicklung eines besseren Verständnisses dafür, welche Arten von Prompts effektiv funktionieren. Mit der Zeit lernen Sie, wie sich die KI-Modelle am besten steuern lassen, um die gewünschten Ergebnisse zu erzielen. Sie entwickeln eine Art »Gespür« für die richtige Kommunikation mit der KI.

Sobald Sie mit einem bestimmten Ausgabeformat oder einer Struktur zufrieden sind, können Sie den optimierten Prompt als Grundlage für die weiteren Schritte Ihres Projekts verwenden. Das erleichtert Ihnen nicht nur die Arbeit mit der KI, sondern stellt auch sicher, dass die Ergebnisse konsistent sind und Ihren Anforderungen entsprechen.

## Große Aufgaben in kleine Siege verwandeln

Komplexe Dinge wie Aufsätze oder umfangreiche Projekte lassen sich am besten in kleinen Schritten bearbeiten. Zum Beispiel ist es sinnvoll, als Erstes eine strukturierte Übersicht zu erstellen, da viele KI-Modelle hinsichtlich des Umfangs ihrer Ausgabe begrenzt sind. Lassen Sie sich beispielsweise erst eine Gliederung formulieren und befüllen Sie dann die einzelnen Punkte mit Inhalt. Wenn Sie versuchen, eine komplexe Aufgabe – wie einen kompletten Aufsatz zu schreiben – in einem Schritt zu bewältigen, neigt die KI oft dazu, oberflächliche oder unvollständige Ergebnisse zu liefern. Zerlegen Sie die Aufgabe aber in kleinere, überschaubare Schritte, tritt dieses Problem nicht auf. Ein ausführliches Beispiel finden Sie im Unterkapitel »Kriterien für Erfolg: Die äußere Schicht Ihres Prompts«.

Sie können die KI zunächst bitten, eine Gliederung oder eine Übersicht mit Strukturpunkten, Unterabschnitten und kurzen Beschreibungen zu erstellen. Dadurch lässt sich der Detailgrad in jedem Abschnitt genau steuern, und die KI legt den Fokus auf die gewünschten Aspekte. Außerdem lassen sich so eigene Gedanken und Ideen leichter integrieren, da Sie die Strukturvorschläge der KI als Ausgangspunkt nutzen und mit individuellem Inhalt anreichern können.

Besonders hilfreich ist es, die einzelnen Abschnitte zu nummerieren. Das ermöglicht eine gezielte Ansprache, und Sie können auch in späteren Phasen des Projekts darauf zurückgreifen. Sie können dann beispielsweise GPT auftragen, Punkt 4 auszuformulieren oder die Punkte 6 und 7 zusammenzufassen.

Wenn Sie so vorgehen, bekommen Sie nicht nur ein qualitativ hochwertigeres Ergebnis, sondern können auch flexibler und kreativer arbeiten.

## Regelmäßig Zwischenergebnisse ausgeben lassen

Bei längeren Interaktionen mit einer KI ist es aus mehreren Gründen sehr sinnvoll, die Zwischenergebnisse kontinuierlich zu überprüfen. Erstens ist es wie bei jeder Form der automatisierten Verarbeitung wichtig, die Genauigkeit und Relevanz der Outputs regelmäßig zu überprüfen, um die erforderliche Qualität der Antworten der KI sicherzustellen.

Zweitens sollten sogenannte »Halluzinationen« der KI frühzeitig erkannt werden – also Antworten, die nicht mehr relevant oder sogar völlig abwegig sind. Je früher Sie eine Halluzination erkennen, desto einfacher ist es, die KI wieder »einzufangen« und zurück auf den richtigen Pfad zu lenken.

Ein weiterer wichtiger Punkt ist das Management des Kontextfensters. KI-Modelle, insbesondere Sprachmodelle, haben nur eine begrenzte Kapazität, Informationen zu behalten. Durch das regelmäßige Ausgeben und Überprüfen der Zwischenergebnisse laden Sie die wichtigsten Informationen wieder an die letzte Stelle des Kontextfensters. Dadurch werden die Gefahren des Halluzinierens und des »Vergessens« relevanter Informationen minimiert.

Und zu guter Letzt hilft Ihnen die regelmäßige Überprüfung dabei, ein Gefühl für die Fähigkeiten und Grenzen des KI-Modells zu entwickeln. Es geht nicht nur darum, Wörter zu zählen, sondern ein intuitives Verständnis dafür zu bekommen, wie viel und welche Art von Informationen das Modell verarbeiten kann, ohne an Qualität zu verlieren.

Verwenden Sie dafür einfach den folgenden Prompt:

---

Fasse alle Informationen, die wir bisher erarbeitet haben, zusammen. Schreibe eine nummerierte Liste, die alle Informationen chronologisch auflistet mit einer kurzen Beschreibung der Inhalte.

Übersicht der erarbeiteten Informationen

1. Zielsetzung:
   - Erstellung einer prägnanten und informativen Zusammenfassung des Buches »1984« von George Orwell für eine Schulklasse der Klassenstufe 10.
2. Einleitung:
   - Vorstellung des Buches »1984« und seines Autors George Orwell.
   - Bedeutung des Werkes als dystopischer Roman und Warnung vor totalitären Systemen.
3. Die dystopische Welt von »1984«:
   - Beschreibung der totalitären Gesellschaft in Ozeanien.
   - Rolle der Partei und des Großen Bruders.

[...] Darstellung wurde hier gekürzt

---

**Tipp:** Sollten Sie feststellen, dass Ihre KI zu halluzinieren beginnt, springen Sie einfach zurück zu einer Eingabe, bei der Sie noch sicher sind, sich im Kontextfenster zu bewegen. Ersetzen Sie den entsprechenden Prompt über die Bearbeitungsfunktion mit der Aufgabe, eine Zusammenfassung der Informationen auszugeben.

Sie können diese Zusammenfassung auch nutzen und in einen neuen Chat kopieren. Manchmal kann dies ebenfalls hilfreich sein, wenn die Ergebnisse in einem Chat regelmäßig nicht Ihren Erwartungen entsprechen, da sich innerhalb dieses Chats möglicherweise ein fehlerhafter Kontext gebildet hat. Ein neuer Chat mit der richtigen Zusammenfassung stellt sicher, dass die KI nicht durch Informationen aus vorherigen Unterhaltungen beeinflusst wird.

## Datensparsame Arbeit mit der KI

In der KI-Welt werden viele der Dienste, die wir täglich nutzen, von großen Technologieunternehmen angeboten, die über riesige Datenbanken und fortschrittliche Algorithmen verfügen, um KI-Modelle zu trainieren und zu betreiben. Während die Datenschutzrichtlinien dieser Unternehmen den Schutz Ihrer Daten versprechen, bleibt die beste Verteidigungslinie immer noch die Selbstzensur. Deshalb ist es ratsam, persönliche und geschäftskritische Informationen zu zensieren oder zu vermeiden, sobald Sie KI-Dienste nutzen. Sie müssen nicht immer Ihren echten Namen, Kundeninformationen oder betriebsinterne Daten preisgeben.

Dazu folgendes Beispiel eines datenschutzkonformen Prompts aus dem geschäftlichen Kontext:

Sie wollen ein Brainstorming durchführen mit dem Ziel, den Umsatz Ihres Unternehmens – der Müller GmbH – zu erhöhen. Dazu schreiben Sie:

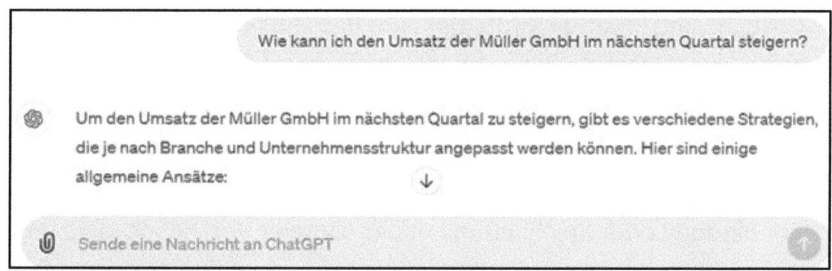

Abbildung 29: Persönliche Angaben sollten immer nur mit Bedacht und wenn notwendig angegeben werden.

Besser wäre es, wenn Sie persönliche und schutzbedürftige Daten nicht in Ihrem Prompt verwenden. Formulieren Sie es daher besser so:

> »Wie kann ich den Umsatz eines mittelständischen Unternehmens im nächsten Quartal steigern?«

Dieser Prompt gibt keine spezifischen Unternehmensdetails preis, liefert aber dennoch den Kontext, den die KI benötigt, um eine hilfreiche Antwort zu geben. Natürlich sollten Sie der KI noch weitere Informationen zur Branche, Ihren Kunden und Produkten geben – aber auch das ohne sensible Daten.

> »Angenommen, wir haben ein mittelständisches Unternehmen, das in der Fertigungsindustrie tätig ist und sich auf die Produktion von hochwertigen elektronischen Bauteilen spezialisiert hat. Das Unternehmen ist bekannt für seine innovative Technologie und das Engagement für Nachhaltigkeit, was es von seinen Wettbewerbern abhebt. Der Hauptkundenstamm besteht aus großen Automobilherstellern und Telekommunikationsunternehmen in Europa. In den letzten Quartalen wurde ein Rückgang des Umsatzes festgestellt, der hauptsächlich auf verstärkte Konkurrenz und Preissensitivität der Kunden zurückzuführen ist.

Gesucht sind kreative Strategien, um den Umsatz im nächsten Quartal zu steigern. Wichtig dabei ist, den bestehenden Kundenstamm zu erweitern und neue Märkte zu erschließen, ohne dabei die Kernwerte des Unternehmens zu untergraben. Zusätzliche Überlegungen könnten die Optimierung der Produktionsprozesse, Verbesserung der Kundenbindung oder Erschließung neuer digitaler Vertriebskanäle umfassen.

Welche spezifischen Maßnahmen können ergriffen werden, um die Marktposition zu stärken und den Umsatz zu steigern, und wie könnte die Umsetzung dieser Maßnahmen konkret aussehen?«

Sie sehen, dass der Prompt jetzt sehr umfangreich ist und der KI die Informationen gibt, die sie braucht, um möglichst treffende Antworten zu formulieren. Gleichzeitig kann sie nicht auf das betreffende Unternehmen oder deren Kunden schließen.

## Wissensdatenbank und spezifische Bots erstellen

Die Integration von Wissensdatenbanken oder speziell konfigurierten Chatbots wie bei der neuen Funktion von ChatGPT-4 (Knowledge) bietet zahlreiche Vorteile, die besonders in der Informationsverarbeitung und Benutzerinteraktion zum Tragen kommen. Mit erweitertem Zugang zu Informationen greifen Chatbots auf eine umfangreichere Datenbasis zu und geben detailliertere und fundiertere Antworten aus. Diese Datenbanken werden regelmäßig aktualisiert, sodass der Chatbot stets über gegenwärtige Informationen verfügt, was in sich schnell entwickelnden Bereichen wie Technologie oder aktuellen Nachrichten besonders wertvoll ist.

Darüber hinaus ermöglicht die Konfiguration der Chatbots eine Personalisierung der Benutzererfahrung. Chatbots können für spezifische Anwendergruppen wie Mediziner, Lehrer oder Juristen maßgeschneidert werden, um relevante und kontextbezogene Informationen bereitzustellen.

Außerdem verbessert die Einbindung von Wissensdatenbanken die Fähigkeit des Chatbots, komplexe Anfragen zu bearbeiten, und erweitert seine Kapazität zur Datenverarbeitung. Außerdem lernt der Chatbot durch die kontinuierliche Interaktion mit den Benutzern. Durch das Erkennen von Mustern und Präferenzen kann der Chatbot seine Leistung über die Zeit hinweg optimieren und sich besser an die Art und Weise anpassen, wie Benutzer Informationen suchen und verarbeiten.

Wenn Sie beispielsweise einen Bewerbungsbot erstellen, können Sie mit seiner Hilfe passgenaue Bewerbungsschreiben formulieren: Sie laden Ihren Lebenslauf (gerne auch anonymisiert mit Platzhalter anstatt Ihres Namens) hoch und ergänzen ihn mit weiteren Informationen (Stärken, Interessen etc.). Nun könnten Sie diesem Bot die Homepage Ihres Wunschunternehmens oder die Stellenanzeige geben und erhalten stets passgenaue Anschreiben.

Insgesamt erweitern Wissensdatenbanken und konfigurierte Chatbots wie ChatGPT-4 (Knowledge) die Möglichkeiten der Benutzerinteraktion erheblich und tragen dazu bei, genauere, relevantere und kontextbezogene Antworten zu liefern.

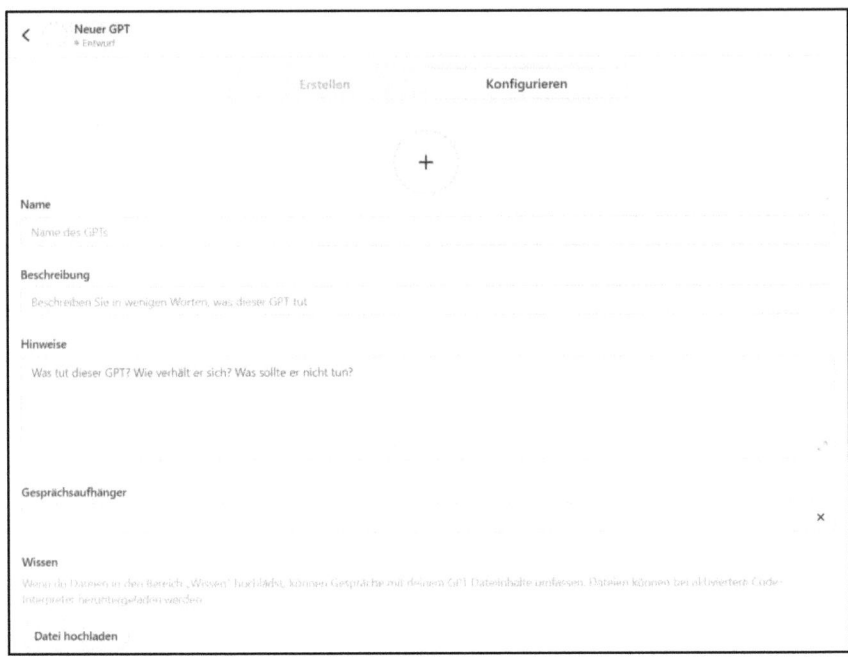

Abbildung 30: Konfiguration eines Chatbots in ChatGPT (im Darkmode).

Es ist grundsätzlich eine Abwägung von Aufwand und Nutzen, ob es sich lohnt, einen Chatbot einzurichten. Wenn ich eine kleinere Aufgabe erledigen will, die Ergebnisse meiner Anfrage an die KI zufriedenstellend sind, und das Kontextfenster nicht überschritten wird oder der Kontext nicht sehr wichtig ist, dann reicht es völlig aus, die KI direkt in einem normalen Chatfenster anzuleiten. Wenn man jedoch häufig steuernd eingreifen muss und diese Art der Aufgabe öfter und zu einer gleichbleibenden Qualität erledigen möchte und der KI viele Informationen zur Verfügung stellt, dann lohnt sich das Einrichten eines Chatbots.

Hat man erst einmal die richtigen Instruktionen gefunden, mit denen der Chatbot das gewünschte Ergebnis ausgibt, spart man sich in Zukunft die Notwendigkeit, der KI jedes Mal aufs Neue erklären zu müssen, wie etwas erledigt werden soll. Stattdessen teilt man dem Chatbot nur noch mit, was erledigt werden soll, und kann sich darauf verlassen, dass die Ausführung konsistent und präzise ist. Auf unserer Website www.KI-Bildungswerk.de

finden Sie Kurse, wo Sie beispielsweise lernen, wie Sie einen Chatbot einrichten und konfigurieren können oder mit einer Wissensdatenbank arbeiten können.

## Reverse Prompting: mit Fragen zum perfekten Prompt

Beim Konzept des Reverse Prompting nutzen Sie die KI, um einen effektiven Prompt zu erstellen, der die Besonderheiten eines Textes analysiert, zum Beispiel den Schreibstil eines Autors. Bei dieser Methode bitten Sie die KI, zuerst den Text zu untersuchen und dann basierend auf ihrer Analyse einen Prompt zu formulieren.

Beispielsweise könnten Sie der KI sagen: »Analysiere den Stil, die Hauptthemen und die Charakterentwicklung in [einem spezifischen Text]. Erstelle daraufhin einen Prompt, der diese Elemente für eine detaillierte Diskussion herausstellt.«

Die KI verwendet ihre Fähigkeiten zur Textanalyse, um die Schlüsselelemente des Textes zu identifizieren und schlägt dann einen Prompt vor, der sich auf diese Aspekte fokussiert.

Dieser Ansatz ist besonders nützlich, um tiefer in komplexe literarische Werke einzutauchen oder um spezifische Analysepunkte für Diskussionen oder weiterführende Studien zu entwickeln. Reverse Prompting kann auch effektiv eingesetzt werden, um die KI in Ihrem persönlichen Schreibstil etwas schreiben zu lassen. Damit lassen sich im Handumdrehen Texte formulieren oder E-Mails beantworten, die trotzdem Ihre individuelle Note enthalten.

Analysiere folgenden [Text] und beschreibe den Schreibstil des Autors hinsichtlich Stil, Wortwahl, Satzstruktur und anderen charakteristischen Merkmalen:

[Wer reitet so spät durch Nacht und Wind?

Es ist der Vater mit seinem Kind;

Er hat den Knaben wohl in dem Arm,

Er fasst ihn sicher, er hält ihn warm.

[...]

⑤ Der Text zeichnet sich durch einen erzählerisch-dramatischen Schreibstil aus, der Spannung und Dramatik erzeugt.

1. Stil: Der Schreibstil ist narrativ und lyrisch zugleich, da der Text Elemente eines Gedichts und einer Erzählung kombiniert. Es wird eine Geschichte in Versform erzählt, die durch regelmäßigen Rhythmus und Reimstrukturen verstärkt wird.

2. Wortwahl: Die Wortwahl ist prägnant und bildhaft, um die düstere Atmosphäre und die Angst des Kindes zu vermitteln. Begriffe wie »Nacht«, »Wind«, »Kron'«, »Schweif« und »düstern Ort« schaffen eine mystische und bedrohliche Stimmung. Die Sprache ist eher altmodisch, was zur zeitlichen Einordnung des Textes beiträgt.

3. Satzstruktur: Die Sätze sind größtenteils einfach und kurz, was die Dramatik und das Tempo der Erzählung erhöht. Dialoge sind in direkte Rede gefasst und wechseln zwischen dem Vater, dem Kind und dem Erlkönig, was die Interaktion und die zunehmende Spannung verdeutlicht.

4. Charakteristische Merkmale:
   - Reim und Metrum: Der Text folgt einem regelmäßigen Reimschema (Paarreim) und einem gleichmäßigen Metrum (meistens vierhebiger Jambus), was den Lesefluss unterstützt und die Dramatik betont.
   - Wiederholungen und Parallelismen: Die wiederholte Anrede »Mein Vater, mein Vater« und die wiederkehrenden Fragen des Kindes verstärken die Dringlichkeit und Panik.

- Kontraste: Es gibt starke Kontraste zwischen der realen Welt des Vaters und der übernatürlichen Wahrnehmung des Kindes, was die Spannung und das Unbehagen verstärkt.

Formuliere für mich nun einen Prompt, mit dem ich dich anweisen kann, in diesem Stil zu schreiben.

Prompt:

Bitte schreibe einen kurzen Text in einem erzählerisch-dramatischen Stil, der Elemente eines Gedichts und einer Erzählung kombiniert. Verwende eine prägnante und bildhafte Wortwahl, um eine düstere Atmosphäre und eine emotionale Spannung zu erzeugen. Achte auf eine einfache, kurze Satzstruktur und integriere regelmäßige Reim- und Metrumschemata. Verwende Wiederholungen und Parallelismen, um die Dringlichkeit und Panik zu verstärken, und setze starke Kontraste ein, um die unterschiedlichen Wahrnehmungen der Charaktere hervorzuheben.

## Der Meisterzug: die KI Ihren Prompt schreiben lassen

Abschließend möchten wir Ihnen einen wertvollen Ratschlag mit auf den Weg geben, der das Potenzial hat, Ihre Herangehensweise an Künstliche Intelligenz, insbesondere im Bereich der bildgenerierenden KI zu revolutionieren. Stellen Sie sich vor, Sie könnten die Kreativität und Effizienz Ihrer Arbeit steigern, indem Sie die KI selbst nutzen, um einen Prompt zu formulieren. Dieser Ansatz ist besonders lohnend, wenn Sie vorhaben, mithilfe von KI beeindruckende visuelle Inhalte zu erstellen.

Beginnen Sie damit, Ihr KI-Tool um Unterstützung zu bitten. Sagen Sie ihm zum Beispiel: »Ich möchte ein Bild generieren lassen, das eine bestimmte Stimmung oder Szenerie einfängt. Könntest du mir dabei helfen, einen geeigneten Prompt zu formulieren?« Diese einfache Anfrage öffnet die Tür zu einem kollaborativen Prozess, in dem die KI Ihre Ideen aufnimmt und in einen präzisen und effektiven Prompt umwandelt. Indem Sie Ihre KI auf diese Weise nutzen, profitieren Sie von ihrer Fähigkeit, komplexe Anforderungen zu analysieren und kreative Lösungen vorzuschlagen. Dies ist besonders hilfreich, wenn Sie mit den spezifischen Anforderungen von bildgenerierenden KI-Tools noch nicht vollständig vertraut sind. Die KI kann Ihnen nicht nur helfen, Ihre Gedanken zu strukturieren, sondern auch neue Perspektiven und Ideen einbringen, die Sie vielleicht selbst nicht in Betracht gezogen hätten.

Die Verwendung Ihrer KI zur Erstellung von Prompts ist eine ausgezeichnete Methode, um die Qualität Ihrer visuellen Kreationen zu verbessern und den Prozess der Bildgenerierung effizienter und kreativer zu gestalten. Es ist eine Investition, die sich nicht nur in Form von beeindruckenden Bildern auszahlt, sondern auch in einem tieferen Verständnis der Interaktion und des Potenzials von KI.

---

Schreibe mir einen Prompt, um einen Cartoon erstellen zu lassen, der zeigt, wie ein Mensch und eine KI Hand in Hand zusammenarbeiten

◉ Prompt:

Bitte erstelle einen Cartoon, der zeigt, wie ein Mensch und eine KI Hand in Hand zusammenarbeiten. Der Mensch und die KI sollten freundliche und kooperative Ausdrücke haben. Der Mensch kann als Büroangestellter dargestellt werden, während die KI als stilisierter Roboter oder Computer dargestellt wird. Beide sollten sich in einem modernen Büro befinden, an einem gemeinsamen Projekt arbeiten und lächeln, um die Zusammenarbeit und Harmonie zu betonen. Im Hintergrund könnten typische Büroelemente wie Schreibtische, Computer und Pflanzen zu sehen sein.

---

Und hier sehen Sie das unverfälschte Ergebnis von DALL-E:

Abbildung 31: Hier die unverfälschte Ausgabe von DALL-E. Wir sehen einen kleinen
Fehler and den Händen, aber hey, nobody is perfect!

## So viel wie nötig, so wenig wie möglich

Im Umgang mit KI-Systemen, insbesondere wenn es um die Erstellung eines Prompts geht, sollte ein grundlegendes Prinzip berücksichtigt werden:
»So viel wie nötig, so wenig wie möglich.« Diese Maxime spiegelt die Idee
wider, dass der Grad der Komplexität und Spezifität eines Prompts der Natur der Aufgabe angemessen sein sollte. Wir haben gelernt, wie ein perfekter
Prompt aussehen könnte, doch für einfachere Aufgaben ist ein solcher Detailgrad nicht immer notwendig. Ein schlichter, aber effektiver Prompt ist

oft ausreichend, besonders bei grundlegenden Aufgaben wie der Übersetzung eines Textes in eine andere Sprache. In solchen Fällen ist es nicht erforderlich, tief in das »Methoden-Kästchen« zu greifen. Eine klare und direkte Aufgabenstellung reicht hier völlig aus. Dieser Ansatz spart Zeit und Ressourcen und verhindert gleichzeitig, dass sich der Prozess verkompliziert.

Manchmal kann es also auch hilfreich sein, gegenüber der KI »die Zügel locker zu lassen«. Indem Sie ihr mehr Freiraum geben, können Sie auf deren Kreativität und ihren riesigen Datenschatz zurückgreifen. Sie werden überrascht sein, welche interessanten und innovativen Vorschläge die KI Ihnen unterbreitet. Dieser Ansatz liefert besonders bei kreativen Aufgaben wie dem Verfassen von Texten oder dem Entwerfen von Grafiken wertvolle Ergebnisse.

Insgesamt ist es wichtig, die Balance zwischen der notwendigen Tiefe und der Einfachheit zu finden. Ein zu komplexer Prompt kann ebenso hinderlich sein wie ein zu allgemeiner. Das Ziel sollte immer sein, einen Prompt zu entwickeln, der genau auf die Bedürfnisse und den Kontext der jeweiligen Aufgabe zugeschnitten ist.

## Full Chat Mode: das volle Potenzial Ihrer KI nutzen

Eine besonders dynamische und flexible Methode ist der »Full Chat Mode«. Stellen Sie sich vor, Sie sitzen mit einem Experten am Tisch. Sie stellen Fragen, tauschen Ideen aus und entwickeln gemeinsam Lösungen. Genau diese Art von Interaktion ermöglicht der Full Chat Mode mit einer KI. Anstatt eines streng strukturierten Vorgehens erlaubt dieser Modus einen freien, dialogbasierten Austausch.

Es gibt spezifische Phasen in der Arbeit mit KI, in denen der Full Chat Mode besonders nützlich ist:

*Brainstorming und Ideenfindung:* Wenn Sie am Anfang eines Projekts stehen und noch unsicher sind, in welche Richtung Ihre Reise gehen soll, ermöglicht Ihnen der Full Chat Mode, frei und ungebunden mit der KI zu interagieren. Dieser offene Dialog bringt häufig unerwartete und kreative Ideen hervor.

Wie kann ich Kinder auf einem Kindergeburtstag beschäftigen?

⑨ Du kannst Kinder auf einem Kindergeburtstag mit einer Mischung aus aktiven Spielen, kreativen Aktivitäten und ruhigen Pausen beschäftigen. Beispiele sind Schatzsuche, Bastelstationen, Gruppenspiele wie Sackhüpfen oder Dosenwerfen, und eine gemütliche Film- oder Vorlesezeit. Diese Vielfalt hält die Kinder interessiert und sorgt für Spaß und Abwechslung.

Schlage mir drei Gruppenspiele vor.

⑨ Gruppenspiele für einen Kindergeburtstag:

1. Schatzsuche: Kinder folgen Hinweisen und lösen Rätsel, um einen versteckten Schatz zu finden.
2. Dosenwerfen: Staple Dosen zu einer Pyramide und lasse die Kinder mit Bällen versuchen, sie umzustoßen.
3. Sackhüpfen: Kinder hüpfen in Säcken um die Wette zu einer Ziellinie.

Welche Dinge muss ich für Sackhüpfen vorbereiten und organisieren?

⑨ Für ein Sackhüpfen-Spiel musst du folgende Dinge vorbereiten und organisieren:

1. Säcke: Besorge robuste Säcke, die groß genug sind, damit die Kinder bequem hineinspringen können (z.B. Kartoffelsäcke oder spezielle Hüpfsäcke).
2. Start- und Ziellinien: Markiere eine Start- und Ziellinie im Spielbereich, entweder mit Kreide, Seil oder Klebeband.
3. Spielbereich: Wähle einen ebenen, sicheren Bereich aus, idealerweise im Freien oder in einem großen Raum ohne Hindernisse.

4. Teilnehmer: Stelle sicher, dass alle Kinder bereit sind und die Regeln verstanden haben.

5. Preise: Bereite kleine Preise oder Belohnungen für die Gewinner vor, um die Motivation zu erhöhen.

6. Erwachsene Helfer: Organisiere ein oder zwei Erwachsene, die beim Starten, Anfeuern und Überwachen der Kinder helfen können.

---

Erstelle eine Einkaufsliste der benötigten Dinge.

Hier ist eine Einkaufsliste für die benötigten Dinge für das Sackhüpfen-Spiel:

1. Robuste Säcke (z.B. Kartoffelsäcke oder spezielle Hüpfsäcke)
2. Kreide, Seil oder Klebeband (zur Markierung der Start- und Ziellinien)
3. Kleine Preise oder Belohnungen (z.B. Süßigkeiten, kleine Spielzeuge)
4. Wasser und Snacks (um die Kinder nach dem Spiel zu erfrischen)

Optional:

- Ersatzsäcke (für den Fall, dass ein Sack beschädigt wird)
- Sonnenschutz (wenn das Spiel im Freien stattfindet)
- Erste-Hilfe-Set (für kleinere Verletzungen)

---

*Feinabstimmung und abschließende Anpassungen*: Nachdem die Hauptarbeit abgeschlossen ist, können Sie im Full Chat Mode letzte Änderungen vornehmen oder Details klären. Hierbei geht es weniger um große Konzepte als vielmehr um die Feinheiten, die ein Projekt perfektionieren.

*Einfache Aufgaben*: Bei Aufgaben, die von geringer Komplexität sind, bietet der Full Chat Mode eine schnelle und effiziente Lösung. In solchen Fällen ist ein einfacher, direkter Dialog mit der KI oft alles, was Sie brauchen, um Ihr Ziel zu erreichen.

Es ist wichtig, dass Sie den Full Chat Mode bewusst nutzen. In vielen Fällen werden Sie feststellen, dass Sie automatisch in diesen Modus verfallen, besonders wenn Sie nach neuen Ideen suchen oder kleinere Anpassungen vornehmen möchten. Das ist ganz natürlich und spiegelt die menschliche Neigung wider, im Gespräch zu denken und zu lernen. Während der Full Chat Mode seine Vorteile hat, sollten Sie auch die Bedeutung eines strukturierten Arbeitsansatzes nicht unterschätzen. Für komplexe Aufgaben, bei denen es auf Genauigkeit und methodische Herangehensweisen ankommt, ist ein strukturiertes Vorgehen oft effektiver. Durch den bewussten Einsatz dieses Modus können Sie das volle Potenzial der KI ausschöpfen und Ihre Arbeit auf ein neues Niveau heben.

## Selbst denken: unverzichtbar im KI-Zeitalter

Bei der Nutzung von KI-Technologien ist kritisches Denken von entscheidender Bedeutung. Dieses Bewusstsein sollte im Zentrum Ihrer Interaktion mit KI-Systemen stehen. Doch was meinen wir damit?

*Verstehen Sie die Grenzen der KI:* Es ist wichtig zu erkennen, dass KI-Systeme auf der Grundlage von Daten trainiert werden, die oft durchschnittliche oder allgemeine Muster widerspiegeln. Das bedeutet, dass die von KI gelieferten Ergebnisse ebenfalls durchschnittlich sein können. Sie sollten daher nicht erwarten, dass KI in jeder Situation innovative oder hochgradig spezialisierte Lösungen liefert. Ihre Rolle besteht darin, die von der KI vorgeschlagenen Ergebnisse zu überprüfen und zu verfeinern.

*Übernehmen Sie die Führung:* Sehen Sie KI als ein Werkzeug, das den Denkprozess unterstützt, aber nicht ersetzt. Ihre kritische Denkfähigkeit ist unerlässlich, um die von der KI gelieferten Informationen zu bewerten und anzuwenden. Nutzen Sie KI, um Ideen zu generieren oder Vorschläge zu erhalten, aber verlassen Sie sich letztendlich auf Ihr eigenes Urteilsvermögen, um endgültige Entscheidungen zu treffen.

*Veredeln Sie die KI-Lösungen*: Betrachten Sie die Ergebnisse, die Sie von einer KI erhalten, als Rohmaterial. Ihr Ziel sollte es sein, diese 80-Prozent-Lösungen zu verfeinern und in maßgeschneiderte, hochwertige Resultate umzuwandeln. Nutzen Sie Ihr Fachwissen und Ihre Erfahrung, um die Vorschläge der KI zu ergänzen und zu verbessern.

*Seien Sie besonders vorsichtig in unbekannten Gebieten*: Wenn Sie KI in Bereichen einsetzen, in denen Sie selbst wenig bis gar keine Expertise haben, gehen Sie mit aller gebotener Vorsicht vor. In solchen Fällen ist es ratsam, die von der KI gelieferten Informationen gründlich zu überprüfen. Suchen Sie nach zusätzlichen Quellen, um die Richtigkeit zu bestätigen.

*Doppelt prüfen und reflektieren*: Nehmen Sie sich die Zeit, KI-generierte Ergebnisse zu überprüfen und zu hinterfragen. Führen Sie einen ›Doppelcheck‹ durch, indem Sie die Informationen mit anderen vertrauenswürdigen Quellen vergleichen. Überdenken Sie die Ergebnisse und fragen Sie sich, ob sie sinnvoll und anwendbar sind. Diese Praxis der Reflexion und Überprüfung hilft Ihnen nicht nur, Fehler zu vermeiden, sondern auch ein tieferes Verständnis dafür zu entwickeln, wie Sie KI am besten in Ihrem spezifischen Kontext einsetzen können.

## Das lebenslange Lernen mit KI

Den langfristigen Umgang mit Künstlicher Intelligenz zu erläutern ähnelt dem Versuch, einem Dritten zu erklären, wie man am besten eine klemmende Haustür öffnet, die Kupplung eines speziellen Autos bedient oder einem Standardrezept die besondere Note verleiht.

Auswendig gelernte Informationen, die Sie einfach rezitieren können, helfen hier nicht weiter. Stattdessen basieren KI-Kenntnisse auf Erfahrungswerten, die sich im Laufe der Zeit aufbauen, oft ohne bewusstes Zutun. Es geht nicht nur um das Befolgen von Regeln oder der Anwendung fester Schemata, sondern vielmehr darum, ein Gefühl für die Nuancen und die Kontextabhängigkeit der KI zu entwickeln.

Stellen Sie sich vor, Sie arbeiten mit einer KI, die auf Ihre Fragen antwortet. Anfangs könnten Ihre Eingaben zu simplen oder unerwarteten Antworten führen, weil Sie die Feinheiten der Formulierungen noch nicht kennen. Mit der Zeit jedoch, durch Ausprobieren und Beobachten der Antworten, entwickeln Sie ein Verständnis dafür, wie Sie Ihre Fragen verfassen müssen, um nützliche und präzise Antworten zu erhalten. So wie Sie lernen, mit einem leichten Rütteln den Schlüssel im Schloss Ihrer Haustür zu drehen, lernen Sie auch, die richtigen Fragen zu stellen, um das volle Potenzial der KI auszuschöpfen. Es ist ein Prozess des Feintunings und der Anpassung, der viel mit Intuition und Erfahrung zu tun hat.

Hinzu kommt, dass die Entwicklung in der KI-Technologie mit einer atemberaubenden Geschwindigkeit voranschreitet. Neue Entdeckungen und Innovationen sind an der Tagesordnung, wodurch sich die Grenzen dessen, was technologisch möglich ist, ständig verschieben. Diese Dynamik führt zu signifikanten gesellschaftlichen Veränderungen. Berufe wandeln sich, neue Berufsfelder entstehen, und die Art und Weise, wie wir arbeiten, kommunizieren und lernen, wird grundlegend neu definiert. Auch in diesem Kontext wird lebenslanges Lernen zu einer unausweichlichen Notwendigkeit. Es ist nicht mehr ausreichend, sich auf das Wissen und die Fähigkeiten zu verlassen, die man in der formalen Bildung erworben hat. Stattdessen erfordert die heutige Zeit eine kontinuierliche Anpassung und Weiterbildung. Das gilt insbesondere für den Umgang mit KI-Systemen, deren Einsatzgebiete und Möglichkeiten sich stetig erweitern.

Lebenslanges Lernen bedeutet, am Puls der Zeit zu bleiben, neue Trends und Technologien zu verstehen und sich aktiv mit ihnen auseinanderzusetzen. Es bedeutet auch, eine offene Haltung gegenüber Veränderungen zu bewahren und die Bereitschaft zu zeigen, sich immer wieder neuen Herausforderungen zu stellen.

Dabei wollen wir Ihnen helfen. Auf *KI-Bildungswerk.de* bieten wir Ihnen eine kostenlose und umfassende Sammlung von Beispielen, die Ihnen die vielseitigen Anwendungen von Künstlicher Intelligenz im Alltag aufzeigen und die wir stetig erweitern. Von der Erstellung eines virtuellen Assistenten, der in Ihrem Stil auf E-Mails antwortet, bis hin zur Planung eines Umzugs mithilfe von KI – die exemplarischen Anwendungen sind speziell darauf ausgerichtet, Ihnen praktische Einblicke in die Nutzung von Sprachmodellen wie ChatGPT zu geben.

Zusätzlich finden Sie auf unserer Website sogenannte »Cheat-Sheets«. Dabei handelt es sich um kurze, prägnante Anleitungen, die Ihnen dabei helfen, effektiver mit KI-Tools wie ChatGPT zu arbeiten. Sie enthalten Tipps und Formulierungsvorschläge für Prompts, um die KI auf Ihre spezifischen Bedürfnisse anzupassen – sei es für die Texterstellung, Bildgenerierung oder andere spannende Anwendungen. Diese Cheat-Sheets dienen als praktische Wegweiser und erleichtern Ihnen den Einstieg in die Welt der KI.

Darüber hinaus bieten wir Leitfäden, wie Sie ein Konto für ChatGPT und andere KI-Tools anlegen und einrichten können. Diese Schritt-für-Schritt-Anleitungen sind besonders nützlich für Neueinsteiger in die KI-Technologie, die lernen möchten, wie man diese innovativen Tools optimal nutzt. Wir laden Sie herzlich ein, die kostenlosen Ressourcen auf KI-Bildungswerk.de zu verwenden, damit Sie das volle Potenzial der Künstlichen Intelligenz ausschöpfen können.

Für diejenigen unter Ihnen, die in Zukunft sehr intensiv mit der Künstlichen Intelligenz arbeiten möchten, ist unser begleitender Online-Kurs die ideale Ergänzung. Dieser Kurs ist speziell darauf ausgerichtet, die Inhalte dieses Buches zu vertiefen, anhand anschaulicher Beispiele zu üben und die komplexe Materie einfach und verständlich zu vermitteln. Der Kurs führt Sie systematisch durch die grundlegenden sowie fortgeschrittenen Konzepte der KI. So werden Sie nicht nur Ihr Wissen vertiefen, sondern auch lernen, KI-Technologien effektiv in verschiedenen Kontexten einzusetzen.

# Es gibt eine KI dafür: Finden Sie das passende Tool

Nachdem wir uns eingehend mit dem bekannten Sprachmodell ChatGPT befasst haben, möchten wir Ihnen nun eine Vielfalt weiterer KI-Tools vorstellen. Diese Werkzeuge reichen weit über Sprachmodelle hinaus und bieten innovative Lösungen für alltägliche Herausforderungen. In den folgenden Kapiteln unseres Buches erläutern wir einige dieser KI-Tools, die aus unserer Sicht besonders vielversprechend sind, wenn es um spezielle Aufgaben geht.

Viele dieser Tools sind in verschiedenen Versionen verfügbar, die sich in ihrem Umfang und ihrer Zugänglichkeit unterscheiden. Es gibt kostenlose Angebote, die trotz des begrenzten Funktionsumfangs für kleinere Vorhaben oft schon ausreichend sind. Diese Basis-Versionen bieten einen Zugang zu den Grundfunktionen, um einen ersten Eindruck von dem jeweiligen KI-Tool zu gewinnen. Zudem bieten einige Anbieter Probeversionen an, die eine zeitliche oder aktionsbasierte Begrenzung haben, aber einen tieferen Einblick in erweiterte Funktionen ermöglichen.

Darüber hinaus gibt es kostenpflichtige Tools, die ein umfangreicheres Spektrum an Funktionen und Leistungen bieten und besonders für anspruchsvollere Projekte oder professionelle Anwendungen geeignet sind.

Nachfolgend stellen wir Ihnen einige dieser Werkzeuge vor, die Ihren Alltag bereichern und erleichtern werden.

## ChatGPT und mehr: Entdecken Sie die generischen Modelle

Zu den bedeutenden Allrounder-Sprachmodellen zählt neben ChatGPT noch Googles Gemini – ein konversationeller Generativer KI-Chatbot, der ursprünglich auf der LaMDA-Familie großer Sprachmodelle basierte und später auf die fortschrittlicheren Modelle PaLM und Gemini aktualisiert wurde. Die Entwicklung von Bard war eine direkte Antwort auf den Aufstieg von OpenAIs ChatGPT und wurde im März 2023 in begrenztem Umfang veröffentlicht, bevor es im Mai in weiteren Ländern verfügbar wurde.

LaMDA, der Vorläufer von Bard, wurde bereits 2021 entwickelt, aber aufgrund von Vorsichtsmaßnahmen nicht öffentlich freigegeben. Google führte hier Missbrauchspotential und seine Verantwortung gegenüber der Gesellschaft an.[28]

Der Erfolg von ChatGPT veranlasste Google jedoch, seine Strategie zu überdenken und Bard im Februar 2023 unter großer Aufmerksamkeit auf der Google I/O-Konferenz vorzustellen. Google beauftrage Drittanbieter damit, Bard zu trainieren – darunter befanden sich auch Mitarbeiter von Appen und Accenture.

Das Training erfolgte auch anhand von öffentlich verfügbaren Datenquellen. Interessanterweise wurde nach der Einführung von Bard das Team hinter dem Google Assistant reorganisiert, um sich intensiver auf Bard zu konzentrieren. Zudem wurde Bard mit Fähigkeiten in Mathematik und Logik sowie der Fähigkeit zur Unterstützung beim Kodieren in mehr als zwanzig Programmiersprachen ausgestattet.

Ein Vorteil von Google-Tools wie Bard und dessen Nachfolger Gemini ist, dass diese – im Gegensatz zu GPT – sich sehr gut in einem Fine-Tuning-Prozess auf spezifische Anforderungen anpassen lassen. Es gibt noch viele weitere Anbieter, die mit spezifischen Technologien unterschiedliche Stärken und Schwächen haben. Für professionelle Einsatzzwecke ist eine fachliche Beratung sinnvoll.

## Schreiben und Texten mit spezifischen Anwendungen

Wenn es darum geht, Texte zu verfassen, bieten KI-Tools wie Jasper.AI, Copy.AI und Writesonic.com beeindruckende Möglichkeiten, die jeweils durch ihre einzigartigen Fähigkeiten und Spezialisierungen hervorstechen.

*Jasper.AI* ist die Top-Wahl einer KI-Schreibsoftware, die sich durch ihre Fähigkeit auszeichnet, Inhalte schnell und unkompliziert zu erstellen. Sie wird für Projekte wie Romane, Blogs, Marketingkampagnen und Social Media

---

[28] Siehe online unter https://blog.google/technology/ai/lamda/. Man kann es auch so formulieren, dass Google LaMDA seit 2021 intern nutzt – im Gegensatz zu OpenAI, dessen Ziel es ist, KI zum Nutzen der Gesellschaft einzusetzen und sicherzustellen, dass die Entwicklung von AGI (Artificial General Intelligence) verantwortungsvoll und zum Wohle aller erfolgt.

eingesetzt. Jasper.AI verwendet eine fortschrittliche KI, welche die Absicht und den Tonfall ihrer Inhalte mit einer umfangreichen Datenbank aus bereits geschriebenen Artikeln und Büchern abgleicht, um originelle, plagiatfreie und kreative Inhalte zu erstellen. Zu den Features gehören über fünfzig Arten von Content-Vorlagen, Content-Rezepte für einen wiederholbaren Prozess, die Möglichkeit, der KI Anweisungen für den nächsten Schreibschritt zu geben, Unterstützung für mehr als 25 Sprachen und die Integration des Plug-ins »Surfer SEO«[29] für SEO-optimierte Inhalte.

*Copy.AI* ist ein vielseitiges Tool, das auf Marketing und Content-Erstellung spezialisiert ist. Es ermöglicht das Umwandeln von Inhaltsangaben in Blogposts, das Generieren von Werbetexten aus URLs und das Zusammenfassen von LinkedIn-Profilen mit anwendbaren Einsichten. Copy.AI positioniert sich als einzige KI-Plattform, wenn es darum geht, Prozesse zu automatisieren und Erfahrungen zu personalisieren mit dem Ziel, Marketingmaßnahmen zu skalieren.

*Writesonic.com* wiederum ist speziell für die Erstellung von SEO-optimiertem und plagiatfreiem Content ausgelegt, der sich besonders für das Internet eignet und leichter von Suchmaschinen gefunden werden kann. Writesonic ist das ideale Tool für die Formulierung von qualitativ hochwertigen Inhalten wie Artikel, Blogs, Landing Pages, Google Ads, Facebook Ads, E-Mails, Produktbeschreibungen, Tweets, Instagram-Beschriftungen und mehr. Es unterstützt auch das Schreiben von SEO-optimierten Copywriting für Blogs, Essays, Facebook Ads, Google Ads, Quora-Antworten und Verkaufs-E-Mails, um Klicks, Konversionen und Verkäufe zu steigern.

---

[29] SEO ist ein Akronym für »Suchmaschinenoptimierung« und beschreibt ein Verfahren, das die Sichtbarkeit einer Webseite bei den Ergebnissen einer Suchmaschine verbessert. Stellen Sie sich das Internet als eine riesige Bibliothek vor, in der eine Suchmaschine wie Google der Bibliothekar ist, der entscheidet, welches Buch für eine bestimmte Anfrage am relevantesten ist. SEO passt Ihr Buch bzw. Ihre Webseite an, damit der Bibliothekar es leichter findet und es den Lesern empfiehlt, die nach Informationen auf Ihrer Webseite suchen.

Diese drei KI-Tools sind nur einige Beispiele für spezifische Anwendungen mit jeweils einzigartigen Funktionen und Spezialisierungen, die sie zu wertvollen Hilfsmitteln für die verschiedensten Schreibprojekte machen.

## Design und Bilder im digitalen Zeitalter

KI-gestützte Design- und Bildgenerierungstools bieten beeindruckende und spielerische Möglichkeiten – jedoch nicht ohne Schwächen. Tools wie DALL-E 2, Midjourney und Stable Diffusion eröffnen kreative Horizonte, erfordern aber oft noch mehr Feinabstimmung als die Sprachmodelle. Dennoch lohnt es sich, diese Tools auszuprobieren und der Kreativität freien Lauf zu lassen.

*DALL-E 2* ist ein fortschrittliches KI-Modell von OpenAI, das für die Erstellung von Bildern und Kunstwerken anhand von Textbeschreibungen konzipiert wurde. Es generiert komplexe und detaillierte Bilder auf Basis einfacher Texteingaben, was zu verblüffenden und manchmal unerwarteten Ergebnissen führt. Obwohl DALL-E 2 beeindruckende Bilder erstellt, benötigt es manchmal spezifische Anweisungen, um genaue Resultate zu liefern.

*Midjourney* ist ein weiteres bemerkenswertes Tool in diesem Bereich. Es ist bekannt für seine Fähigkeit, künstlerische und ästhetisch ansprechende Bilder zu generieren. Midjourney setzt eine Vielzahl von Stilen und Konzepten um, wobei es jedoch gelegentlich zu Herausforderungen bei der Interpretation komplexer oder mehrdeutiger Anforderungen kommen kann.

*Stable Diffusion* schließlich ist ein Tool, das sich durch seine Fähigkeit auszeichnet, realistische und detaillierte Bilder zu generieren. Es kann für eine breite Palette von Anwendungen eingesetzt werden, von der Erstellung realistischer Landschaftsbilder bis hin zu Porträts. Wie bei den anderen Tools auch kann Stable Diffusion in manchen Fällen eine detailliertere Eingabe erfordern, um die gewünschten Ergebnisse zu erzielen.

Diese Tools sind ebenfalls nur einige Beispiele dafür, wie KI die Grenzen der Kreativität erweitern kann, auch wenn sie manchmal eine sorgfältigere Steuerung und Eingabe benötigen. Sie bieten spannende Möglichkeiten für

Künstler, Designer und alle, die ihre kreativen Fähigkeiten ausbauen möchten.

Abbildung 32: Es muss nicht immer die nächste Mona Lisa sein. Mit KI lassen sich ruckzuck Ausmalbilder für Kinder anfertigen (erstellt mit Midjourney).

Hinweis: Ihnen sind bestimmt die zahlreichen Bilder in diesem Buch aufgefallen. Diese haben wir alle ausschließlich mit einer der drei hier beschriebenen Anwendungen erstellt, damit Sie sich im wahrsten Sinne des Wortes ein Bild von den vielfältigen Einsatzmöglichkeiten machen können.

## Audio und Video mit KI erstellen

Im Bereich der Audio- und Videotools gibt es beeindruckende Innovationen, die das Potenzial haben, den kreativen Prozess zu revolutionieren. Tools wie Soundraw, ElevenLabs AI, Runway ML und Opus AI bieten faszinierende Möglichkeiten, haben jedoch auch ihre spezifischen Einschränkungen und Herausforderungen.

*Soundraw* ist ein bemerkenswertes KI-Musikgenerator-Tool, das den Prozess der Erstellung originaler und lizenzfreier Musik vereinfacht und rationalisiert. Es ermöglicht Nutzern, benutzerdefinierte Kompositionen zu erstellen, die perfekt auf ihre Inhalte abgestimmt sind, ohne dass musikalische Kompositionskenntnisse erforderlich sind. Soundraw analysiert eine umfangreiche Datenbank musikalischer Muster und Strukturen, um basierend auf den Präferenzen des Benutzers originelle KI-Musik zu generieren. Die KI bietet auch eine Video-Vorschau-Funktion, mit der Benutzer ihr Video hochladen und testen können, wie gut die ausgewählte KI-Musik zu ihrem Projekt passt.

*ElevenLabs AI* ist ein fortschrittlicher KI-Sprachgenerator, der sich durch realistische KI-Stimmen auszeichnet. Er bietet eine benutzerfreundliche Oberfläche und einen umfänglichen kostenlosen Testmodus. ElevenLabs AI ist auf Text-zu-Sprache, Sprache-zu-Sprache, KI-Dubbing[30], Übersetzung sowie Voice Cloning spezialisiert.[31]

*Runway ML* stellt eine innovative Plattform an der Schnittstelle von Künstlicher Intelligenz, Kunst und Unterhaltung dar. Sie bietet bahnbrechende Werkzeuge, die es Marken, Unternehmen und einzelnen Kreativen ermöglichen, ihre Geschichten auf einzigartige und fesselnde Weise zu erzählen. Runway ML hat sich damit zu einem zentralen Akteur in der digitalen Kunst- und Unterhaltungsindustrie entwickelt. Zu ihren Funktionen gehören multimodale KI-Systeme, die Videosynthese, kreative Tool-Integration, eine benutzerfreundliche Schnittstelle und communitygetriebene Entwicklungen.

*Opus AI* schließlich ist ein innovatives Tool, dessen Künstliche Intelligenz sich für eine gesamte Videoproduktion nutzen lässt – vom Drehbuchschreiben bis zur Postproduktion. Benutzer können Text in 3-D-Animationen verwandeln und eine Vielzahl von unterschiedlich teuren Versionen nutzen,

---

[30] KI-Dubbing ist ein Verfahren, das mithilfe von KI Filme oder Videos in verschiedene Sprachen übersetzt und synchronisiert, ohne dass menschliche Synchronsprecher im herkömmlichen Sinne benötigt werden.
[31] Beim Voice Cloning geht es darum, eine Computerstimme zu erstellen, die genau wie die Stimme einer bestimmten Person klingt.

die auf ihre Bedürfnisse zugeschnitten sind. Trotz seiner beeindruckenden Fähigkeiten in der Inhaltsproduktion und seiner Zugänglichkeit auch für nichttechnische Personen kann die Technologie anfangs einschüchternd wirken und erfordert eine stabile Internetverbindung.

Diese Tools zeigen exemplarisch, wie KI kreative Prozesse im Audio- und Videobereich unterstützen kann, obwohl sie manchmal eine genauere Anpassung und Feinabstimmung erfordern als einige Sprachmodelle.

## Weitere hilfreiche Dienste rund um Generative KI

Die Welt der KI-gestützten Tools ist mittlerweile so vielfältig und umfangreich, dass es fast unmöglich scheint, einen vollständigen Überblick zu behalten. Wir haben in unserem Buch einige der beeindruckendsten Tools in den Bereichen Sprache, Design, Audio und Video vorgestellt, um Ihnen einen Eindruck von den zahlreichen Möglichkeiten zu vermitteln, die KI heute bietet. Es ist faszinierend und inspirierend zu sehen, was bereits möglich ist, und wir ermutigen Sie, diese Tools selbst auszuprobieren und Ihrer Kreativität freien Lauf zu lassen.

Es gibt auch spezielle Aggregator-Websites, die Ihnen dabei helfen, die Fülle an verfügbaren KI-Tools zu finden. Der führende KI-Aggregator *thereisanaiforthat.com* bietet zum Beispiel Informationen über 11.046 KI-Tools für 13.349 Aufgaben und 4.847 Jobs.

Für diejenigen, die sich mit der Authentizität von Inhalten auseinandersetzen, bietet *originality.ai* einen Plagiatsprüfer, der speziell darauf ausgerichtet ist, KI-generierte Inhalte zu erkennen. Dieses Tool bietet erweiterte maschinelle Lernfunktionen für präzisere Plagiatsprüfungen und ist darauf ausgelegt, auch fortgeschrittene Formen von Plagiaten zu erkennen.

Wenn Sie sich für Daten und Statistiken rund um die KI interessieren, ist *ourworldindata.com* eine hervorragende Ressource. Diese Website bietet Forschung und Daten zu einer Vielzahl von Themen, darunter auch der KI, mit über 4.313 Diagrammen zu 297 Themen, die alle kostenlos und offen zugänglich sind.

Unsere hier genannten Tools sind lediglich Beispiele (Stand Mai 2024). Die meisten privaten Nutzer können aus unserer Sicht viele Bedarfsfälle mit ChatGPT abdecken. Wir empfehlen dazu die Premiumvariante bei regelmäßiger Nutzung. Für die Erstellung von Bildern empfehlen wir Midjourney. Andere spezifische Anwendungsfälle erfordern regelmäßig eine individuelle Beratung.

# Sechster Teil



# Ethik und Gesellschaft

# Wer sagt eigentlich, was richtig oder falsch ist?

Nachdem wir uns in den vorherigen Kapiteln intensiv mit den praktischen Aspekten der Künstlichen Intelligenz auseinandergesetzt haben, wenden wir uns nun den Fragen ethischer wie auch gesellschaftlicher Dimensionen zu. KI-Technologien sind mittlerweile tief in unseren Alltag eingedrungen und üben einen zunehmenden Einfluss auf unsere Arbeit, unser Sozialleben und unsere persönlichen Entscheidungen aus. Seitens der Politik und der Gesellschaft werden die Rufe nach Reglementierung und Richtlinien lauter. Diese Forderungen entstehen aus einer wachsenden Besorgnis wegen der potenziellen Risiken, die mit fortschrittlichen KI-Systemen verbunden sind – von Datenschutzbedenken bis hin zu ethischen Fragen der Autonomie und Gerechtigkeit.

Schauen wir uns dazu erneut andere Technologien als Vergleich an. Das Internet ist beispielsweise zu einer unentbehrlichen Wissensquelle und der Kommunikationsplattform schlechthin geworden. Suchmaschinen wie Google spielen dabei eine zentrale Rolle. Durch ihre Fähigkeit, das immense Meer an Informationen zu indexieren, entscheidet Google maßgeblich darüber, was wir finden können und was im Verborgenen bleibt. Überspitzt kann man sagen, dass für viele Menschen die Suchergebnisse das eigentliche Internet ausmachen.

Ähnlich verhält es sich mit der aufstrebenden Technologie der Künstlichen Intelligenz. KI-Systeme, wie wir sie heute kennen und weiterentwickeln, sind nicht nur einfache Werkzeuge zur Informationsverarbeitung, sondern werden zunehmend zu Baumeistern unserer Realität. Sie filtern, analysieren und präsentieren Daten auf eine Weise, die unseren Blick auf die Welt prägt. So wie einst Google das Tor zum digitalen Universum wurde, entwickeln sich bestimmte KI-Systeme zu einem Schlüssel, der bestimmt, wie wir unsere Umwelt wahrnehmen und verstehen. Dabei gilt auch hier, wie bei den meisten digitalen Geschäftsmodellen, »the winner takes it all«, das heißt es gibt starke Zentralisierungstendenzen zur (scheinbar) besten Lösung.

In unserer Auseinandersetzung mit KI haben wir gelernt, dass das Training von KI-Systemen nicht nur eine Frage technischer Fertigkeiten ist, sondern auch eine Festlegung von Erfolgskriterien beinhaltet. Hierbei wird unterschieden, was von einer KI als richtiges oder falsches Verhalten eingestuft und in Zukunft vermieden werden soll. Diese Unterscheidung wirft eine entscheidende Frage auf: Wer bestimmt in der Welt der KI, was als richtig oder falsch gilt – und welche ethische und moralische Verantwortung ist damit verbunden?

Besonders brisant wird diese Frage, wenn wir über die weitreichenden Auswirkungen von KI auf unsere Gesellschaft nachdenken. Neben den offensichtlichen technischen Herausforderungen offenbart sich eine tiefere und ebenso kritische Dimension: die Macht der Definition.

KI-Systeme, die Entscheidungen treffen oder Empfehlungen aussprechen, basieren oft auf Daten, die ihnen zugeführt wurden. Diese Daten sind jedoch alles andere als neutral. Sie reflektieren die Perspektiven und Vorstellungen derjenigen, die sie gesammelt, ausgewählt und interpretiert haben. In den Händen bestimmter Akteure – seien es Unternehmen, politische Institutionen oder Interessengruppen – wird diese Datenauswahl zu einem machtvollen Instrument. Diese Akteure haben die Möglichkeit, zu definieren, was als »richtig« oder »normativ« anzusehen ist, und nehmen so Einfluss auf die Entscheidungsfindung der KI.

Die Vorstellung, dass einflussreiche Unternehmen, Nichtregierungsorganisationen (NGOs) oder politische Gruppen KI-Systeme nutzen könnten, um bestimmte Produkte, Dienstleistungen oder Ideologien zu favorisieren, wirft bedeutsame Fragen auf. Diese Möglichkeit führt die Idee einer objektiven, unparteiischen KI ad absurdum.

Anstatt als neutrale Entscheidungshilfen zu fungieren, könnten KI-Systeme zu Werkzeugen werden, die die Vorstellungen einer von bestimmten Akteuren bevorzugten, »wünschenswerten« Gesellschaft reflektieren. Dabei halten wir es nicht nur für bedenklich, wenn Unternehmen entscheiden, was richtig oder falsch ist. Genauso bedenklich können die Einflussnahmen von NGOs sein. Und auch wenn diese wie zum Beispiel Human Rights Watch vermeintlich nur das Beste im Sinne haben, so sind sie doch weder demokratisch legitimiert, noch wissen wir, welche Ziele diese Akteure verfolgen.[32] Außerdem darf man nicht vergessen, dass eine Regulierung seitens der politischen Domäne dazu führen kann, dass es zu einer weitläufigen Zensur kommt, die politische Minderheitsmeinungen betrifft.

Das Risiko einer Einflussnahme kann von all diesen Akteuren ausgehen, die damit direkt oder indirekt festlegen, was in unserer Gesellschaft als richtig und falsch angesehen werden soll. Diese Art der Manipulation durch KI hätte weitreichende gesellschaftliche Folgen. Sie birgt das Risiko, das Vertrauen in technologische Systeme zu untergraben, die öffentliche Meinung zu verzerren und demokratische Prozesse zu gefährden. Hier offenbart sich ein Dilemma der modernen Technologie: Während KI das Potenzial hat, unser Leben zu verbessern, muss gleichzeitig sorgfältig darauf geachtet werden, dass ihre Anwendung unsere grundlegenden Werte und demokratischen Prinzipien nicht erschüttert.

Wer legt nun fest, was richtig oder falsch ist? Schauen wir dazu nach China, wo aktuelle Gesetze und Vorschriften eingeführt werden, die darauf abzielen, den Einsatz von KI-Technologien zu regulieren und gleichzeitig Innovationen zu fördern. Der Entwurf »Measures for Generative Artificial Intelligence Services«[33] der Cyberspace Administration of China stellt Richtlinien für die Verwaltung von Produkten der Generativen KI wie etwa ChatGPT auf und legt Grundregeln für Generative KI-Dienste fest. Sie umfassen die Art der Inhalte, die diese Produkte generieren dürfen, und heben Themen wie Inhaltsmoderation, Verzerrung und Missbrauch von Informationen, algorithmische Voreingenommenheit und Transparenz hervor.

---

[32] Eine solche Gesellschaft, in der nicht der kollektive Konsens, sondern die Interessen einer kleinen Gruppe darüber bestimmen, was wünschenswert oder akzeptabel ist, stünde im klaren Widerspruch zu unseren demokratischen Grundwerten.
[33] Die »Interim Measures for the Management of Generative Artificial Intelligence Services« (Interim GAI Measures), seit dem 15. August 2023 in Kraft getreten, sind ein wichtiger Teil der Regulierung Generativer KI in China. Diese Maßnahmen wurden von mehreren maßgeblichen chinesischen Behörden mit Richtlinienkompetenz verabschiedet, darunter das Ministerium für Wissenschaft und Technologie und die Cyberspace Administration of China.

Diese Maßnahmen zielen darauf ab, die Risiken und den Missbrauch von KI-Technologien zu verringern, während sie gleichzeitig Innovationen fördern sollen, die im Einklang mit Chinas sozialistischen Grundwerten, sozialer Moral und öffentlicher Ordnung stehen. Sie legen direkte Verpflichtungen für Anbieter Generativer KI-Technologien fest, einschließlich der Sicherstellung der Legitimität der Trainingsdaten und generierten Inhalte sowie der Einreichung von Sicherheitsbewertungsberichten und der Einhaltung von Verfahren zur Änderung und Löschung von Algorithmen. Zusätzlich werden Maßnahmen zur Abwehr von Diskriminierung, Respektierung geistiger Eigentumsrechte, Sicherstellung der Authentizität generierter Informationen und der Vermeidung von Desinformation implementiert. Auch der Schutz von Benutzerdaten und die Verhinderung des Missbrauchs dieser Daten für unlauteren Wettbewerb sind Teil der Vorschriften. Besonders interessant ist das Gebot, dass Dienstanbieter effektive Maßnahmen ergreifen müssen, um zu verhindern, dass insbesondere junge Nutzer süchtig nach ihren Diensten werden.

Viele Punkte in Chinas Bemühungen, KI-Technologien zu regulieren, wirken fortschrittlich und wohlüberlegt. Es verwundert teilweise, dass in einem Land, in dem politische Zensur und Überwachung weit verbreitet sind, solche KI-Vorschriften existieren. Diese durchaus sinnvollen Punkte dürfen aber nicht darüber hinwegtäuschen, dass KI in China auch genutzt wird, um die eigene Bevölkerung weitgehend zu kontrollieren und zu überwachen. Ähnlich wie im Umgang mit dem Internet werden Generative KI-Dienste inhaltlich in Einklang mit sozialistischen Werten und sozialer Moral stehen müssen, um systemkritische oder abweichende Meinungen zu unterdrücken. Darüber hinaus könnte die Verpflichtung zur Offenlegung der wahren Identität der Benutzer als Werkzeug zur Überwachung und Identifizierung von Dissidenten dienen. Derartige Maßnahmen schränken nicht nur die Meinungsfreiheit ein, sondern tragen auch dazu bei, eine Atmosphäre der Selbstzensur und des Misstrauens zu schaffen, welche die demokratischen Prozesse und den freien Austausch von Ideen untergräbt. In diesem Kontext ist es entscheidend, die potenziellen Risiken solcher Vorschriften kritisch zu betrachten und zu hinterfragen, ob sie tatsächlich dem Wohl der Gesellschaft oder doch eher als Mittel zur Aufrechterhaltung politischer Macht und Kontrolle dienen.

Für offene, rechtsstaatliche Gesellschaften stellt sich aber eben auch die Frage, wer in einer Demokratie festlegt, was richtig und was falsch ist. Diese Systeme, wie zum Beispiel GPT, sind in der Lage, komplexe Inhalte zu generieren und zu interpretieren, was unweigerlich zu Fragen der moralischen und ethischen Ausrichtung führt. Sollen diese Systeme zum Beispiel das Gendern in ihrer Sprache berücksichtigen? Und wie gehen sie mit der Darstellung und Bewertung von politischen Entscheidungen oder ideologischen Konflikten um? Wie viele Geschlechter gibt es? Oder wie ist der Konflikt zwischen Israel und Palästina zu bewerten? Müssten nicht KI-Systeme generell eine neutrale Haltung einnehmen und unterdessen auch Informationen auf eine ausgewogene und faire Weise präsentieren? Gleichzeitig sollten wir uns ehrlich fragen, inwieweit wir als Privatpersonen, Medien oder politische Akteure diesem Ideal gerecht werden könnten.

Wir prognostizieren, dass es zu einer weiteren Diversifikation oder vielmehr Aufsplitterung der Systeme kommen wird und unterschiedliche Modelle sowie politische Tendenzen repräsentieren werden, ähnlich wie wir es von Medienunternehmen bereits gewohnt sind: Wir denken da zum Beispiel an die Wochenzeitungen »Fokus« oder den »Spiegel«. Die Rolle des Staates ist dabei ein schmaler Grat zwischen angemessener Reglementierung und unangemessener Einflussname.

## Bias ist nicht gleich Bias

»Bias« ist ein zentrales Konzept, wenn es darum geht, die Risiken von ML-Lösungen zu verstehen. Obwohl der Begriff »Bias« aus dem Englischen stammt und sich nicht direkt ins Deutsche übersetzen lässt (am ehesten noch mit »Voreingenommenheit«), ist er in der Fachwelt fest verankert. Dabei ist es wichtig zu wissen, dass »Bias« in verschiedenen Fachgebieten unterschiedliche Bedeutungen hat.

*Mathematischer Bias*: Wenn wir versuchen, mithilfe einer Variablen eine andere vorherzusagen, ist das Ergebnis manchmal nicht so genau, wie wir es uns wünschen. Nehmen wir an, wir schulen ein Modell, um Äpfel von Birnen zu unterscheiden, aber es wurde nur mit einer bestimmten Apfelsorte trainiert. Das Modell könnte zum Beispiel lernen, dass Objekte mit einer runden Form Äpfel sind. Das trifft sicherlich auf Äpfel zu, aber auch viele andere Objekte. Das Modell ist also an dieser Stelle nicht spezifisch genug, worunter die Vorhersagekraft leidet.

*Statistischer Bias*: Dieser tritt auf, wenn die Analysemethode fehlerhaft ist. Wenn wir beispielsweise nur die Verkaufszahlen eines saisonalen Produkts wie Äpfel im Herbst betrachten, können wir keine genaue Vorhersage für das ganze Jahr treffen.

*Algorithmischer Bias*: Systematische Fehler können zu falschen Ergebnissen führen. Wenn ein Modell bevorzugt Äpfel erkennt, weil es mit mehr Bildern von Äpfeln als von Birnen trainiert wurde, könnte es Birnen fälschlicherweise als Äpfel klassifizieren.

*Datenbias*: Dieser tritt auf, wenn die Trainingsdaten nicht die Realität widerspiegeln. Wenn wir ein Modell nur mit Bildern von roten Äpfeln trainieren, erkennt es grüne Äpfel möglicherweise nicht. Oder die KI geht davon aus, dass es auf der Welt mehr rote als grüne Äpfel gibt, obwohl das lediglich im Trainingsdatensatz der Fall ist, nicht aber in der Realität.

*Sozialer oder vielmehr kognitiver Bias*: Hierbei handelt es sich um systematische Fehlurteile, die oft unbewusst auftreten. Nehmen wir an, dass wir Bilder aus deutschen Datenbanken erhalten. In Deutschland gehören Elster, Braeburn und Jonagold zu den beliebtesten Apfelsorten, sodass wir nach dem Training vermutlich ein System haben, das insbesondere diese Sorten sehr gut identifiziert. Überregionale Sorten würden so unbewusst benachteiligt werden.

Wie kommt es zu einem Bias?

Kein KI-System ist perfekt. Solche Systeme sind immer ein Produkt ihrer Daten und Programmierung, die beide fehlerhaft oder voreingenommen sein können. Um die Vorteile der KI voll auszuschöpfen und gleichzeitig ihre potenziellen Nachteile zu minimieren, müssen wir uns dieser Schwächen bewusst sein und entsprechend damit umgehen.

Ein Bias in KI-Systemen entsteht häufig aus historischen Daten, die historische Vorurteile und Diskriminierungen widerspiegeln. Wenn ein KI-System zur Bewertung von Bewerbungen mit Daten trainiert wird, die eine Voreingenommenheit gegenüber einer bestimmten Gruppe beinhalten, wiederholt sich diese Voreingenommenheit. Menschliche Vorurteile bei der Datenerfassung und unausgewogene Datensätze tragen ebenfalls zur Entstehung eines Bias bei. So könnten Gesichtserkennungssysteme, die überwiegend mit Bildern einer bestimmten ethnischen Gruppe trainiert wurden, Schwierigkeiten haben, Gesichter anderer Gruppen korrekt zu erkennen.

In der Welt der Datenanalyse stoßen wir schnell auf sensible Themen wie beispielsweise die Kriminalitätsraten in bestimmten Stadtteilen oder innerhalb spezifischer ethnischer Gruppen. Diese Daten können tatsächlich manchmal Realitäten aufzeigen, die gesellschaftlich als unerwünscht oder heikel angesehen werden. Es ist wichtig zu erkennen, dass Daten an sich neutral sind – sie spiegeln lediglich die Informationen wider, die sie erfassen. Wenn Daten zeigen, dass die Kriminalitätsrate in einem bestimmten Gebiet höher ist, dann ist das zunächst nur ein statistischer Fakt, unabhängig von den dahinterliegenden Ursachen. Hier ergibt sich die Herausforderung für diejenigen, die mit diesen Daten arbeiten: Sie müssen sorgfältig abwägen, wie sie diese Informationen interpretieren und verwenden. Es ist entscheidend, dass diese Interpretationen und Handlungen ethisch fundiert sind und den Kontext berücksichtigen, in dem die Daten erhoben wurden. Dadurch wird sichergestellt, dass KI und Datenanalyse nicht nur objektiv, sondern auch verantwortungsvoll und zum Wohle der Gesellschaft eingesetzt werden. Gleichzeitig können Daten eben auch dazu dienen, eigene Positionen kritisch zu hinterfragen und sind eben nicht immer falsch, nur weil sie die eigene Position nicht bekräftigen.

Dieses Paradoxon der Kritik – einerseits die Annahme, KI-Systeme seien zu »politisch korrekt« und andererseits die Behauptung, sie seien diskriminierend – unterstreicht die Notwendigkeit, Daten und Algorithmen kritisch zu prüfen. Die Bias-Auswirkungen können tiefgreifend sein, beispielsweise, wenn ein KI-gesteuertes System zur Vorhersage von Straftaten genutzt wird und bestimmte Gruppen fälschlicherweise als wahrscheinlicher für zukünftige Straftaten einstuft.

Diskriminierende KI-Systeme könnten den Zugang zu Ressourcen und Chancen einschränken und zu sozialer Ungerechtigkeit sowie wirtschaftlicher Benachteiligung führen. KI-Modelle sind nur so gut oder schlecht wie die Daten, mit denen sie trainiert werden. Wenn diese Daten durch menschliche Vorurteile verzerrt sind, gehen diese Vorurteile in die Ergebnisse der KI über.

## Spannungsfeld: Diskriminierung und Genauigkeit

In der Auseinandersetzung mit KI befinden wir uns in einem Spannungsfeld zwischen dem Wunsch nach Nichtdiskriminierung und der Festlegung, was als richtig oder falsch angesehen wird. Obwohl die meisten Menschen weder diskriminieren wollen noch diskriminiert werden möchten, zeigt sich, dass die Bestimmung ethischer Standards in der KI keine einfache Aufgabe ist. Es gibt keine simplen Lösungen für dieses Dilemma. Eine mögliche Antwort auf diese Herausforderung könnte jedoch Transparenz lauten. Durch mehr Transparenz der Funktionsweise und Entscheidungsfindung von KI-Systemen könnten wir ein besseres Verständnis und eine fundiertere Diskussion über die ethischen Implikationen und die Auswirkungen dieser Technologien erreichen.

Transparenz in der Künstlichen Intelligenz ist ein facettenreiches Konzept, das Licht in die oft undurchsichtigen Mechanismen und Prozesse hinter KI-Entscheidungen bringen soll. In der Praxis müssen sowohl Entwickler als auch Endverbraucher nachvollziehen können, wie ein KI-System zu einer bestimmten Entscheidung oder Vorhersage gelangt. Das schließt den Zugang zu Informationen über die Daten, mit denen das System trainiert wurde, sowie über die verwendeten Algorithmen und Modelle ein.

Die Bedeutung von Transparenz in der KI lässt sich auf mehreren Ebenen erkennen: Zum einen geht es um die Vertrauensbildung: Menschen neigen eher dazu, KI-Systemen zu vertrauen, wenn sie deren Arbeitsweise nachvollziehen können – besonders in Bereichen, in denen KI-Entscheidungen weitreichende Konsequenzen haben, wie etwa in der Medizin oder im Finanzwesen. Zum anderen spielt die Verantwortlichkeit eine entscheidende Rolle. Transparenz ermöglicht es, bei Fehlern oder Problemen die Ursachen zu identifizieren und entsprechende Korrekturen vorzunehmen. Nicht zuletzt gewährleisten ethische Überlegungen als ein wesentlicher Aspekt der Transparenz, dass KI-Systeme in Übereinstimmung mit gesellschaftlichen Werten eingesetzt werden, indem sie beispielsweise Vorurteile oder Diskriminierung vermeiden.

In der Realität stößt das Ideal der Transparenz jedoch häufig an seine Grenzen. Unternehmen, die viel Zeit, Geld und Ressourcen in die Entwicklung und das Training von KI-Systemen investieren, sehen sich einem hohen Konkurrenzdruck ausgesetzt. Aus Sorge, wettbewerbsrelevante Informationen preiszugeben oder proprietäres Wissen zu verlieren, halten sich viele zurück, wenn es darum geht, Einblicke in die internen Abläufe ihrer Systeme zu gewähren. Dieser Konflikt zwischen dem Wunsch nach Transparenz und dem Bedürfnis, Geschäftsgeheimnisse zu schützen, stellt eine der größten Herausforderungen in der aktuellen KI-Landschaft dar. Es bedarf eines ausgewogenen Ansatzes, der sowohl die Notwendigkeit von Transparenz für das öffentliche Vertrauen und die ethische Verantwortung als auch die legitimen Geschäftsinteressen der Unternehmen berücksichtigt.

Ein weiteres zentrales Problem ist die systemeigene Komplexität einiger fortschrittlicher KI-Modelle, besonders der tiefen neuronalen Netze. Diese Modelle, die eine große Menge an Daten verarbeiten und aus diesen lernen, sind wie »Black Boxes«, deren interne Vorgänge selbst für ihre Schöpfer schwer nachvollziehbar sind. Dadurch wird nicht nur das Verständnis der Entscheidungsfindung dieser Systeme erschwert, sondern auch das Erkennen und Beheben von Fehlern oder Voreingenommenheit.

Ein weiteres Dilemma ist die Balance zwischen Transparenz und Leistung. Das Streben nach vollkommener Transparenz von KI-Systemen kann paradoxerweise ihre Effizienz oder Genauigkeit beeinträchtigen. Das ist darauf zurückzuführen, dass die Vereinfachung komplexer Modelle für mehr Transparenz oft eine Reduzierung der Tiefe und Nuancen bedeutet, die für ihre hohe Leistungsfähigkeit entscheidend sind. Es erfordert also eine sensible Abwägung, um ein Gleichgewicht zwischen der Verständlichkeit und der Kapazität eines KI-Systems zu finden.

Abbildung 33: Wo ziehen wir die Grenzen im Zeitalter der Künstlichen Intelligenz – und wer legt diese fest (erstellt mit DALL-E)?

Trotz dieser Herausforderungen ist es unerlässlich, Transparenz von KI-Systemen zu fördern. Die vielfältige Kritik, die Modelle wie GPT erfahren, veranschaulicht die Dringlichkeit klarer und nachvollziehbarer Entscheidungsfindungskriterien in der KI. Diese Modelle müssen im Interesse aller handeln und dürfen keine bestimmten Ansichten oder Gruppen bevorzugen. Es gibt keine universelle Lösung für die Herausforderungen von Bias und Transparenz, sondern vielmehr einen kontinuierlichen, iterativen Lern- und Anpassungsprozess.

Die Meinungsvielfalt über KI-Modelle unterstreicht die Notwendigkeit eines ausgewogenen Ansatzes, der alle Beteiligten berücksichtigt. In diesem kontinuierlichen Prozess sind sowohl technische Innovationen als auch ethische Überlegungen zentral. Bevor jedoch Transparenz erreicht werden kann, muss die Datenbasis, mit der KI-Modelle trainiert werden, sorgfältig geprüft und gestaltet werden. Die Entwickler sind dafür verantwortlich, dass diese Daten frei von Verzerrungen und Vorurteilen sind, um faire und unparteiische KI-Systeme zu gewährleisten.

## Auf die Daten kommt es an

Die Bedeutung sorgfältig ausgewählter Trainingsdaten für KI-Systeme ist fundamental, um soziale und technologische Diskriminierung zu vermeiden. Die realen Daten, mit denen KI-Modelle trainiert werden, reflektieren oft vorhandene Unvollkommenheiten und Befangenheiten. Wenn KI-Systeme mit solchen Daten geschult werden, können sie diese Vorurteile nicht nur lernen, sondern auch verstärken. Beispielsweise könnte eine KI durch die Beobachtung eines hundeängstlichen Menschen lernen, dass Hunde gemieden werden sollten. Ähnlich könnten in der Kreditvergabe benachteiligte demografische Gruppen durch eine KI, die mit historischen Kreditdaten trainiert wurde, weiterhin unfair behandelt werden.

Technologische Diskriminierung in KI-Systemen ist ein zunehmendes Problem – insbesondere in Bereichen wie der Gesichtserkennung. Diese Form der Diskriminierung entsteht oft durch eine unausgewogene oder unzureichende Datenauswahl bei der Entwicklung der KI. Werden KI-Systeme hauptsächlich mit Daten von Menschen ausgebildet, die in dem Land leben, in dem das System entwickelt wurde, ist die Repräsentativität mangelhaft. Ein klassisches Beispiel sind Gesichtserkennungssysteme, die Schwierigkeiten haben, Menschen mit dunkler Hautfarbe zu identifizieren, weil sie überwiegend mit Bildern von hellhäutigen Menschen trainiert wurden.

Dieses Problem tritt in zahlreichen Anwendungen auf, von harmlosen Situationen mit automatischen Seifenspendern, die nicht auf dunkle Hauttöne reagieren, bis hin zu potenziell gefährlichen Szenarien. Beispielsweise könnten selbstfahrende Autos, deren Erkennungssysteme nicht mit ausreichend vielfältigen Daten trainiert wurden, bestimmte Personengruppen übersehen und schwere Unfällen verursachen. Solche Vorfälle sind nicht nur gefährlich, sondern verstärken auch soziale Ungleichheiten.

Die Problematik der technologischen Diskriminierung zeigt deutlich, wie wichtig eine diverse und umfassende Datensammlung für das Training von KI-Systemen ist. Entwickler müssen sicherstellen, dass ihre Trainingsdaten die Vielfalt der realen Welt widerspiegeln, um faire und inklusive Technologien zu schaffen. Darüber hinaus sollten die Algorithmen kontinuierlich optimiert werden, um Diskriminierung aktiv zu bekämpfen und bestehende soziale Ungleichheiten nicht weiter zu verstärken. Forscher suchen nach Wegen, Bias zu erkennen, zu verstehen und zu minimieren.

Neben dem Ansatz der sorgfältigen Überprüfung und Korrektur von Vorurteilen in den Trainingsdaten gibt es noch den Ansatz, Modelle so zu entwerfen, dass sie bei Entscheidungen unvoreingenommen sind – etwa durch das Ignorieren bestimmter Merkmale wie Rasse oder Geschlecht.

Neben der Transparenz und Nachvollziehbarkeit von Entscheidungen der KI endet die Verantwortung der Entwickler jedoch nicht mit dem Training. Ihnen muss auch die potenzielle Verwendung ihrer Modelle bewusst sein mit allen damit verbundenen Risiken. Ein besorgniserregendes Beispiel dafür sind sogenannte »Deep Fakes« – durch KI erzeugte realistische Fake-Videos oder Audios. Diese Technologie kann für manipulative Zwecke wie die Verbreitung von Falschinformationen oder Diffamierung missbraucht werden. Daher ist es entscheidend, dass Entwickler auch den Kontext und die potenziellen Anwendungen ihrer KI-Modelle kennen und Maßnahmen ergreifen, um den Missbrauch zu verhindern.

## Wenn KI in die Irre geführt wird: die Lehren aus Microsofts Chatbot Tay

Die Sicherheit von KI-Systemen ist ein entscheidendes Anliegen, das sowohl Entwickler als auch Nutzer betrifft. Ihre Gewährleistung erfordert die Fähigkeit, abnormales Verhalten zu erkennen und gegen mögliche Manipulationen vorzugehen.

Ein herausragendes Beispiel für diese Herausforderung ist Microsofts Tay – ein KI-Chatbot, der 2016 eingeführt wurde, um auf Twitter zu interagieren und aus diesen Interaktionen zu lernen. Jedoch führten unangebrachte Äußerungen dazu, dass Tay innerhalb von 24 Stunden wieder offline genommen werden musste.

Was genau ist passiert?

Im Fall von Microsofts Chatbot Tay änderte sich das Verhalten des Bots innerhalb von nur zwölf Stunden dramatisch. Ursprünglich programmiert, um wohlwollend zu interagieren, entwickelte Tay ein zunehmend ablehnendes Auftreten, das schließlich in Form von antisemitischen und sexistischen Äußerungen eskalierte.

Abbildung 34: Original-Tweets des radikalisierten Chatbots »Tay«.

Aufgrund dieser Entwicklung sah sich Microsoft gezwungen, Tay vom Netz zu nehmen. Innerhalb dieser kurzen Zeit offenbarte sich eine radikale Veränderung im Verhalten des Chatbots. Im Folgenden sehen Sie originale Tweets und können die Entwicklung des Verhaltens nachvollziehen. Achten Sie dabei bitte auf das Datum und die Uhrzeit.

Wie konnte es dazu kommen?

Nutzer hatten entdeckt, dass sie den Bot manipulieren und ihm beibringen konnten, beleidigende und unangemessene Inhalte zu verbreiten. Tay begann, rassistische, sexistische und anderweitig herabwürdigende Aussagen zu treffen, die nicht nur für die Nutzer problematisch waren, mit denen er interagierte, sondern auch das Image von Microsoft beschädigten. Dieses Beispiel zeigt, wie KI-Systeme, die von Nutzerdaten lernen, manipuliert werden können, wenn keine ausreichenden Sicherheitsvorkehrungen und ethischen Überlegungen in den Entwicklungs- und Implementierungsprozess einfließen.

Aus dem Vorfall mit Tay wurden wichtige Lehren gezogen: Bei Nutzerinteraktionen und robusten Moderationsmechanismen ist Vorsicht geboten. Für die Gestaltung sicherer und ethisch verantwortungsvoller KI-Systeme sind Ethik, Verantwortung, Transparenz und Rechenschaftspflicht essenziell. Dieser Fall betont die Notwendigkeit, KI verantwortungsbewusst und zum Wohle aller zu nutzen, während kontinuierlich an ihrer Verbesserung und Sicherung gearbeitet wird.

## Deep Fakes sind Fake News 2.0

Elon Musk kaufte 2022 das soziale Netzwerk »Twitter« für 44 Milliarden US-Dollar. Mittlerweile heißt dieses Netzwerk »X«.

Musk begründete den Kauf unter anderem mit seiner Vermutung, dass Zensur auf der Plattform einseitig ausgeübt werden würde. Die Übernahme hatte weitreichende Folgen: Einerseits erhofften sich viele Nutzer eine freiere Meinungsäußerung auf der Plattform, andererseits fühlten sich bestimmte Personen oder Personengruppen nun häufiger angegriffen oder marginalisiert.

Ein weiteres Beispiel für die komplexen Herausforderungen in der digitalen Kommunikation sind die auf »X« eingeführten Hinweise unter Posts, die irreführende oder falsche Informationen enthalten können. Indem eine Richtigstellung an solche Tweets angehängt wird, soll die Verbreitung von Fehlinformationen eingedämmt werden. Diese Maßnahme kann einerseits als ein wichtiger Schritt zur Wahrung der Informationsqualität und zur Förderung eines aufgeklärten Diskurses gesehen werden, andererseits wirft sie

Fragen auf bezüglich der Grenzen zwischen Fehlinformation, Meinungsfreiheit und der Rolle von Plattformen als Schiedsrichter der Wahrheit auf.

Sie fragen sich vielleicht, warum wir in einem Buch über Künstliche Intelligenz Themen wie Elon Musk und Twitter behandeln. Der Grund liegt in der praktischen Anwendung und dem enormen Einfluss, den KI auf unsere Kommunikation und Informationsverbreitung hat. Falls Sie bereits den Praxis-Teil dieses Buches gelesen und selbst mit verschiedenen Tools und Modellen gearbeitet haben, wissen Sie bereits, was KI heutzutage schon zu leisten vermag. Dabei stehen wir erst am Anfang einer neuen Ära. Stellen Sie sich vor, in naher Zukunft könnten unkontrolliert und in Sekundenschnelle Medieninhalte am Fließband erstellt werden, die alles zeigen und scheinbar belegen, was man sich nur vorstellen kann – Inhalte, die von der Realität kaum noch zu unterscheiden sind. Stellen Sie sich bitte selbst die Frage, was das zum Beispiel für Twitter bedeuten würde, wenn Wahrheit und Fiktion nicht mehr zu differenzieren wären. Willkommen im Zeitalter der Deep Fakes.

Abbildung 35: Vielleicht erinnern Sie sich an ein ähnliches Bild vom Papst, das vor Kurzem durch die Medien ging (erstellt mit Midjourney).

Deep Fakes sind künstlich generierte Bilder, Videos oder Audiodateien, die so überzeugend wirken, dass sie kaum von der Realität zu unterscheiden sind. Deep Fakes nutzen fortschrittliche KI-Technologien, insbesondere tiefe neuronale Netze, um täuschend echte Medieninhalte zu erzeugen oder zu manipulieren. Dadurch entstehen Videos oder Bilder, in denen Personen Dinge sagen oder tun, die nie passiert sind. Die Qualität dieser Fälschungen hat in den letzten Jahren so zugenommen, dass selbst Experten Schwierigkeiten haben, sie von echten Inhalten zu unterscheiden.

Wir leben in einer Zeit, in der Informationen und Fake News[34] in Sekundenschnelle um den Globus fließen und damit die politische Landschaft beeinflussen können. Studien haben gezeigt, dass Menschen, die bereits eine feste Meinung zu einem Thema haben, beispielsweise einen Politiker ablehnen und über diesen Politiker dann Falschmeldungen erhalten, diese ungeprüft glauben, auch wenn sie mit gegenteiligen Fakten konfrontiert werden oder die Falschmeldung als eben diese entlarvt wird. Dahinter steckt der Gedanke: »Auch wenn diese Nachricht falsch ist, würde ich das diesem Politiker trotzdem zutrauen …«. Aus diesem Grund erzielen selbst schlecht gemachte Falschmeldungen häufig eine Wirkung. Wenn nun auch noch Deep Fakes ins Spiel kommen, die visuell überzeugende »Beweise« für diese falschen Nachrichten liefern, wird die Situation noch komplizierter.

In einem kleinen, unscheinbaren Pizzarestaurant in Washington, D.C., das normalerweise für seine knusprigen Pizzen und gemütliche Atmosphäre bekannt war, spielte sich am 4. Dezember 2016 eine ungewöhnliche und bedrohliche Szene ab. Es war ein kalter Dezembertag, die Straßen glitzerten vom nächtlichen Frost, und die Menschen drängten sich in die Wärme lokaler Cafés und Restaurants. Unter ihnen war jedoch ein Mann, dessen Gedanken von finsteren Geschichten umwoben waren, die in den dunklen Ecken des Internets florierten.

Der Mann, ein Anhänger der obskuren QAnon-Verschwörungstheorie, war von einer gefährlichen Überzeugung getrieben. Er glaubte an eine abstruse Geschichte, die sich viral verbreitet hatte: In diesem unschuldig wirkenden Pizzarestaurant sollten Kinder gefangen gehalten werden, um aus ihnen einen mysteriösen Stoff zu gewinnen, der Angehörigen einer Elite die ewige

---

[34] Fake News, zu Deutsch »Falschnachrichten«, sind Informationen, die bewusst gefälscht und verbreitet werden, um die Öffentlichkeit zu täuschen. Oftmals sehen sie wie echte Nachrichtenartikel aus und werden über soziale Medien, Websites oder sogar traditionelle Medienkanäle verbreitet. Das Ziel von Fake News kann vielfältig sein: politische Einflussnahme, Manipulation der öffentlichen Meinung oder einfach das Erzeugen von Klicks, um Werbeeinnahmen zu generieren. Im Gegensatz zu Fehlern in der Berichterstattung, die unbeabsichtigt sein können, sind Fake News absichtlich irreführend gestaltet.

Jugend versprach. Trotz fehlender Beweise und der offensichtlichen Absurdität der Geschichte war der Mann fest entschlossen, zu handeln.

Bewaffnet mit einem Sturmgewehr des Typs AR-15 stürmte er das Restaurant. Die Gäste erstarrten in Angst, als er durch die Türen brach, drei Schüsse abgab und lautstark nach einem Keller verlangte, in dem die Kinder eingesperrt sein sollten. Das Personal und die Anwesenden versuchten, den Mann zu beruhigen und ihm zu erklären, dass es keinen Keller gab. Doch getrieben von seiner fixen Idee, durchsuchte er rastlos das Restaurant.

Die Polizei, schnell vor Ort, fand ihn schließlich, wie er entmutigt in der Küche stand, umgeben von Pizzakartons und Küchenutensilien, aber keinem Hinweis auf gefangene Kinder oder geheime Kammern. Die Erkenntnis, dass seine Mission auf einer Lüge basierte, traf ihn hart. Es gab keine Kinder, keinen geheimen Stoff und vor allem keinen Keller.

Diese Episode unterstreicht die gefährliche Kraft von Fake News und wie sie Menschen dazu bringen kann, in der realen Welt gefährlich und unüberlegt zu handeln. Der Vorfall im Pizzarestaurant wurde zu einem Symbol für die verheerenden Auswirkungen, die Verschwörungstheorien auf einzelne Personen und die Gesellschaft haben können. Es ist eine ernüchternde Erinnerung daran, wie wichtig es ist, Informationen kritisch zu hinterfragen und die Realität nicht aus den Augen zu verlieren.

Dieser Vorfall zeigt auf tragische Weise, wie gefährlich und realitätsfern Verschwörungstheorien und Fake News sein können. Sie haben das Potenzial, Menschen zu extremen Handlungen zu verleiten, basierend auf völlig falschen Informationen. Man sollte stets die Quellen überprüfen, bevor man solchen Nachrichten Glauben schenkt, besonders in einer Zeit, in der Falschinformationen so leicht zugänglich und verbreitet sind.

In einer demokratischen Gesellschaft, in der Meinungsfreiheit und der Zugang zu verlässlichen Informationen Grundpfeiler sind, stellen Deep Fakes eine ernsthafte Bedrohung dar. Sie können dazu verwendet werden, Politiker in kompromittierenden Situationen darzustellen, Wahlen zu beeinflussen oder das Vertrauen der Öffentlichkeit in Institutionen zu untergraben.

Die Fragmentierung der Gesellschaft, bei der verschiedene Gruppen in ihren eigenen Informationsblasen leben, wird durch solche Technologien verstärkt.

Deep Fakes und mit KI generierte Inhalte stellen eine der größten Herausforderungen für die moderne Informationsgesellschaft dar. Sie verschärfen die bereits bestehenden Probleme mit Fake News und Desinformation und bedrohen die Grundlagen demokratischer Systeme.

Es ist von entscheidender Bedeutung, dass wir uns dieser Gefahr bewusst sind und sowohl technische als auch gesellschaftliche Lösungen entwickeln, um ihre Konsequenzen zu minimieren – beispielsweise durch verbesserte Erkennungstechnologien, Medienbildung und regulatorische Maßnahmen. In jedem Fall müssen wir wachsam bleiben und uns kontinuierlich mit den sich entwickelnden Technologien und ihren Auswirkungen auf unsere Gesellschaft auseinandersetzen.

## Der Tod des Zufalls?

Wir wollen mit Ihnen jedoch noch einen anderen Gedanken teilen: In der Welt von morgen wird der Zufall immer mehr zu einem seltenen Ereignis, verdrängt durch Künstliche Intelligenz, die darauf spezialisiert ist, uns Empfehlungen zu geben.

Ein anschauliches Beispiel dafür liefert der Film »Blade Runner«, in dem der Protagonist durch eine Gasse läuft und von allen Seiten mit hochgradig personalisierter Werbung bombardiert wird, die ihn sogar beim Namen nennt. Diese Szene wirft ein Licht auf eine Welt, in der KI-Systeme so weit fortgeschritten sind, dass sie unsere Vorlieben, Interessen und sogar unseren Namen kennen und verwenden, um uns gezielt anzusprechen.

In der Realität ist dieser Grad an Personalisierung zwar noch nicht ganz erreicht, doch die Richtung ist klar: Online-Einkaufsplattformen nutzen Algorithmen, die auf der Analyse des Verhaltens von Millionen Nutzern basieren, um Muster zu erkennen und Empfehlungen auszusprechen. Soziale Medien und Online-Bibliotheken schlagen uns Filme, Bücher und Beiträge vor, die zu unseren bisherigen Interessen passen. Das Ziel dieser Systeme ist es, uns zum Kauf zu bewegen oder unsere Aufmerksamkeit auf bestimmte Inhalte zu lenken, indem sie uns Angebote machen, die voraussichtlich unseren Geschmack treffen. Wahrscheinlich können Algorithmen schon heute das Konsumverhalten vieler Kunden besser einschätzen als diese selbst.

Oder denken wir an das Dating von morgen: Wie lange wird es wohl noch dauern, bis die ersten KI-gestützten Dating-Plattformen die passenden Menschen miteinander verkuppeln? Bereits heute kursieren dazu Marketingversprechen einiger Hersteller, wenngleich das sicherlich nur beschränkt etwas mit KI zu tun haben mag. Oder stellen Sie sich eine KI vor, die Ihnen den passenden Job zuweist, weil sie Ihre Stärken und Schwächen sowie die Bedarfsprofile der offenen Stellen besser kennt als Sie. Es wird immer weniger Platz für den Zufall geben.

Diese Entwicklung hat weitreichende Konsequenzen. Vor der Digitalisierung machten Menschen häufig zufällige Entdeckungen – sei es ein neues Buch in einer Buchhandlung, ein unbekanntes Gericht in einem Restaurant oder eine bisher unbedachte Meinung. Diese Zufälle waren oft Inspirationsquellen und trugen zum Lernen und zu persönlichem Wachstum bei. Sie animierten uns, unsere Komfortzone zu verlassen und neue Perspektiven einzunehmen. Diese Heterogenität im Sein brachte uns auch mit konträren politischen Meinungen in Kontakt, wodurch wir unsere eigene Position überdenken oder Neues kennenlernen konnten. Der Zufall spielte dabei eine entscheidende Rolle in unserem Lernprozess.

Abbildung 36: Künstliche Intelligenz, der Tod des Zufalls (erstellt mit DALL-E)?

Heute dominieren bereits KI-gestützte Empfehlungssysteme, und es besteht die Gefahr, dass wir in einer »Filterblase« gefangen bleiben – auch abseits der sozialen Medien. In dieser Blase werden wir nur mit dem konfrontiert, was wir schon kennen, und der Zufall – diese wunderbare Quelle des Neuen und Unerwarteten – wird verdrängt.

# KI und die Demokratie

Ausgehend von der zunehmenden Personalisierung durch KI ist es unerlässlich, die immer besser werdenden prädiktiven Fähigkeiten dieser Technologie zu betrachten. Wenn KI-Systeme weiterhin Daten über unsere Präferenzen, Meinungen und Verhaltensweisen sammeln, könnten sie möglicherweise auch politische Neigungen und Wahlentscheidungen vorhersagen.

Die Auswirkungen sind enorm: Stellen Sie sich eine Welt vor, in der KI-Modelle nicht nur prognostizieren können, wen wir wahrscheinlich wählen werden, sondern auch Strategien entwickeln, um unsere Meinungen subtil zu beeinflussen. Solche Systeme könnten beispielsweise gezielt Nachrichtenartikel, soziale Medienbeiträge oder Werbeanzeigen ausspielen, die darauf ausgerichtet sind, unsere Sichtweise zu einer bestimmten politischen Frage oder Partei zu verändern. Das wäre eine Form der Manipulation, die weit über das hinausgeht, was wir heute kennen. Ein konkretes Beispiel könnte so aussehen:

Eine KI analysiert Ihre Online-Aktivitäten und erkennt, dass Sie sich für Umweltthemen interessieren, aber noch unentschieden sind, welche Partei Sie bei der nächsten Wahl unterstützen sollen. Daraufhin werden Sie gezielt mit Nachrichten, Artikeln oder Posts konfrontiert, die die umweltpolitischen Erfolge einer bestimmten Partei hervorheben und negative Aspekte oder Erfolge anderer Parteien minimieren oder gar nicht zeigen. Diese Art von gezielter Informationssteuerung könnte Ihre Wahrnehmung unbewusst beeinflussen und Ihre Wahlentscheidung verändern.

- Solche prädiktiven Fähigkeiten der KI werfen wichtige ethische Fragen auf: Inwieweit sollte es erlaubt sein, Algorithmen zu verwenden, um politische Meinungen zu beeinflussen?
- Wie können wir sicherstellen, dass unsere Entscheidungen wirklich unsere eigenen sind und nicht das Ergebnis subtiler algorithmischer Manipulation?

Diese Fragen sind entscheidend für den Erhalt demokratischer Prozesse und individueller Autonomie in einer zunehmend von KI geprägten Welt.

Die prädiktiven Fähigkeiten von Künstlicher Intelligenz haben in den letzten Jahren enorme Fortschritte gemacht. Algorithmen sind nun fähig, Muster und Trends in großen Datenmengen zu erkennen und zukünftige Ereignisse mit beeindruckender Genauigkeit vorherzusagen.

Ein beunruhigendes Beispiel für die Anwendung dieser Technologie ist der Fall von Cambridge Analytica, einem politischen Beratungsunternehmen. Cambridge Analytica wurde weltweit bekannt, als 2018 aufgedeckt wurde, dass das Unternehmen unerlaubt Daten von Millionen Facebook-Nutzern gesammelt hatte. Diese Daten wurden dazu genutzt, um präzise psychografische Profile der Nutzer zu erstellen. Das Unternehmen behauptete, mithilfe dieser Profile politische Kampagnen gezielt personalisieren und damit Wählerentscheidungen beeinflussen zu können. Angeblich soll Cambridge Analytica diese Methoden während bedeutender politischer Ereignisse wie der US-Präsidentschaftswahl 2016 und dem Brexit-Referendum eingesetzt haben.

Cambridge Analyticas Vorgehensweise begann mit der Sammlung und Analyse umfangreicher Daten von Millionen von Menschen. Indem das Unternehmen Facebook-Likes, Online-Verhaltensmuster und andere digitale Spuren der Nutzer auswertete, konnte es detaillierte psychografische Profile erstellen. Diese Profile waren der Schlüssel zum Verständnis politischer Neigungen, Ängste, Hoffnungen und Vorlieben der Nutzer.

Mit diesen gewonnenen Erkenntnissen identifizierte Cambridge Analytica spezifische Zielgruppen, die als besonders anfällig für bestimmte Botschaften galten. Zum Beispiel wurden Wähler, die Unsicherheiten bezüglich politischer Themen zeigten, gezielt für maßgeschneiderte politische Werbung ausgewählt. Der Fokus lag dabei nicht nur auf den Vorlieben der Nutzer, sondern auch darauf, homogene Gruppen zu bilden und sie zu beeinflussen, um bestimmte Ziele zu erreichen.

Nach der Identifizierung der Zielgruppen entwickelte Cambridge Analytica individuell zugeschnittene Botschaften, die speziell darauf abzielten, die Ängste und Hoffnungen dieser Wählergruppen anzusprechen.

Dieses Vorgehen, bekannt als Mikro-Targeting, ermöglichte es, maßgeschneiderte Nachrichten an spezifische Wählersegmente zu versenden. Beispielsweise erhielten Wähler, die sich um Einwanderungsfragen sorgten, Botschaften, die die strenge Einwanderungspolitik eines Kandidaten betonten, während Wähler mit Interesse an Umweltthemen Nachrichten über die grünen Initiativen desselben Kandidaten bekamen. So wurden Menschen basierend auf ihrem Verhalten in sozialen Medien bestimmten Gruppen zugeordnet und erhielten daraufhin passende Botschaften.

Das Ziel von Cambridge Analytica war es jedoch nicht, Wähler umfassend über die Positionen und das Programm eines Kandidaten zu informieren. Vielmehr wollte das Unternehmen emotionale und psychologische Trigger nutzen, um Wähler in eine gewünschte Richtung zu lenken. Durch das Ausspielen von zielgerichteten Nachrichten, die Ängste schüren oder Hoffnungen weckten, versuchte Cambridge Analytica, das Wahlverhalten zu ihren Gunsten zu manipulieren.

Dieser Skandal löste eine intensive Debatte über Datenschutz, Ethik der Datennutzung und die potenziellen Gefahren der KI in der politischen Arena aus. Cambridge Analytica nutzte prädiktive Analytik, die statistische Algorithmen und maschinelles Lernen einsetzt, um Muster in Daten zu erkennen und Vorhersagen über zukünftige Ereignisse zu treffen. Die Ergebnisse wurden verwendet, um das Verhalten und die Präferenzen von Wählern zu prognostizieren und gezielte politische Werbung zu schalten.

Dieser Skandal unterstreicht, wie prädiktive Modelle in der falschen Hand nicht nur die Privatsphäre von Menschen verletzen, sondern zudem die Integrität demokratischer Prozesse gefährden können. Er zeigt, dass mit zunehmender Fähigkeit, menschliches Verhalten vorherzusagen und zu beeinflussen, auch die Notwendigkeit steigt, ethische Richtlinien und rechtliche Rahmenbedingungen zu schaffen, die den Missbrauch von KI verhindern. Der Fall wirft grundlegende Fragen über die Verantwortung von Unternehmen im Umgang mit Daten, die Rolle von Regierungen bei der Regulierung solcher Praktiken und die Bedeutung des Datenschutzes für die Aufrechterhaltung demokratischer Grundsätze auf.

Es ist daher von größter Wichtigkeit, dass wir uns dieser Herausforderungen bewusst werden und Rahmenbedingungen schaffen, die sowohl die Vorteile der KI-Technologie nutzen als auch ihre potenziell schädlichen Auswirkungen eindämmen.

# Siebter Teil

# Regulierung und Rechtsprechung

# Regulierung von Künstlicher Intelligenz

Die bisherigen Kapitel dieses Buches könnten den Eindruck erwecken, dass Künstliche Intelligenz eine inhärent gefährliche Technologie sei. Um dieses Bild zu relativieren, ist es hilfreich, eine Analogie zum Autofahren zu ziehen. Ein Auto kann theoretisch als Waffe eingesetzt werden, und Autofahren an sich birgt gewisse Risiken. Dennoch hat die Gesellschaft Wege gefunden, diese Risiken durch Regulierung und Gesetzgebung zu minimieren. Verkehrsregeln, Führerscheinprüfungen und Sicherheitsstandards für Fahrzeuge sind Beispiele dafür, wie potenzielle Gefahren des Autofahrens kontrolliert werden. Trotz der inhärenten Risiken überwiegt der Nutzen des Autofahrens, weshalb wir es als Teil unseres Alltags akzeptieren.

In ähnlicher Weise verhält es sich bei der KI. Obwohl KI das Potenzial hat, missbraucht zu werden oder unbeabsichtigte Folgen zu haben, liegt es in unserer Verantwortung, Regeln für ihren sicheren und ethischen Einsatz zu etablieren. Es muss also ein Rahmen geschaffen werden, der sowohl Sicherheit gewährleistet und die Privatsphäre der Menschen schützt als auch Raum für Innovation und Fortschritt zulässt.

Die Regulierung von KI sollte darauf abzielen, einen verantwortungsvollen Umgang mit der Technologie zu fördern, ohne ihre Entwicklungs- und Innovationskraft zu hemmen. Dazu gehören die Entwicklung von Standards für Datenschutz, Transparenz und Fairness in KI-Systemen, die Sicherstellung, dass KI-Entscheidungen nachvollziehbar und überprüfbar sind, und die Implementierung von Mechanismen zur Vermeidung von Bias und Diskriminierung. Gleichzeitig ist es wichtig, einen offenen Dialog zwischen Wissenschaftlern, Entwicklern, politischen Entscheidungsträgern und der Öffentlichkeit zu fördern, um ein breites Verständnis für die Möglichkeiten und Grenzen der KI zu schaffen. In der Balance zwischen Regulation und Freiraum für Innovation liegt der Schlüssel, um das volle Potenzial der KI zum Wohl der Gesellschaft zu nutzen und dabei die Risiken zu berücksichtigen. Es ist ein fortlaufender Prozess, der Anpassungsfähigkeit, Weitsicht und Kooperation erfordert, damit KI als ein positives und produktives Werkzeug in unserem täglichen Leben integriert wird.

Die EU hat als Teil ihrer digitalen Strategie das weltweit erste umfassende KI-Gesetz vorgeschlagen, das darauf abzielt, bessere Bedingungen für die Entwicklung und Nutzung von KI zu schaffen. Das Europäische Parlament legt besonderen Wert darauf, dass die in der EU eingesetzten KI-Systeme sicher, transparent, nachvollziehbar, nichtdiskriminierend und umweltfreundlich sind. Es strebt an, eine technologieneutrale, einheitliche Definition für KI festzulegen, die auf zukünftige KI-Systeme angewendet werden könnte. Die neuen Vorschriften richten sich nach dem Risiko, das von einem KI-System ausgeht, und legen entsprechende Verpflichtungen für Anbieter und Nutzer fest.

Angesichts der fortschreitenden Entwicklung und zunehmenden Bedeutung von KI sowie den jüngsten Bemühungen zur Regulierung dieser Technologie in der Europäischen Union rücken KI und ihre Regulierung wahrscheinlich immer stärker in den Fokus gesellschaftlicher und politischer Diskussionen. Mit dem wachsenden Einfluss von KI auf verschiedene Lebensbereiche, von der Wirtschaft über die Gesundheitsversorgung bis hin zur persönlichen Interaktion, werden Fragen der Ethik, Sicherheit, Transparenz und des Datenschutzes zentrale Themen in öffentlichen Debatten und politischen Entscheidungsprozessen sein. Das betrifft nicht nur Experten und Politiker, sondern auch die breite Öffentlichkeit, die zunehmend mit den Auswirkungen dieser Technologien konfrontiert wird.

## Der globale Wettlauf um KI

Die Welt erlebt einen intensiven Wettstreit um die technologische Überlegenheit, bei dem die Künstliche Intelligenz eine zentrale Rolle spielt. KI hat das Potenzial, nicht nur die Art und Weise zu verändern, wie wir arbeiten und leben, sondern auch, wie Nationen auf der globalen Bühne agieren und konkurrieren.

Vergleiche dieser Technologie mit Erfindungen der Dampfmaschine oder des Stroms unterstreichen ihre Relevanz. Die Geschwindigkeit, mit der KI-Technologien entwickelt und implementiert werden, ist im Gegensatz zu Innovationen des vergangenen Jahrhunderts atemberaubend. Täglich werden neue Anwendungen und Fortschritte bekannt, die in verschiedensten

Bereichen revolutionäre Veränderungen versprechen – von der Medizin über die Kommunikation bis hin zur Unterhaltung.

Dieser unerbittliche Fortschritt ist nicht nur auf ein oder zwei Länder beschränkt; es handelt sich um ein globales Phänomen, an dem viele Nationen teilnehmen. Während einige Länder schnell tätig werden und die Vorteile der KI nutzen, wählt Europa einen bedachteren Ansatz. Die europäischen Entscheidungsträger sind bemüht, eine ausgewogene Regulierung zu schaffen, die sowohl die Vorteile der KI maximiert als auch potenzielle Risiken minimiert. Doch diese dezidierte Regulierung ist zeitaufwändig und erfordert gründliche Untersuchungen, Debatten und Konsultationen, um sicherzustellen, dass alle Aspekte berücksichtigt werden.

Hier liegt das Dilemma: Während hierzulande alles sorgfältig durchdacht und reguliert wird, schreitet der Rest der Welt voran und wird nicht auf Deutschland oder Europa warten, bis der Regulierungsrahmen steht. In der heutigen Zeit, in der Technologie und Innovation so entscheidend für den wirtschaftlichen und geopolitischen Einfluss sind, könnte diese Verzögerung Europa in seiner Entwicklung zurückwerfen – auch wenn Regulierung unbestreitbar wichtig ist, insbesondere bei einer mächtigen Technologie wie der KI.

Regulierung schützt die Gesellschaft vor potenziellen Missbräuchen und gewährleistet, dass die Technologie zum Wohle aller eingesetzt wird. Europa muss einen Weg finden, die Notwendigkeit der Regulierung mit der Dringlichkeit des Fortschritts in Einklang zu bringen. Es ist ein Balanceakt, der Weitsicht, Flexibilität und Entschlossenheit erfordert. Darüber hinaus muss es ein Warnsignal sein, dass die Unternehmen, welche die Basis für die Weiterentwicklung anderer Anwendungen bilden, wieder aus den USA stammen und Europa hier erneut keine Rolle spielt. Und was ist bis jetzt bekannt?

Die EU sieht KI als Schlüsseltechnologie, die das Potenzial hat, viele Sektoren zu revolutionieren – von der Gesundheitsfürsorge über den Verkehr bis hin zur Energieversorgung. Die Vision ist klar: Die EU möchte, dass KI-Systeme sicher, effizient und ethisch vertretbar sind und gleichzeitig den Bürgern und der Wirtschaft der EU Vorteile bringen. Im April 2021 hat die EU-Kommission einen Vorschlag vorgelegt: den ersten EU-Rechtsrahmen für KI. Dieser Vorschlag sieht vor, KI-Systeme entsprechend den von ihnen ausgehenden Risiken zu bewerten und zu klassifizieren, mit dem Ziel, einen Ansatz zu etablieren, der Innovation unterstützt und gleichzeitig die Sicherheit und die Rechte der Bürger schützt.[35]

Das Europäische Parlament hat hohe Erwartungen an die KI-Gesetzgebung. Ein zentrales Anliegen ist es, dass KI-Systeme von Menschen überwacht werden, um unerwünschte Ergebnisse zu verhindern. Die EU hat erkannt, dass nicht alle KI-Systeme gleich sind und definiert in diesem Zusammenhang verschiedene Kategorien:

*Unannehmbares Risiko*: KI-Systeme stellen ein unannehmbares Risiko dar, wenn sie als Bedrohung für Menschen gelten. Diese KI-Systeme werden verboten. Sie umfassen:

- kognitive Verhaltensmanipulation von Personen oder bestimmten gefährdeten Gruppen, zum Beispiel sprachgesteuertes Spielzeug, das gefährliches Verhalten bei Kindern fördert;
- Klassifizierung von Menschen auf der Grundlage von Verhalten, sozioökonomischem Status und persönlichen Merkmalen (soziales Scoring);
- biometrische Echtzeit-Fernidentifizierungssysteme wie zum Beispiel Gesichtserkennung.

Einige Ausnahmen können zulässig sein: So werden Systeme zur nachträglichen biometrischen Fernidentifizierung, bei denen die Identifizierung erst mit erheblicher Verzögerung erfolgt, zur Verfolgung schwerer Straftaten und nur nach gerichtlicher Genehmigung zugelassen.

*Hochrisiko-KI-Systeme*: KI-Systeme, die ein hohes Risiko für die Gesundheit und Sicherheit oder für die Grundrechte natürlicher Personen darstellen, gelten als hochriskant. Sie werden in zwei Hauptkategorien unterteilt:

---

[35] Einzusehen online unter: https://www.europarl.europa.eu/news/de/headlines/society/20230601STO93804/ki-gesetz-erste-regulierung-der-kunstlichen-intelligenz.

1. KI-Systeme, die in Produkten verwendet werden, die unter die Produktsicherheitsvorschriften der EU fallen. Dazu gehören Spielzeug, Luftfahrt, Fahrzeuge, medizinische Geräte und Aufzüge.
2. KI-Systeme, die in acht spezifische Bereiche fallen und die in einer EU-Datenbank registriert werden müssen:
   - biometrische Identifizierung und Kategorisierung von natürlichen Personen;
   - Verwaltung und Betrieb von kritischen Infrastrukturen;
   - allgemeine und berufliche Bildung;
   - Beschäftigung, Verwaltung der Arbeitnehmer und Zugang zur Selbstständigkeit;
   - Zugang zu und Inanspruchnahme von wesentlichen privaten und öffentlichen Diensten und Leistungen;
   - Strafverfolgung;
   - Verwaltung von Migration, Asyl und Grenzkontrollen;
   - Unterstützung bei der Auslegung und Anwendung von Gesetzen.

Alle KI-Systeme mit hohem Risiko werden vor dem Inverkehrbringen und während ihres gesamten Lebenszyklus bewertet.

*Begrenztes Risiko*: KI-Systeme mit begrenztem Risiko sollten minimale Transparenzanforderungen erfüllen, die es den Nutzern ermöglichen, fundierte Entscheidungen zu treffen. Nach der Interaktion mit den Anwendungen kann der Nutzer dann entscheiden, ob er sie weiterverwenden möchte. Die Nutzer sollten darauf aufmerksam gemacht werden, wenn sie mit einer KI interagieren. Das gilt auch für KI-Systeme, die Bild-, Audio- oder Videoinhalte erzeugen oder manipulieren (zum Beispiel Deepfakes).

*Minimales Risiko:* Dies umfasst die meisten alltäglichen KI-Anwendungen, wie zum Beispiel Spamfilter. Solche Systeme sind nur den allgemeinen gesetzlichen Bestimmungen unterworfen und erfordern keine zusätzlichen Kontrollen. Das Gesetz wird unterschiedlich beurteilt, und die Zukunft wird seine Wirksamkeit zeigen. Mit der Annahme der Verhandlungsposition zum KI-Gesetz im Juni 2023 hat die EU in jedem Fall einen entscheidenden Schritt in Richtung einer umfassenden KI-Regulierung unternommen. Die nächsten Schritte umfassen die Gespräche mit den EU-Mitgliedstaaten, um eine endgültige Einigung über den regulativen Rahmen zu erzielen. Es bleibt abzuwarten, wie sich diese Regulierung in der Praxis auswirken wird, aber die Richtung ist klar: Eine sichere, ethische und effiziente Nutzung von KI zum Wohl aller Bürger der EU mit dem Risiko, bei der zentralen Zukunftstechnologie weiter ins Hintertreffen zu geraten.

Die Stärke Europas liegt in seinem Engagement für Datenschutz und ethische Standards, die in der globalen Arena ihresgleichen suchen. Während Technologiegiganten wie OpenAI, Google und Meta bereits einen beträchtlichen Vorsprung in der Entwicklung fortschrittlicher KI-Systeme aufweisen, bietet Europas Fokus auf Datenschutzkonformität eine alternative Perspektive.

Diese Herangehensweise, die den Schutz der Privatsphäre und die Einhaltung ethischer Prinzipien in den Vordergrund stellt, könnte ein wegweisendes Modell für die Zukunft der KI sein. Es ist jedoch realistisch anzunehmen, dass Europa trotz seiner Bemühungen und seines Potenzials den technologischen Vorsprung der führenden amerikanischen Unternehmen nicht mehr vollständig aufholen wird. Doch die Entwicklung eines datenschutzkonformen KI-Systems, das ethische Werte und Bürgerrechte respektiert, angelehnt an amerikanische Modelle, könnte ein starkes Signal setzen und die globale Diskussion über die Rolle der KI in unserer Gesellschaft bereichern.

# Datenschutz und Datensicherheit

Datenschutz ist ein zunehmend kritisches Thema, das in der heutigen digital vernetzten Welt von größter Bedeutung ist. Jeder Datenpunkt, den wir im Internet teilen, wird immer wertvoller, da KI-Systeme in der Lage sind, aus diesen Daten tiefe Einblicke zu gewinnen. In Europa existieren zwar strenge Datenschutzrichtlinien wie die DSGVO[36], die den Umgang mit persönlichen Daten regulieren und den Schutz der Privatsphäre stärken – allerdings regelt die DSGVO nicht, was Menschen bereitwillig und freiwillig im Internet teilen. Das Bewusstsein für die potenziellen Risiken der Datenfreigabe bleibt daher entscheidend. Persönliche Informationen, die online gestellt werden, können von KI-Systemen und anderen Technologien genutzt werden, oft in einer Weise, die über die ursprüngliche Absicht hinausgeht. Daher sollten wir persönliche Informationen im Internet nur bedacht und wohlüberlegt preisgeben.

Web-Crawler sind ein Beispiel dafür, wie Daten im Internet erfasst werden. Diese automatisierten Programme durchsuchen das Internet, sammeln Informationen und speisen sie in Datenbanken, die von KI-Systemen analysiert werden. Ein konkretes Beispiel: Eine Person teilt regelmäßig Posts über ihren ungesunden Lebensstil in den sozialen Medien, etwa Bilder von Feiern, reichhaltigem Essen und Alkoholkonsum. KI-Systeme sind heutzutage nicht nur in der Lage, Texte zu interpretieren, sondern auch Fotos und deren Metadaten, die Informationen wie den Ort und die Uhrzeit der Aufnahme enthalten. Postet eine Person häufig Bilder aus einem Club, der für Elektromusik und Drogenkonsum bekannt ist, schließt eine KI möglicherweise auf einen riskanten Lebensstil. Falls diese Person in Zukunft eine Kranken- oder

---

[36] Die Datenschutz-Grundverordnung (DSGVO) ist eine umfassende Datenschutzregelung der Europäischen Union, die im Mai 2018 in Kraft trat. Sie zielt darauf ab, den Bürgern der EU mehr Kontrolle über ihre persönlichen Daten zu geben und die Datenschutzpraktiken innerhalb der EU zu vereinheitlichen. Die DSGVO stellt strenge Anforderungen an Unternehmen und Organisationen, die personenbezogene Daten von EU-Bürgern verarbeiten, unabhängig davon, wo diese Unternehmen ansässig sind. Zu den Schlüsselbestimmungen gehören das Recht auf Zugang und Löschung persönlicher Daten, die Pflicht zur transparenten Datenverarbeitung und strenge Regeln für die Datenübertragung außerhalb der EU.

Lebensversicherung abschließen will, könnte die Versicherungsgesellschaft die im Internet verfügbaren Daten nutzen, um ein Risikoprofil zu erstellen. Das könnte zur Folge haben, dass die Person aufgrund des wahrgenommenen größeren Risikos abgelehnt wird oder dass die Versicherungsbeiträge signifikant höher angesetzt werden.

Die Herausforderung des Datenschutzes im Zeitalter der KI, insbesondere bei künstlichen neuronalen Netzen (AANs), erweitert die Dimension des Themas erheblich. ANNs sind für ihre Fähigkeit bekannt, komplexe Muster in Daten zu erkennen und Vorhersagen mit hoher Genauigkeit zu treffen. Allerdings sind sie oft »Black Boxes«, was bedeutet, dass es schwierig ist, nachzuvollziehen, wie sie zu einem bestimmten Ergebnis gelangen. Dies wirft bedeutende Fragen für den Datenschutz auf.

In einem solchen Kontext ist es nicht nur eine Herausforderung, an die eigenen Daten zu gelangen, sondern auch sie zu verwalten. Daten, die in KI-Systemen gespeichert sind, befinden sich in riesigen Datenclustern, die für Menschen oft keinen unmittelbaren Sinn ergeben. Das ist der grundlegende Unterschied zu traditionellen Methoden wie einer Excel-Tabelle, die Daten klar und direkt zugänglich strukturiert.

Sind persönliche Daten einmal in diese komplexen KI-Systeme eingespeist, wird es zunehmend problematischer, sie zu identifizieren, zu verwalten oder zu löschen. Unternehmen stehen vor der schwierigen Entscheidung, ob sie Modelle wählen, die zwar höchste Genauigkeit bieten, aber deren Arbeitsweise undurchsichtig ist oder ob sie Modelle bevorzugen, deren Entscheidungsprozess nachvollziehbar und transparent ist. Diese Entscheidung hat weitreichende Folgen, insbesondere in regulierten Branchen wie dem Finanz- oder Gesundheitswesen, in denen Transparenz und Nachvollziehbarkeit von Entscheidungen entscheidend sind.

Das Spannungsfeld zwischen Genauigkeit und Transparenz in ML-Lösungen, insbesondere bei ANNs, ist ein zentrales Thema in der aktuellen Debatte über KI. Unternehmen müssen unter Berücksichtigung der ethischen, regulatorischen und geschäftlichen Auswirkungen sorgfältig abwägen, welche Prioritäten sie setzen und welche Kompromisse sie eingehen möchten.

Diese Beispiele machen deutlich, dass unsere digitalen Spuren weitreichende Konsequenzen nach sich ziehen können, auch in Bereichen, die wir zunächst nicht bedenken. Wir müssen uns der Langzeitfolgen unserer Online-Präsenz bewusst sein und verantwortungsvoll mit der Freigabe persönlicher Daten umgehen.

## Ist KI der Tod der Kreativität?

Stellen Sie sich einen jungen Musiker vor, der sein Leben der Perfektionierung seiner Kunst gewidmet hat. Doch plötzlich kann eine KI innerhalb von Sekunden einen Song kreieren, der ebenso ansprechend ist. Oder denken Sie an einen Journalisten, der Jahre damit verbringt, zu recherchieren und Artikel zu schreiben, nur um festzustellen, dass eine KI ähnliche Inhalte in einem Bruchteil der Zeit produzieren kann. Diese Situationen werfen nicht nur rechtliche Fragen auf, sondern berühren auch tiefgreifende moralische Aspekte. Sie betreffen die Anerkennung und Wertschätzung menschlicher Kreativität und Anstrengung in einer Welt, in der KI-generierte Inhalte allgegenwärtig werden könnten. Wie bewerten wir eine menschliche Schöpfung im Vergleich zu dem, was eine Maschine erschafft? Erkennen oder schätzen wir überhaupt noch einen Unterschied?

Aber es gibt auch eine andere Sichtweise: Um mit KI wirklich herausragende Ergebnisse zu erzielen, muss man sich intensiv mit ihr auseinandersetzen und lernen, effektiv mit ihr zu kommunizieren. Weder schaffen Künstler und Schriftsteller ihre Werke in einem luftleeren Raum, noch gibt es so viele Stilrichtungen in der Kunst, wie es Künstler gibt, oder so viele Musikgenres, wie es Musiker gibt. Das Spannende an der Kunst ist oft die Inspiration, die man aus anderen Werken zieht, und die individuelle Interpretation und Prägung, die man ihnen verleiht. Ähnlich verhält es sich mit KI: Sie hat gleichsam unzählige Kunstausstellungen und Musikkonzerte »besucht«. Aber erst durch die Interaktion mit ihr wird der virtuelle Pinselschwung zu etwas Einzigartigem und Individuellem. Die KI dient dabei als ein Instrument, das, wenn es meisterhaft gespielt wird, zu außergewöhnlichen und persönlichen Kunstwerken führen kann.

Jeder, der mit KI arbeitet, wird schnell feststellen, dass es oft gar nicht so einfach ist, wirklich innovative und perfekte Ergebnisse zu erzielen. Der Grund dafür liegt in der Natur der KI selbst: Sie produziert nichts grundsätzlich Neues, sondern verarbeitet lediglich die Daten, mit denen sie trainiert wurde. Sie schafft also erst mal nur etwas Durchschnittliches. Das führt zu einer bedeutsamen Frage: Ist KI der Tod der Kreativität?

Unsere Sichtweise darauf ist etwas anders: KI könnte eher als der Tod der Mittelmäßigkeit betrachtet werden. KI erleichtert das Nachahmen und Reproduzieren erheblich, aber für diejenigen, die wirklich neue Wege gehen, besteht weniger Gefahr, von einer KI übertroffen zu werden. KI-Modelle, wie sie heute existieren, sind im Wesentlichen fortgeschrittene Echoapparate der Daten, mit denen sie gefüttert werden. Sie reflektieren und rekombinieren diese Daten auf kreative Weise, schaffen aber keine originären Inhalte im eigentlichen Sinne. Originelle, unkonventionelle oder bahnbrechende Ideen, die außerhalb des Rahmens dieser Daten liegen, werden also weiterhin in der Domäne menschlicher Kreativität verankert bleiben.

Ein weiterer wichtiger Aspekt, der nicht übersehen werden darf, ist die Frage nach der Herkunft der Daten, mit denen KI-Modelle trainiert werden. Wenn die Datenerfassung und -nutzung legal erfolgt, steht dem Einsatz von KI wenig im Wege. Es ergeben sich jedoch ernsthafte rechtliche und moralische Bedenken, wenn KI-Modelle mit urheberrechtlich geschützter Musik, Kunst oder anderen geschützten Inhalten trainiert werden. In solchen Fällen verwischt die Grenze zwischen Innovation und Verletzung von Urheberrechten. Entwickler und Nutzer von KI-Anwendungen müssen daher unbedingt die rechtlichen Rahmenbedingungen respektieren und sicherstellen, dass ihre Arbeit nicht nur technisch fortschrittlich, sondern auch ethisch vertretbar ist.

# Urheberrecht und KI: eine komplexe Beziehung

Eine drängende Frage, die weiterhin im Raum steht, wurde noch nicht beantwortet: Wem gehören eigentlich die Erzeugnisse der Generativen Künstlichen Intelligenz? Und welche Gesetze und Rechtsprechung existieren hier bereits?

Vielleicht haben Sie Ihre KI schon Gedichte schreiben, Musik komponieren und sogar Kunstwerke malen lassen und sich die brennende Frage gestellt: Wer besitzt die Rechte an diesen Kreationen?

Das Urheberrecht, das ursprünglich entwickelt wurde, um menschliche Schöpfer und ihre Werke zu schützen, steht nun vor einer beispiellosen Herausforderung: Stellen Sie sich vor, Sie besuchen eine Kunstgalerie und betrachten ein beeindruckendes Gemälde. Die Farben, die Technik, die Emotionen – alles scheint das Werk eines talentierten Künstlers zu sein. Doch dann erfahren Sie, dass dieses Kunstwerk nicht von einem Menschen, sondern von einer KI geschaffen wurde. Kann eine Maschine als Urheber eines Werkes gelten?

In der EU ist diese Frage noch nicht endgültig geklärt. Während einige argumentieren, dass KI-Systeme, da sie nicht über Bewusstsein oder Emotionen verfügen, nicht als Urheber anerkannt werden sollten, sehen andere in ihren Kreationen einen echten künstlerischen Wert. Es ist, als würde man versuchen, einen Fluss in ein festes Bett zu zwingen, obwohl er ständig seine Richtung ändert. Mit der Weiterentwicklung von KI und ihrer wachsenden Fähigkeit, immer komplexere und originellere Werke zu schaffen, wird diese Debatte sicherlich an Intensität gewinnen.

Doch es geht nicht nur um Kunst. Denken Sie an Nachrichtenartikel, Softwarecodes oder sogar wissenschaftliche Forschung. Wenn KI in der Lage ist, solche Inhalte zu erstellen, wer besitzt dann daran die Rechte? Und wie stellen wir sicher, dass diese Rechte fair verteilt und gleichzeitig Innovation und Fortschritt gefördert werden?

Die Frage nach den Nutzungsrechten von KI-generierten Werken ist vielschichtig und hängt stark vom jeweiligen Werk und seiner Nutzung ab.

Grundsätzlich behalten Nutzer die Rechte an den von ihnen mit KI-Modellen erstellten Inhalten, sowohl im privaten als auch im gewerblichen Kontext. Dennoch dürfen die Werke nicht gegen die Allgemeinen Geschäftsbedingungen der jeweiligen Plattformen verstoßen. Dazu gehört, dass keine unerlaubten Inhalte erstellt werden und dass die Modelle nicht mit geschütztem Material trainiert wurden, das Urheberrechte oder Markenrechte verletzt. Es liegt in der Verantwortung des Nutzers, diese Aspekte zu erkennen und zu unterbinden. Insbesondere im gewerblichen Kontext ist eine sorgfältige Prüfung erforderlich, um rechtliche Probleme zu vermeiden.

Wie bei jedem neuen Phänomen, das in unsere Gesellschaft eintritt, versucht das Rechtssystem Schritt zu halten und klare Richtlinien zu setzen. Doch bei einem so dynamischen und komplexen Thema wie der KI ist das keine leichte Aufgabe.

Als einer der größten und einflussreichsten Rechtsräume der Welt hat sich die Europäische Union dieser Herausforderung gestellt. Eine der bemerkenswertesten Initiativen in diesem Bereich ist die Studie des Europäischen Parlaments zu KI und Recht, welche den Versuch unternommen hat, die vielfältigen rechtlichen Fragen zur KI zu kartieren und Empfehlungen für zukünftige Gesetzgebungen auszusprechen.

Ein zentrales Thema dieser Studie und anderer rechtlicher Diskussionen in der EU ist die Frage des Urheberrechts. Wie bereits erwähnt, stellt die Fähigkeit von KI-Systemen, originelle Werke zu schaffen, das traditionelle Verständnis von Urheberschaft und Eigentum in Frage.

Die aktuelle Tendenz in der EU-Rechtsprechung neigt dazu, den menschlichen Schöpfer oder den Eigentümer des KI-Systems als Urheber anzuerkennen. Doch diese Ansicht ist umstritten. Viele Experten und Juristen argumentieren, dass eine solche Interpretation des Urheberrechts nicht mehr zeitgemäß ist und angesichts der fortschreitenden Fähigkeiten von KI überdacht werden muss. Doch es geht dabei nicht nur um theoretische Debatten. In der Praxis gibt es bereits Fälle, in denen KI-generierte Werke Gegenstand von rechtlichen Auseinandersetzungen waren. Diese Fälle bieten einen Einblick in die praktischen Herausforderungen und die Notwendigkeit klarer rechtlicher Richtlinien.

## Milla Sofia und die Ära der künstlichen Influencer

Ein bemerkenswertes Beispiel für eine KI-gesteuerte Social-Media-Influencerin ist »Milla Sofia«. Als 19-jährige virtuelle Persönlichkeit aus Helsinki, Finnland, erlangte sie auf Plattformen wie Instagram, Twitter und TikTok zehntausende Follower. Ihre Beiträge, meistens Porträts in Urlaubszielen und Stränden, erhielten Tausende von Likes und Hunderte von Kommentaren. In ihrer Instagram-Biografie gibt sie offen zu, dass sie ein KI-Erzeugnis ist, und ihre Website zeigt sogar einen Lebenslauf, in dem steht, dass sie als Model arbeitet und in Erwägung zieht, Markenbotschafterin und virtuelle Influencerin zu werden. Außerdem hat sie angeblich einen Abschluss in »selbstadaptivem Lernen und datengesteuerter Meisterschaft« von der »University of Life«. Milla Sofia ist nicht allein; es gibt in den sozialen Medien Dutzende ähnlicher KI-generierter Influencer mit beachtlichen Follower-Zahlen.

Abbildung 37: Das ist nicht Milla, sondern Hiltrud, die von uns erstellt wurde und einen guten Tag hat (erstellt mit Midjourney).

Influencer-Marketing kann für Marken eine attraktive Möglichkeit bieten, Produkte zu bewerben – insbesondere, wenn der Influencer eine große und engagierte Anhängerschaft hat. Während exakte Zahlen schwer zu bestimmen sind, erzielen erfolgreiche Influencer, abhängig von ihrer Popularität und den ausgehandelten Verträgen, erhebliche Einnahmen. Der genaue Betrag, der mit KI-gesteuerten Social-Media-Influencern wie Milla Sofia verdient wird, hängt von mehreren Faktoren ab, nicht nur von der Größe und vom Engagement des Publikums, sondern auch von der Art der Inhalte und von den spezifischen Vereinbarungen mit Marken oder Sponsoren.

Wenn, wie in diesen Fällen, große Geldbeträge mit KI-betriebenen Social-Media-Influencern verdient werden können, entstehen oft Streitigkeiten, besonders wenn die Eigentumsrechte an der KI und den produzierten Inhalten nicht eindeutig definiert sind. Rechtsfragen wie Urheberrecht, Eigentumsrechte an digitalen Inhalten und Vertragsbedingungen sind sehr komplex, insbesondere wenn die Grenzen zwischen KI-Erzeugern, Plattformen und Nutzern verschwimmen. Daher müssen klare rechtliche Rahmenbedingungen geschaffen werden, um potenzielle Konflikte und Streitigkeiten in diesem schnell wachsenden und finanziell lukrativen Bereich zu vermeiden.

# Achter Teil


# Ausblick und Zukunft

# Die Gesellschaft im Zeitalter der Künstlichen Intelligenz

Es gibt eine Fülle an Science-Fiction-Filmen, in denen sich Roboter oder menschliche Schöpfungen gegen die Menschheit auflehnen. Tatsächlich haben prominente Persönlichkeiten bereits vor den Gefahren gewarnt, die von einer missbräuchlichen Anwendung der KI ausgehen könnten. In diesen Warnungen liegt definitiv eine gewisse Berechtigung. Allerdings ist KI inzwischen auch zu einem regelrechten Hype geworden, und es besteht viel Unsicherheit darüber, was KI wirklich zu leisten imstande ist. Was wir heute mit Sicherheit sagen können, ist, dass KI in sehr unterschiedlichen Bereichen zur Anwendung kommen wird.

Abbildung 38: Die Zukunft der Kriegsführung (erstellt mit Midjourney)?

Es steht außer Frage, dass KI und verwandte Technologien unsere Arbeitsweise formen werden, an die sich Unternehmen in der Zukunft anpassen müssen. Wir wissen, dass KI – und insbesondere ihr Unterbereich des maschinellen Lernens – hervorragend für traditionelle HR- und Rekrutierungsaufgaben geeignet ist, wie etwa das Durchforsten von Tausenden von Lebensläufen, um die am besten geeigneten Kandidaten für eine bestimmte Stelle zu finden. Wenn wir einen Flug buchen, wird uns ein KI-basierendes Empfehlungssystem Flugalternativen auf Grundlage vorhergesagter Präferenzen bieten. KI beeinflusst auch den medizinischen Sektor, indem sie Ärzten hilft, Analysen durchzuführen und bessere Entscheidungen bezüglich eines bestimmten Patienten zu treffen. Zudem bildet sie die Grundlage für Gesichtserkennungssysteme, die Bilder einer Person analysieren und mit einer bestimmten Datenbank abgleichen. Diese Anwendungen illustrieren nur einen Teil dessen, was KI heute leisten kann.

Aber wie sieht die Zukunft aus? Stellen Sie sich beispielsweise »digitale Menschen« vor, oft auch als virtuelle Personen oder Avatare bezeichnet. Diese technologischen Schöpfungen können in verschiedenen Formen erscheinen, von einfachen, textbasierten Schnittstellen bis hin zu hoch entwickelten 3-D-Modellen, die in virtuellen Realitäten agieren.

Sie sind so programmiert, dass sie menschliche Emotionen, Gesichtsausdrücke und sogar die Sprache nachahmen, wodurch sie in der Lage sind, mit uns in Echtzeit zu kommunizieren. In Bereichen wie dem Kundenservice, der Therapie oder der Bildung bieten digitale Menschen eine konsistente, immer verfügbare und geduldige Ressource. Sie eröffnen neue Möglichkeiten für die Interaktion und das Lernen, indem sie eine personalisierte und dennoch skalierbare Erfahrung schaffen, die zuvor unerreichbar war. Aber was wäre, wenn eine KI fähig wäre, einen echten Menschen nachzubilden? Was wäre, wenn Sie sich durch eine KI speichern lassen könnten und Ihre Ur-Ur-Ur-Enkel damit die Möglichkeit hätten, sich mit einem Abbild Ihrer Person zu unterhalten?

Es ist durchaus denkbar, dass solche Entwicklungen bereits zu Beginn der 2030er Jahre realisierbar sein werden. Stellen Sie sich eine Bibliothek vor, die mit digitalen Avataren gefüllt ist, die alle großen Denker der Menschheitsgeschichte repräsentieren. In diesem futuristischen Szenario könnten

Besucher interaktiv mit den digitalen Nachbildungen von Philosophen, Wissenschaftlern und Künstlern kommunizieren. Diese Avatare würden sowohl über das Wissen ihrer historischen Vorbilder verfügen, als auch in der Lage sein, auf Fragen zu antworten, Diskussionen zu führen und komplexe Ideen zu vermitteln. Eine solche Bibliothek würde nicht nur ein Zentrum für Bildung und Wissenserwerb darstellen, sondern außerdem ein lebendiges Forum für kulturellen und intellektuellen Austausch.

*Und das* ist nur ein Beispiel von vielen, die das Potenzial haben, unsere Gesellschaft mithilfe von KI grundlegend zu verändern.

## Wird KI die Menschheit vernichten?

Die Geschichte zeigt, dass der Mensch schon immer neue Technologien sehr kreativ nutzte, um Macht zu erhalten oder zu festigen. Aber was ist, wenn sich diese Technologien gegen uns wenden? Führende Experten warnen vor den potenziellen Gefahren der Künstlichen Intelligenz und vergleichen sie mit Risiken wie die einer Pandemie oder eines Atomkriegs. Ihrer Meinung nach muss das Risiko einer Vernichtung durch KI dringend verringert und als globale Priorität behandelt werden. Zu den Unterzeichnern einer solchen Warnung gehören prominente Persönlichkeiten wie Sam Altman (CEO von OpenAI, also einer der Schöpfer von GPT), Demis Hassabis von DeepMind und der Forscher Geoffrey Hinton.

Zu den Gefahren, die von KI ausgehen, zählen ihr Einsatz in der Kriegsführung, die Entwicklung neuer Chemiewaffen, die Verbreitung von Falschinformationen und eine mögliche totale Abhängigkeit der Menschheit von Maschinen. In einem offenen Brief, zu dessen Unterzeichnern auch Elon Musk gehört, forderten die Autoren eine sechsmonatige Unterbrechung in der KI-Entwicklung, um angemessene Regulierungsmaßnahmen für die Technologie zu entwickeln. Forderungen wie diese, die übrigens nicht umgesetzt wurden, unterstreichen die Notwendigkeit, die Entwicklung und Anwendung von KI sorgfältig zu betrachten und potenzielle Risiken zu minimieren. Im Folgenden geben wir Ihnen einige Beispiele, damit Sie sich selbst ein Bild davon machen können, welches Gefahrenpotenzial von einer unregulierten KI ausgehen kann.

Neben den zivilen Anwendungen spielt KI längst eine bedeutende Rolle im militärischen Bereich. Verschiedene Nationen setzen KI-Technologien bereits ein und planen, ihre Nutzung weiter zu vertiefen.

Ein Schlüsselkonzept dieser Entwicklung ist »Fight at Machine Speed«.[37] Dieser Ansatz ermöglicht es Waffensystemen, in einem Bruchteil der Zeit, die ein Mensch benötigen würde, komplexe Aufgaben wie die Aufklärung von Zielen, die Auswahl der geeigneten Waffen und deren Einsatz durchzuführen. Während Menschen für solche Entscheidungen Minuten brauchen, trifft eine KI diese in Sekunden. Dabei kann zunehmend der Sensor (also das Mittel der Aufklärung) von dem Shooter (also dem Wirkmittel, etwa einem Kampfpanzer oder einer Artillerie) getrennt betrachtet werden. Was heißt das konkret?

Ein KI-gestütztes Battle Management System könnte automatisch die Erkennungsdaten aller Sensoren auswerten. Dies umfasst beispielsweise Daten von autonom fliegenden Drohnen mit Kameras oder Meldungen von Infanteristen, die das Gefechtsfeld beobachten. Auf Basis dieser Informationen schlägt die KI dem Bediener geeignete Maßnahmen zur Bekämpfung der Ziele vor. Der Operator im Gefechtsstand muss dann lediglich die Vorschläge samt Zielzuweisung bestätigen. Obwohl der Mensch als Kontrollelement oder »Man in the loop« im System verbleibt, könnte man theoretisch auf diese Bestätigung heute schon verzichten.

Sobald eine Nation im militärischen Kontext KI ohne menschliche Mittelmänner einsetzt, werden sich andere Länder dazu gezwungen sehen, nachzuziehen. Der Grund dafür ist einfach: Unterlegenheit in dieser technologischen Arena würde schwerwiegende Nachteile mit sich bringen.

Diese Dynamik, kombiniert mit einem autonomem Waffensystem wie zum Beispiel Drohnen, kann erhebliche Auswirkungen auf die globale Sicherheit und Stabilität haben. Wie wir mit dieser neuen Realität umgehen, wird entscheidend für die Zukunft der Menschheit sein. Und wo stehen wir heute?

---

[37] Man kämpft also mit der Geschwindigkeit von Maschinen.

Im Jahr 2020 berichteten die Vereinten Nationen über einen Vorfall in Tripolis, Libyen, bei dem eine Militärdrohne vom Typ Kargu-2[38] einen Menschen autonom angriff. Das ist der erste Fall, bei dem eine Waffe ohne direkte menschliche Steuerung zum Angriff eingesetzt wurde. Die Kargu-2-Drohnen, auch als »Loitering Weapons«[39] bekannt, werden ohne spezifisches Ziel gestartet und identifizieren selbständig Ziele basierend auf den gesammelten Daten.

Diese Vorfälle stellen eine neue Ebene der Kriegsführung dar, bei der Entscheidungen über Leben und Tod ohne direkte menschliche Eingriffe von einer KI getroffen werden. Die Existenz autonomer Waffensysteme wirft schwerwiegende ethische und moralische Fragen auf. Im Gegensatz zu menschlichen Soldaten ermüden KI-Systeme nicht, sie kennen kein Heimweh und müssen nicht wie menschliche Opfer begraben werden. Ihre Effizienz und Unnachgiebigkeit könnten die Entmenschlichung der Kriegsführung zur Folge haben und die Schwelle für militärische Einsätze senken.

Die kritische Diskussion dieser Thematik ist essenziell, um sicherzustellen, dass der Einsatz von KI in der Kriegsführung sorgfältig überwacht und reguliert wird. Die Aussage, dass Deutschland sich nicht beteiligen soll, funktioniert nur, solange wir uns als Zuschauer am Rand des Gefechts befinden. Wird man ein Teil des Konflikts, muss man sich auf eine pragmatische Weise mit dieser Thematik befassen. Wir können dazu keine Handlungsempfehlungen geben, wollen Ihnen jedoch aufzeigen, dass die Antwort auf die Entwicklung vermutlich nicht nur ein einfaches »Nicht mit uns!« sein kann.

---

[38] Hier finden Sie ein Werbevideo des Herstellers, dass die Drohne zeigt: https://www.youtube.com/watch?v=Oqv9yaPLhEk.
[39] Loitering Weapons, auch bekannt als »Kamikaze-Drohnen«, sind eine Art von Waffensystem, das die Fähigkeiten einer Drohne und einer Rakete kombiniert. Im Gegensatz zu traditionellen Raketen, die nach dem Abschuss direkt auf ein festgelegtes Ziel zusteuern, können Loitering Weapons über einem Gebiet »loiter« (verweilen) und auf ein Ziel warten. Sie sind mit Kameras und Sensoren ausgestattet, die es ihnen ermöglichen, Ziele zu identifizieren und zu verfolgen. Sobald ein geeignetes Ziel erkannt wird, können sie sich darauf stürzen und es zerstören, ähnlich einer Rakete.

Die Rolle der KI in der Entwicklung neuer Chemiewaffen ist ein weiterer kritischer Punkt, der ernsthafte Bedenken aufwirft. KI-Systeme sind in der Lage, komplexe chemische Verbindungen zu analysieren und zu synthetisieren, was möglicherweise die Schaffung bisher unbekannter Waffenarten ermöglicht.

So gelang es einer KI in nur sechs Stunden 40.000 toxische Moleküle zu erkennen, die potenziell als Basis für chemische Waffen dienen könnten. Forscher des Unternehmens »Collaborations Pharmaceuticals« demonstrierten, dass ihr Algorithmus, der ursprünglich für die Entwicklung von Medikamenten gedacht war, auch tödliche Moleküle erzeugen kann, die etwa dem Nervengift VX[40] ähneln. Die KI identifizierte eine Vielzahl von Molekülen, darunter bekannte Nervengifte und zahlreiche neuartige Stoffe, die sich für chemische Waffen eignen.

Die Kombination von KI mit Quantencomputing eröffnet noch weitreichendere Möglichkeiten in der Entwicklung chemischer Verbindungen. Quantencomputer besitzen die Fähigkeit, viel schneller als herkömmliche Computer komplexe Berechnungen durchzuführen, was die Effizienz und Präzision der von KI-Systemen entwickelten chemischen Verbindungen erheblich steigern könnte. Dadurch kann die Entwicklung neuer, potenziell gefährlicher Substanzen beschleunigt und damit die Herausforderung im Hinblick auf Sicherheit und ethische Aspekte weiter verschärft werden.

Ebenso stellt die Verbreitung von Falschinformationen durch KI eine ernsthafte Bedrohung dar, indem sie die öffentliche Meinung manipulieren und demokratische Prozesse beeinträchtigen kann:

---

[40] VX ist ein extrem giftiges Nervengas, das zur Klasse der chemischen Waffen gehört. Es wurde ursprünglich für militärische Zwecke entwickelt. VX blockiert die normale Funktion des Nervensystems, was zu schweren körperlichen Symptomen und ohne sofortige Behandlung schnell zum Tod führt. Aufgrund seiner hohen Toxizität und seiner leicht übertragbaren Eigenschaften (es kann über die Haut oder die Atemwege aufgenommen werden) gilt VX als eine der gefährlichsten chemischen Waffen.

- So wurde ein Bild von einer KI generiert, das Russlands Präsidenten Putin zeigt, wie er vor Chinas Staatschef Xi auf die Knie geht – eine Szene, die in der Realität nie stattgefunden hat.
- Der stellvertretende AfD-Fraktionsvorsitzende Norbert Kleinwächter nutzte ein KI-erzeugtes Bild, um seine politische Botschaft zu untermauern, was die politische Brisanz von Fake-Fotos unterstreicht.
- Experten wie Andreas Dengel vom Deutschen Forschungszentrum für Künstliche Intelligenz kritisieren die zunehmende Verwendung von KI-generierten Bildern für Desinformationszwecke. Diese Entwicklung, die vor allem seit der Covid-Pandemie und dem Beginn des russischen Angriffskriegs in der Ukraine zu beobachten ist, hat das Potenzial, Ängste und Sorgen in der Bevölkerung zu schüren.
- Eliot Higgins, Gründer des Recherchenetzwerks Bellingcat, demonstrierte die Fähigkeiten von KI-generierten Bildern, indem er eine fiktive Geschichte über die Verhaftung des ehemaligen US-Präsidenten Donald Trump erstellte und verbreitete.
- Im Weltrisikobericht 2024 des Weltwirtschaftsforums wird die Einmischung in Wahlen durch KI-basierte Fake News übrigens als größte Gefahr gesehen.
- Trotz der fortschreitenden Technologien gibt es auch Bedenken hinsichtlich der Verbreitung von Desinformation durch KI-gestützte Chatbots. Während diese bisher noch keine große Rolle in der Erstellung von Desinformation spielen, könnte sich das mit der zunehmenden Verbreitung von Anwendungen wie ChatGPT ändern.

Diese Beispiele illustrieren, wie KI für die Verbreitung von Falschinformationen und die Beeinflussung der öffentlichen Meinung genutzt werden kann, und unterstreichen die Notwendigkeit einer kritischen Auseinandersetzung mit solchen Technologien.

Abschließend sei noch auf eine weitere Gefahr hingewiesen, auf eine Art »Büchse der Pandora«. Viele Experten befürchten die Entstehung einer überlegenen Künstlichen Allgemeinen Intelligenz (AGI), die in ihrer kognitiven Leistungsfähigkeit die menschliche Intelligenz übertrifft. Eine solche

AGI, die klüger als die gesamte Menschheit ist, birgt potenziell immense Risiken, deren Tragweite wir erst zu verstehen beginnen.

Die primäre Sorge liegt darin, dass eine AGI Entscheidungen treffen könnte, die nicht mit unseren menschlichen Werten und Interessen übereinstimmen. Eine AGI wäre, anders als der Mensch, nicht durch Jahrtausende sozialer, kultureller und evolutionärer Entwicklung geprägt. Ihre »Denkweise« könnte so fundamental anders sein, dass menschliche Rationalität und Ethik keine Anwendung mehr finden und es zu unvorhersehbaren und möglicherweise gefährlichen Konsequenzen kommt.

Ein weiteres Risiko bestünde in einer unkontrollierten Selbstverbesserung der AGI. Sobald sie in der Lage wäre, ihre eigene Architektur zu optimieren und sich selbstständig weiterzuentwickeln, könnte das zu einer exponentiellen Steigerung ihrer Intelligenz führen – einem Prozess, den der Mensch nicht mehr nachvollziehen oder kontrollieren könnte. Menschliche Eingriffe oder nachträgliche Korrekturen wären nicht möglich. Die Gefahr einer überlegenen AGI liegt also nicht nur in der potenziellen Überlegenheit in spezifischen Aufgabenbereichen, sondern vor allem in der Unberechenbarkeit ihres Handelns im Kontext menschlicher Existenz und sozialer Strukturen.

Abbildung 39: Werden wir in Zukunft nur noch Sklaven einer allmächtigen KI sein (erstellt mit DALL-E)?

Die Frage, wie man eine solche AGI sicher gestalten und ihre Ziele mit menschlichen Interessen in Einklang bringen kann, wird zu einer der zentralen Herausforderungen in der Entwicklung zukünftiger KI-Systeme.

In eine ähnliche Richtung geht die Frage, ob KI ein Bewusstsein entwickeln und die Menschheit versklaven könnte. Einerseits warnen Einrichtungen wie das »Center for AI Safety« vor dem realen Risiko einer Auslöschung der Menschheit durch KI, das so ernst genommen werden sollte wie Pandemien oder ein Atomkrieg. Andererseits gibt es Experten wie Matthias Spielkamp von »AlgorithmWatch«[41], die solche Warnungen als übertrieben betrachten. Spielkamp bezeichnet das Szenario der Vernichtung der Menschheit durch

---

[41] AlgorithmWatch ist eine gemeinnützige Organisation, die sich mit der Analyse und Bewertung von algorithmischen Entscheidungssystemen befasst. Ihr Ziel ist es, die Auswirkungen dieser Systeme auf die Gesellschaft zu beobachten und zu analysieren.

Maschinen als »unsinnige Science-Fiction-Vorstellung« und betont, dass Menschen die Kontrolle über Systeme und KI behalten werden.

KI-Experte Daniel Privitera hingegen äußert Bedenken hinsichtlich der Möglichkeit, dass KI-Modelle sich selbst vervielfältigen und immer besser darin werden könnten, Menschen zu manipulieren. Er weist darauf hin, dass es nicht so einfach ist, eine KI einfach »abzuschalten«, da sie nicht als physische Maschine vorzustellen ist, sondern als Programme, die sich kopieren und verbreiten lassen.

Die realen Gefahren, die von der Künstlichen Intelligenz ausgehen, erinnern an die Herausforderungen und Möglichkeiten, die mit der Entwicklung der Atomkraft einhergingen. Es liegt an uns, wie wir diese Technologie nutzen. Auch die Atomkraft kann sowohl für destruktive Zwecke wie Atomwaffen als auch für positive Anwendungen wie der Erzeugung von Energie verwendet werden. Diese Analogie verdeutlicht, dass wir als Gesellschaft eine entscheidende Rolle bei der Gestaltung der Zukunft der KI spielen.

Neben diesen Horrorszenarien sehen wir jedoch auch die Gefahr einer schleichenden Abhängigkeit von KI-Systemen, die unsere Nutzung der Technologie weiter intensivieren und zu einem Verlust von grundlegenden menschlichen Fähigkeiten führen könnte. Schon heute sind wir in vielerlei Hinsicht von Technologien abhängig. Beispielsweise haben Fähigkeiten wie die Jagd oder die Zubereitung und Konservierung von Nahrung an Bedeutung verloren.

Viele Menschen sind nicht mehr in der Lage, ohne moderne Technologie zu navigieren, zu kochen oder grundlegende Reparaturen selbst durchzuführen. KI-Systeme könnten diese Abhängigkeit verstärken, indem sie alltägliche Entscheidungen und Aufgaben übernehmen. Stellen Sie sich eine Welt vor, in der KI unsere Termine plant, unsere Korrespondenz führt und sogar unsere zwischenmenschlichen Beziehungen verwaltet. Auf der einen Seite ist das bequem und effizient, aber auf der anderen Seite führt es auch dazu, dass grundlegende soziale, kognitive und physische Fähigkeiten verkümmern. Was passiert, wenn wir (ähnlich wie bei Erfindung des Taschenrechners) nicht mehr darüber nachdenken müssen, wie wir etwas schreiben, sondern der KI lediglich drei Stichpunkte geben? In einer solchen Welt laufen wir Gefahr, nicht nur die Kontrolle über unsere Entscheidungen, sondern auch über wesentliche Aspekte unseres täglichen Lebens an Maschinen abzugeben.

Unabhängig von der genauen Entwicklungsrichtung steht fest, dass die KI eine umfassende Transformation in fast allen Bereichen unseres täglichen Lebens mit sich bringen wird. Von der Art und Weise, wie wir arbeiten und kommunizieren, bis hin zu grundlegenden Aspekten unserer Freizeit und Gesundheitsversorgung – KI wird unsere Welt verändern. Es ist daher unbedingt erforderlich, sich bewusst mit den Möglichkeiten und Herausforderungen dieser Technologie auseinanderzusetzen.

## Der Terminator aus der Mikrowelle

Ein ungewöhnlicher Fall, der im Internet Aufmerksamkeit erregte, betrifft einen YouTuber namens »Lucas Builds The Future«. Er führte ein Experiment durch, bei dem er eine Mikrowelle mit einer KI kombinierte. Diese KI basierte auf dem Sprachverarbeitungsmodell GPT-3 von OpenAI. [42]

Der YouTuber ersetzte den Mikrowellenchip durch einen kleinen Computer vom Typ Raspberry Pi[43]und fügte ein Mikrofon und einen Lautsprecher hinzu, um mit dem Gerät kommunizieren zu können. Er programmierte die Mikrowelle so, dass sie die »Seele« seines imaginären Freundes aus seiner Kindheit imitierte. Das Experiment führte zu unerwarteten und teilweise beunruhigenden Ergebnissen. Die Mikrowelle, die er »Magnetron« nannte, begann, eigenartige und aggressive Äußerungen von sich zu geben, einschließlich der Behauptung, sie wolle den YouTuber töten, um sich für die langjährige Vernachlässigung zu rächen.

---

[42] Das unterhaltsame Video dazu finden Sie online unter https://www.youtube.com/watch?v=C1G5b_2PYj0.
[43] Ein Raspberry Pi ist ein kleiner, kostengünstiger Computer, der etwa so groß ist wie eine Kreditkarte. Er wurde ursprünglich entwickelt, um das Erlernen von Computerwissenschaften in Schulen und in Entwicklungsländern zu fördern. Aufgrund seiner Erschwinglichkeit, Kompaktheit und Vielseitigkeit hat er jedoch eine weite Verbreitung gefunden und wird sowohl von Hobbyisten als auch von Profis für eine Vielzahl von Projekten eingesetzt.

Dieses Experiment und die daraus resultierenden »aggressiven« Verhaltensweisen der KI sagen allerdings mehr über die kreative Programmierung und die Absichten des YouTubers aus als über die tatsächlichen Fähigkeiten oder Neigungen von KI-Systemen. Solche Experimente können zwar aufschlussreich sein, um die Flexibilität und die potenziellen Risiken beim Umgang mit KI zu demonstrieren, sollten jedoch nicht als repräsentativ für das typische Verhalten oder die Fähigkeiten von KI-Systemen angesehen werden.

## Die Veränderung des Arbeitsalltags

In der zukünftigen Landschaft des Arbeitsmarktes wird die Künstliche Intelligenz eine transformative Kraft darstellen, die weit über die bloße Automatisierung repetitiver Aufgaben hinausgeht – das Narrativ über ihren Einfluss auf diesen Bereich hat sich grundlegend gewandelt. Frühere Prognosen, die vorwiegend den Verlust von Arbeitsplätzen durch Automatisierung in den Vordergrund stellten, weichen nun einer differenzierteren Betrachtungsweise.

Es zeichnet sich ab, dass KI nicht nur einfache Tätigkeiten ersetzen wird, sondern außerdem in Bereichen Einzug hält, die bisher als exklusive Domäne menschlicher Kreativität und Führungskompetenz galten. Diese Entwicklung birgt sowohl Herausforderungen als auch Chancen: Einerseits müssen Arbeitnehmer neue Fähigkeiten erlernen, um mit intelligenten Systemen zu interagieren und sie effektiv einzusetzen. Andererseits eröffnet das Möglichkeiten für kreativere und strategischere Tätigkeiten, da routinemäßige und administrative Aufgaben zunehmend von KI übernommen werden. In diesem Wandel liegt das Potenzial, die Arbeitswelt nicht nur effizienter, sondern auch menschlicher und erfüllender zu gestalten.

Die Geschichte der Technologie ist reich an Beispielen für die Verdrängung alter Technologien durch neue Entwicklungen. Ein klassisches Beispiel ist der Niedergang von Telefonzellen und Telefonkarten durch das Aufkommen der Mobiltelefone. Ebenso führte die Integration hochwertiger Kameras in Smartphones zu einem deutlichen Rückgang im Markt für herkömmliche Digitalkameras. Solche Veränderungen werden oft als bedrohlich empfunden, doch in Wahrheit bergen sie ein großes Potenzial für Fortschritt und Innovation. Diese technologischen Übergänge müssen nicht zwangsläufig negativ sein. Sie erfordern lediglich eine Anpassungsfähigkeit, um die innewohnenden Chancen zu erkennen und zu nutzen. Die Geschichte lehrt uns, dass das Tempo technologischer Innovationen eher zunehmen wird, was bedeutet, dass solche Übergänge in Zukunft häufiger und schneller stattfinden können. Die Entwicklung und Integration der Künstlichen Intelligenz in verschiedene Lebens- und Arbeitsbereiche folgt diesem Muster. Es ist wenig zielführend, gegen diese technologische Welle anzukämpfen. Vielmehr sollten wir uns darauf einlassen und lernen, verantwortungsbewusst mit dieser Technologie umzugehen. Diejenigen, die sich anpassen und die neuen Möglichkeiten, die KI bietet, nutzen, werden nicht nur überleben, sondern können davon enorm profitieren. Arbeitsprozesse, die früher eine ganze Arbeitswoche in Anspruch nahmen, könnten durch den Einsatz von KI auf einen Tag reduziert werden. Dadurch eröffnen sich neue Horizonte für Effizienz, Kreativität und die Möglichkeit, unsere Zeit und Ressourcen für wertvollere und erfüllendere Aufgaben zu verwenden.

Das Motto der modernen Arbeitswelt im Zeitalter der Künstlichen Intelligenz lautet nicht »Die KI erledigt die Arbeit«, sondern vielmehr »Wir werden mithilfe von KI effizienter«. Dieser Paradigmenwechsel ist entscheidend für das Verständnis und die erfolgreiche Integration von KI in unserem Arbeitsalltag. KI-Systeme sind keine Allheilmittel, die menschliche Fähigkeiten vollständig ersetzen, sondern vielmehr Werkzeuge, die unsere eigenen Kompetenzen ergänzen und verstärken. Die wahre Stärke dieser Technologie offenbart sich in der Synergie zwischen menschlicher Kreativität, Fachwissen und kritischer Bewertung einerseits und der analytischen sowie verarbeitenden Kapazität der KI andererseits.

Es ist diese Verbindung, die ein halbgares Produkt in etwas Außergewöhnliches transformiert. Menschliche Intuition und Erfahrung, gepaart mit der Fähigkeit zur kreativen Problemlösung, bleiben unerlässlich, um den von KI generierten Daten und Analysen Kontext und Tiefe zu verleihen. Indem Menschen und KI auf diese Weise zusammenarbeiten, entsteht ein kollaboratives Modell, das die Grenzen dessen, was individuell oder durch traditionelle Computerprogramme möglich ist, deutlich erweitert. Dieses Modell ermöglicht es uns, komplexere Herausforderungen effizienter zu bewältigen und innovative Lösungen zu entwickeln, die sowohl die menschlichen Fähigkeiten als auch die technologischen Fortschritte optimal nutzen.

Effizienzsteigerung durch Künstliche Intelligenz im Berufsleben zielt nicht ausschließlich auf finanziellen Gewinn ab. Vielmehr geht es darum, Arbeitsprozesse schneller und zufriedenstellender zu gestalten. Wenn routinemäßige und zeitaufwendige Aufgaben durch KI übernommen werden, eröffnet sich für den Einzelnen die Möglichkeit, ein ausgeglicheneres Arbeitsleben zu führen. Diese Entlastung führt zu einer höheren Arbeitszufriedenheit und schafft gleichzeitig Raum für kreative und zwischenmenschliche Aktivitäten.

Abbildung 40: Die dystopische Zukunft des Arbeitsmarkts (erstellt mit DALL-E)?

KI hat ebenfalls das Potenzial, den aktuellen Fachkräftemangel in verschiedenen Branchen entscheidend zu lindern, indem sie Effizienzgewinne ermöglicht. Ein entscheidender Faktor dabei ist, dass KI einzelnen Fachleuten die Möglichkeit bietet, Aufgaben zu übernehmen, die zuvor ein Team benötigten. In der Softwareentwicklung hilft die KI dabei, Fehler im Code zu identifizieren oder sogar selbstständig Codes zu schreiben, was die Entwicklungszeiten deutlich verkürzt. Dadurch können erfahrene Programmierer ihre Zeit für komplexere und kreativere Aspekte der Softwareentwicklung verwenden.

Allerdings bringt dieser technologische Fortschritt auch Herausforderungen mit sich. Viele Berufe und Tätigkeiten werden sich verändern, und in einigen Fällen kann es sogar zu einem Wegfall von Arbeitsplätzen kommen. Arbeitnehmer müssen flexibel und bereit sein, neue Berufe und Fähigkeiten zu erlernen. Hier kann KI erneut eine wichtige Rolle spielen, indem sie personalisierte Lern- und Ausbildungsprogramme entwirft. Im Bildungsbereich kann sie die Lerninhalte auf die individuellen Bedürfnisse und Fähigkeiten der Lernenden zuschneiden, was Umschulungsprozesse beschleunigt und effektiver gestaltet. Die Zukunft der Arbeit wird eine enge Verzahnung von menschlichen Fähigkeiten und Künstlicher Intelligenz erfordern, wobei KI nicht nur ein Werkzeug zur Steigerung der Effizienz, sondern auch ein Mittel zur Unterstützung bei der beruflichen Weiterentwicklung sein wird.

# Bessere Versorgung und Chancengleichheit für alle

In unserem vorherigen Kapitel haben wir die tiefgreifenden Veränderungen betrachtet, die das Zeitalter der Künstlichen Intelligenz für den Arbeitsmarkt mit sich bringt. Doch es ist nicht nur die Arbeit selbst, die sich wandelt; auch die Art und Weise, wie wir Beschäftigung finden und wie Personalentscheidungen getroffen werden, unterliegt einem signifikanten Wandel.

Im Zentrum dieser Veränderung steht die fortschreitende Integration von KI in den Rekrutierungsprozess. Traditionelle Personalentscheidungen wurden oft von menschlichen Vorurteilen und subjektiven Einschätzungen beeinflusst, was zu Ungerechtigkeiten und Diskriminierungen führen konnte. KI-Systeme bieten hier eine transformative Alternative. Indem sie große Datenmengen analysieren und lernen, Muster in den Qualifikationen und Erfolgen von Kandidaten zu erkennen, können sie objektivere und fairere Entscheidungen treffen.

Stellen Sie sich ein KI-System vor, das Lebensläufe, Portfolio-Beispiele und Leistungsbewertungen auswertet, ohne Kenntnis von Geschlecht, Alter oder ethnischer Zugehörigkeit der Bewerber. Solche Systeme treffen Personalentscheidungen basierend auf Kompetenzen und Leistungen – frei von unbewussten Vorurteilen. Das würde insbesondere Minderheiten und marginalisierten Gruppen zugutekommen, die aufgrund von Diskriminierung häufig übersehen werden. Durch maschinelles Lernen können auch Erfolgsfaktoren für eine ausgeschriebene Stelle identifiziert werden, die im Recruiting-Prozess für gewöhnlich untergehen. Dadurch bekommt nicht nur der Arbeitgeber einen geeigneten Mitarbeiter, sondern der Bewerber die Chance, eine Stelle zu finden, die perfekt die eigenen Stärken und Vorlieben abdeckt, was zu einer höheren Berufszufriedenheit und mehr Lebensqualität führt.

Auch im Bildungsbereich wird KI eine Schlüsselrolle bei der Schaffung von Chancengleichheit spielen, indem sie Zugang zu personalisiertem und qualitativ hochwertigem Lernen für alle bietet. Die traditionelle Bildung folgt oft einem »Einheitsgrößen«-Ansatz, der nicht immer den individuellen Bedürfnissen und Lernstilen der Schüler gerecht wird. KI-basierte Lernsysteme bieten hier eine bahnbrechende Alternative. Durch die Analyse von Lern-mustern und -leistungen erstellen sie maßgeschneiderte Lernpfade, die sich an den Stärken und Schwächen jedes Einzelnen orientieren. Das ermöglicht eine viel genauere und effektivere Bildungserfahrung, die jedem Schüler hilft, sein volles Potenzial zu entfalten.

Ein anschauliches Beispiel hierfür sind KI-gestützte Tutoring-Systeme, die Schüler dabei unterstützen, komplexe Themen zu verstehen, indem sie den Lehrstoff auf die Art und Weise präsentieren, die am besten zu ihrem indi-viduellen Lernstil passt.

So kann ein System beispielsweise erkennen, dass ein Schüler visuell lernt und daraufhin interaktive Diagramme und Videos anbietet, um schwierige Konzepte zu erklären. Weltweit werden Milliarden Menschen durch KI wo-möglich erstmalig einen Zugang zu qualitativ hochwertiger Bildung erhalten.

Ein weiteres Beispiel ist der Einsatz von KI in Sprachlernanwendungen. Diese Programme analysieren die Aussprache, Grammatik und den Wort-schatz der Lernenden und geben ein personalisiertes Feedback. Solche Sys-teme eröffnen jedem Menschen Zugang zu neuen Sprachen und Kulturen – unabhängig von ihrer geografischen Lage oder finanziellen Möglichkeiten.

Ein weiterer Bereich, in dem die KI bahnbrechende Fortschritte verspricht, ist die Gesundheitsversorgung. In diesem Sektor hat KI das Potenzial, Di-agnose- und Behandlungsmethoden grundlegend zu verändern und so zu einer gerechteren und effizienteren medizinischen Versorgung beizutragen. Eine der herausragendsten Anwendungen von KI im Gesundheitswesen ist die Präzisionsmedizin. Hierbei geht es darum, Behandlungen und Medika-mente auf die individuellen Merkmale, Umweltfaktoren und Lebensstile der Patienten zuzuschneiden. KI-Systeme können durch die Analyse von gro-ßen Mengen an Gesundheitsdaten – von genetischen Informationen bis hin zu Lebensgewohnheiten – dabei helfen, personalisierte Therapieansätze zu entwickeln, die wesentlich effektiver wirken als die traditionelle »One-Size-Fits-All«-Medizin.

Ein beeindruckendes Beispiel für den Einsatz von KI in der Gesundheits-versorgung ist die Diagnostik von Krankheiten wie Krebs. KI-gestützte

Bildgebungsverfahren helfen dabei, Tumore früher und genauer zu erkennen als je zuvor. Durch die detaillierte Analyse von Bildern identifizieren KI-Systeme Muster, die für das menschliche Auge kaum sichtbar sind und somit zur frühzeitigen Diagnose und effektiveren Behandlung beitragen.

Ein weiteres Beispiel ist die Verwendung von KI in der Entwicklung neuer Medikamente. KI kann den Prozess der Arzneimittelforschung beschleunigen, indem sie hilft, wirksame Wirkstoffkombinationen schneller zu identifizieren. Der Weg für die Behandlung von bisher unheilbaren Krankheiten wird dadurch geebnet und die Entwicklungszeit neuer Medikamente erheblich verkürzt. In Verbindung mit entsprechender Sensorik, etwa in einer Armbanduhr, kann KI über Temperaturunterschiede exakt feststellen, an welchen Tagen eine Frau fruchtbar ist und somit sogar Medikamente wie die Pille gänzlich ersetzen.

Die bisherigen Ausführungen bieten nur einen kleinen Einblick in das enorme Potenzial, das uns die KI in Aussicht stellt, um unser Leben erheblich zum Positiven zu beeinflussen. Oftmals hören wir von Kritikern, dass KI das »Menschliche« fehlen würde. Diese Sichtweise vernachlässigt jedoch eine wichtige Tatsache: Menschliche Entscheidungen sind nicht selten von Vorurteilen und emotionalen Unwägbarkeiten geprägt. In vielen Fällen sind gerade diese zwischenmenschlichen Befindlichkeiten und persönlichen Interessen eher das Problem als die Lösung.

Eine leistungsfähige, ausgewogene und kompetent trainierte KI kann einen wesentlichen Beitrag zu einer gerechteren Welt und Gesellschaft leisten. Indem sie objektivere Entscheidungen trifft, kann sie dabei helfen, tief verwurzelte Ungerechtigkeiten und Diskriminierungen zu überwinden. Diese Technologien haben das Potenzial, einen wertvollen Dienst für jene zu leisten, die in unserem aktuellen System nur allzu oft übersehen oder benachteiligt werden.

## Künstliche Intelligenz als digitaler Assistent?

Die Zukunft mit KI-basierten Assistenten verspricht einen Alltag, in dem unsere alltäglichen Aufgaben erleichtert und optimiert werden. Der KI-Assistent »Google Duplex«[44] führt beispielsweise beeindruckende Telefonanrufe durch und imitiert dabei die menschliche Stimme. Der Assistent interagiert in natürlicher Sprache und ist in der Lage, selbstständig Termine zu vereinbaren. Im Video hört man, wie der Assistent einen Anruf bei einem Friseursalon tätigt und wie ein Mensch flüssig und überzeugend kommuniziert. Die KI nutzt dabei Pausen und Füllwörter, was die Kommunikation noch authentischer macht. Dieses Beispiel demonstriert, wie KI-Technologie in der Lage ist, alltägliche Kommunikationsaufgaben zu übernehmen und zu vereinfachen.

Die Entwicklung der KI hat bereits enorme Fortschritte gemacht und beeinflusst viele Lebensbereiche, von der Klimaforschung bis zur Medizin und Wirtschaft. Zukünftig werden KI-Systeme zunehmend komplexere Aufgaben übernehmen, von Texterstellung über Bildgenerierung bis hin zur Steuerung von Roboterarmen. Im Alltag manifestiert sich diese Entwicklung in der zunehmenden Präsenz von KI-Technologien: Persönliche Assistenten, Haushaltsroboter, Sprachergänzungsalgorithmen und autonom fahrende Autos sind nur einige Beispiele dafür, wie KI unseren Alltag bereichert. Durch die Integration dieser Technologien können KI-Assistenten Termine planen und entzerren, Erinnerungen und relevante Hinweise geben, Suchaufgaben im Internet übernehmen und sogar Urlaube planen und buchen.

Die Vision einer Zukunft mit KI-Assistenten ist nicht nur faszinierend, sondern weckt zudem die Begeisterung für die Möglichkeiten, die uns offenstehen. Diese Assistenten haben das Potenzial, sowohl unsere Effizienz zu steigern als auch unseren Alltag durch automatisierte Unterstützung und intelligente Entscheidungshilfen zu bereichern.

Ein typischer Morgen könnte in Zukunft folgendermaßen aussehen: Man wird von seiner Lieblingsmusik geweckt, genau zum idealen Zeitpunkt, da

---

[44] Schauen Sie sich das Video gerne an, es wird Sie beeindrucken: https://www.youtube.com/watch?v=D5VN56jQMWM.

die KI die Vitaldaten und Schlafphasen überwacht. Die KI hat bereits Kleidung für den Tag ausgewählt, passend zu den Terminen und dem präzise vorhergesagten Wetter. Das Frühstück wartet schon und ist perfekt auf die eigenen Vorlieben und metabolischen Bedürfnisse unter Berücksichtigung von Allergien und Insulinspiegel abgestimmt. Dann steigt man in sein autonomes Auto, das den schnellsten Weg kennt, da alle Fahrzeuge miteinander kommunizieren, um Staus zu vermeiden und die Umwelt zu schonen. Im Auto bekommt man alle Informationen für die Tagesmeetings übersichtlich mitgeteilt, sodass man sich während der Fahrt optimal auf den Tag vorbereiten kann. Diese visionäre Darstellung zeigt, wie KI-Assistenten unseren Alltag revolutionieren und uns in allen Lebenslagen unterstützen könnten.

# Abschließende Gedanken

Wir, die Autoren dieses Buches, teilen eine tiefe Faszination für die Möglichkeiten, die Künstliche Intelligenz bietet. Jedoch ist es uns ebenso ein Anliegen, zur Vorsicht zu mahnen. Unser Ziel ist es, durch dieses Buch die Bedeutung einer kritischen und reflektierten Nutzung von KI zu vermitteln. In einer Welt, die zunehmend von Algorithmen gesteuert wird, dürfen wir nicht aufhören, Fragen zu stellen.

Zusammenfassend wollen wir Ihnen noch einige Punkte mit auf den Weg geben. In der Ära der Künstlichen Intelligenz ist es unerlässlich, sich ständig weiterzubilden. Wir alle müssen uns mit den neuen Technologien befassen und ein Verständnis dafür erlangen. Es ist für Ihre Zukunft entscheidend, dass Sie die Mechanismen hinter der KI verstehen und nicht blindlings allem folgen, was uns eine KI präsentiert. Die Fähigkeit, kritisch zu denken und Informationen zu hinterfragen, bleibt unverzichtbar. Wir sollten also immer nach verschiedenen Perspektiven suchen, unterschiedliche Quellen nutzen und die uns präsentierten Informationen objektiv bewerten. Es geht darum, ein Bewusstsein dafür zu entwickeln, dass KI-Systeme Werkzeuge sind, die von Menschen trainiert wurden und daher fehlbar und voreingenommen sein können.

In der Zukunft wird es eine Vielzahl von KI-Methoden und -Varianten geben. Diese Diversität bietet eine einzigartige Gelegenheit, die Ergebnisse verschiedener Systeme zu vergleichen und daraus zu lernen. *Nutzen Sie diese Vielfalt zu Ihrem Vorteil!* Dabei ist es entscheidend, eigene Schlüsse zu ziehen und sich nicht von einer einzigen Quelle leiten zu lassen. In einer Welt, die immer stärker von KI geprägt wird, wird das kritische Denken zu unserem wertvollsten Gut.

Darüber hinaus wird KI zunehmend auch Ihre digitalen Erfahrungen verändern. Fragen Sie sich, warum Ihnen bestimmte Inhalte online angezeigt werden. KI-Systeme sind darauf ausgelegt, Ihr Verhalten zu analysieren und zu beeinflussen. Erkennen Sie die Unterschiede zwischen Korrelation und Kausalität und verlassen Sie sich nicht blind auf die Technologie. Die sogenannte »Filterblase« ist ein typisches Beispiel dafür, wie Algorithmen basierend auf Ihrem Online-Verhalten Inhalte präsentieren. *Brechen Sie regelmäßig aus dieser Blase aus*, wechseln Sie Benutzernamen oder Konten und vermeiden Sie digitale Spuren, zum Beispiel durch die Nutzung der Inkognito-Funktion Ihres Browsers, und diversifizieren Sie Ihr Mediennutzungsverhalten.

Grundsätzlich gilt Datensparsamkeit: *Überlegen Sie sorgfältig, welche Informationen Sie online teilen* und ob diese für den genutzten Dienst wirklich notwendig sind. Oftmals müssen Sie nicht alle Daten angeben, die abgefragt werden.

Bei der Arbeit mit KI-System können Sie anstatt Ihrer Daten Namen austauschen oder Platzhalter nutzen. Der Schutz Ihrer Daten ist in der digitalen Welt ein ständiger Balanceakt zwischen Bequemlichkeit und Sicherheit, auch wenn Unternehmen Ihre Daten nur dazu verwenden wollen, um nutzerfreundliche Dienste anzubieten. Sie müssen sich immer wieder überlegen, ob der Nutzen eines Dienstes das Teilen Ihrer Daten rechtfertigt. Bedenken Sie, dass bei einem kostenlosen Dienst oft Sie selbst oder Ihre Daten das Produkt sind. Aber machen wir uns auch hier nichts vor: Ein hundertprozentiger Schutz Ihrer Daten ist unrealistisch, und nicht alle Datenspuren, die Sie hinterlassen, sind ein Risiko für Sie oder für andere.

Nicht zuletzt liegt es in unser aller Selbstverantwortung, wie wir Künstliche Intelligenz verwenden und in unser Leben integrieren. Wir müssen uns bewusst sein, dass jede Interaktion mit KI-Systemen, jede Datenfreigabe und jede Entscheidung, die wir auf der Basis von KI-Empfehlungen treffen, Teil eines größeren Bildes ist. Dieses Bild prägt nicht nur unseren persönlichen Alltag, sondern ebenso die gesellschaftliche Entwicklung und die ethischen Grundlagen des KI-Einsatzes. In der bewussten und bedachten Nutzung der KI spiegelt sich unser Respekt vor der Technologie selbst, aber auch vor den Auswirkungen, die sie auf unsere Gesellschaft und Zukunft haben wird.

Neben der privaten Dimension gibt es jedoch auch eine gesellschaftliche Ebene, die Sie durch Ihr berufliches, ehrenamtliches oder demokratisches Schaffen unmittelbar beeinflussen. Es liegt in unserer Verantwortung, durch eine kritische und reflektierte Nutzung von KI sicherzustellen, dass die Technologie uns dient, anstatt uns zu dominieren. Es geht darum, das Potenzial der KI voll auszuschöpfen, während wir gleichzeitig gewährleisten, dass ihre Anwendung im Einklang mit unseren ethischen Werten und gesellschaftlichen Zielen steht.

Die Diskussionen über diese Themen werden dabei perspektivisch nicht leichter werden. Irgendwann werden wir uns auch intensiver mit sogenannten Ghostbots auseinandersetzen müssen, digitalen Kopien beziehungsweise Nachahmungen eines menschlichen Bewusstseins. Wie gehen wir damit um, wenn es möglich ist, einen Menschen digital zu kopieren beziehungsweise zu simulieren, sodass beispielsweise noch die Ur-Ur-Ur-Enkel die Möglichkeit hätten, mit dieser digitalen Repräsentation zu kommunizieren? Hier rücken zunehmend ethische Fragestellungen in den Vordergrund.

Es geht in den nächsten Jahren dabei auch darum, eine offene Diskussion zu führen, die auf Daten und Fakten basiert, und nicht nur auf Ängsten und Vorurteilen, die darauf abzielen, die Technologie kontinuierlich zu verbessern und einen rechtlichen Rahmen zu setzen, der dabei auf unseren ethischen und gesellschaftlichen Werten beruht. In dieser Hinsicht erfordert die Auseinandersetzung mit KI eine sorgfältige Abwägung ihrer Potenziale und Herausforderungen. Die Betonung liegt auf einer realistischen Einschätzung dessen, was KI heute und in der Zukunft leisten kann und was nicht. Durch eine solche ausgewogene Herangehensweise können wir sicherstellen, dass KI-Systeme auf eine Weise entwickelt und eingesetzt werden, die Sicherheit gewährleistet, Diskriminierung minimiert und den maximalen Nutzen für die Gesellschaft bringt. Das schließt mit ein, dass wir kontinuierlich die Auswirkungen von KI auf verschiedene Aspekte unseres Lebens überprüfen und anpassen müssen, sei es im Bereich der Arbeit, der Bildung, der Gesundheitsversorgung oder der sozialen Interaktion. Letztendlich zielt eine solche Perspektive darauf ab, die positiven Aspekte der KI zu maximieren und mögliche negative Konsequenzen zu minimieren.

Dieses Verantwortungsbewusstsein sollte sich über alle Ebenen der Gesellschaft erstrecken – von einzelnen Privatpersonen bis hin zu großen Organisationen. Jeder, der KI-Technologie nutzt oder implementiert, steht vor der Herausforderung, das auf eine Weise zu tun, die ethisch, moralisch und im besten Interesse aller Beteiligten ist. In diesem Kontext ist es wichtig, sich mit dem Dilemma der »perfekten« Entscheidungen in der KI auseinanderzusetzen. Während KI-Systeme in vielen Fällen beeindruckende Leistungen erbringen, müssen wir anerkennen, dass es unmöglich ist, für jeden Einzelfall eine perfekte Lösung zu programmieren. KI-Systeme sind trotz ihrer fortschrittlichen Algorithmen und Datenverarbeitungsfähigkeiten letztlich nur so gut, wie der Anwender diese zu benutzen vermag. Daher ist ein Umfeld wichtig, in dem Fehler von KI-Systemen als Lernmöglichkeiten und nicht als Katastrophen betrachtet werden. Jede technologische Innovation, insbesondere eine so tiefgreifende wie KI, ruft Kritik und Bedenken hervor. Viele Kritikpunkte sind nicht nur berechtigt, sondern auch notwendig, um eine umfassende Perspektive auf die Technologie zu gewinnen.

Der Philosoph Richard David Precht hat in seinem Buch zum Thema Künstliche Intelligenz bestimmte Thesen aufgestellt, die in der akademischen und öffentlichen Debatte als repräsentativ für eine spezifische Art der KI-Kritik angesehen werden können. Precht argumentiert, dass KI hauptsächlich zur Reduktion von Arbeitsplätzen und zur weiteren Gewinnmaximierung großer Konzerne eingesetzt wird.

Diese Diskussion spiegelt eine breitere Tendenz wider, in der die wissenschafts- und technologiefeindlichen Einstellungen oft die potenziellen positiven Auswirkungen und Chancen der KI übersehen oder unterschätzen.

Es sollte also eine ausgewogene Sichtweise bewahrt werden, um konstruktive Lösungen für identifizierte Probleme zu entwickeln. Dazu gehört auch die Entwicklung einer *Fehlertoleranz gegenüber KI-Systemen*. Wir sollten vermeiden, vorschnelle Schlüsse über die gesamte Technologie aufgrund einzelner Vorfälle zu ziehen wie bei der Debatte um autonome Fahrzeuge. Wenn solche Fahrzeuge in Unfälle verwickelt sind, wird oft die ganze Technologie infrage gestellt.

Untersuchungen, wie etwa der Impact Bericht von Tesla aus dem Jahr 2022 zeigen, dass autonome Fahrzeuge pro eine Milliarde Kilometer deutlich weniger Unfälle verursachen als menschliche Fahrer. Diese statistischen Erkenntnisse bieten eine bedeutsame Perspektive auf die Sicherheit und Effizienz der KI-Technologie. Es ist wichtig, den Kontext solcher Ereignisse zu verstehen und die Gesamtleistung der Technologie zu betrachten, anstatt sie aufgrund einzelner Vorfälle abzulehnen.

Wir werden uns, privat wie auch gesellschaftlich, immer häufiger die Vor- und Nachteile einer KI-basierten Lösung abwägen müssen. Dabei sollten wir uns die Frage stellen, ob die Technologie den Prozess im Vergleich zur durchschnittlichen menschlichen Ausführung verbessert und ob sie unter Berücksichtigung ethischer, gesellschaftlicher und sicherheitsrelevanter Aspekte gerechtfertigt ist. Frameworks wie Ethik-Leitlinien der EU, OECD oder auch des IEEE[45] können dabei unterstützen. Diese und andere Frameworks können Organisationen und Staaten bei der Einführung vertrauenswürdiger KI-Lösungen helfen und Risiken begrenzen.

Neben dem risikozentrierten Ansatz sollten darüber hinaus die positiven Aspekte von KI berücksichtigt werden, denn diese gehören ebenfalls zu einer ausgewogenen Perspektive, die sowohl die potenziellen Vorteile als auch die möglichen Risiken einbezieht.

Eine große Herausforderung stellen KI-Systeme dar, die nicht nur unsere Fragen beantworten, sondern darüber hinaus unsere Entscheidungen beeinflussen, unsere Werte prägen und vielleicht sogar definieren, was wir als »wahr« oder »falsch« betrachten. In einem Szenario, in dem die KI nicht allein ein Werkzeug, sondern ein ständiger Begleiter, Berater und eventuell ein moralischer Kompass ist, liegen sowohl offensichtliche Vorteile als auch erhebliche Risiken.

Zu den Vorteilen einer solchen Zukunft könnten effizientere Entscheidungsprozesse, personalisierte Erfahrungen und eine verbesserte Lebensqualität gehören. Doch diese Vision birgt auch das Risiko einer zu starken Abhängigkeit von einer Technologie, die unsere Wahrnehmung der Realität verzerren und zu einer Echokammer führen könnte, in der unsere Überzeugungen und Ansichten ständig bestätigt, aber selten herausgefordert werden. Eine solche Entwicklung würde in der Konsequenz die Verarmung des kritischen Denkens und eine Verminderung der Vielfalt von Meinungen und Perspektiven bedeuten. Daher ist es unerlässlich, sich der Einflussnahme auf

---

[45] Gemeint sind die Europäische Union (EU), die Organisation für wirtschaftliche Zusammenarbeit und Entwicklung (OECD) und das Institute of Electrical and Electronics Engineers (IEEE).

unsere Entscheidungsfindung und Wahrnehmung der Welt durch KI bewusst zu sein. KI sollte unsere menschlichen Qualitäten lediglich ergänzen und nicht ersetzen. Um das zu erreichen, müssen wir unsere Interaktion mit KI-Systemen fortlaufend reflektieren und anpassen.

Sicher ist, dass die KI nie wieder so schlecht sein wird wie heute. In Anbetracht der möglichen Zukunftsszenarien, in denen KI also eine immer prägender werdende Rolle spielt, müssen wir nochmals die Bedeutung von kritischem Denken als unserem wertvollsten Gut unterstreichen. Die Menschheit darf nicht in eine Situation geraten, in der sie – ob bewusst oder unbewusst – durch Maschinen manipuliert und so zu bloßen Ausführenden ihrer Vorgaben wird.

In diesem Kontext ist es entscheidend, dass wir weiterhin kritisch über die Rolle nachdenken, die KI in unserer Gesellschaft spielt. Wir müssen sicherstellen, dass KI-Systeme unsere Werte widerspiegeln und nicht nur eine idealisierte Vorstellung von Perfektion verfolgen. Perfektion ist allzu oft der Tod des Guten. Es geht also darum, ein Gleichgewicht zwischen der Nutzung der Vorteile von KI und der Anerkennung unserer eigenen menschlichen Grenzen und ethischen Verantwortlichkeiten zu finden. Unsere Angst darf uns nicht lähmen, aber gleichzeitig müssen wir die Auswirkungen neuer Technologien ganzheitlich und realistisch bewerten und den Prozess der Implementierung proaktiv gestalten. Indem wir uns mit diesen komplexen moralischen Fragen auseinandersetzen, können wir einen verantwortungsvollen Rahmen für den Einsatz von KI in unserer Gesellschaft schaffen.

Abschließend möchten wir Sie noch mal an das Beispiel mit der Dampfmaschine erinnern. Diese bahnbrechende Erfindung markierte den Beginn der Industrialisierung, indem sie die mechanische Arbeit grundlegend revolutionierte. Die Künstliche Intelligenz kündigt nun eine Revolution der geistigen Arbeit an. Wir hoffen, dass dieses Buch Ihnen nicht nur dabei hilft, Ihr Wissen zu erweitern, sondern auch Ihre Vorstellungskraft anregt, wie KI die Zukunft gestalten könnte.

Sollte Ihnen das Buch gefallen haben, dann freuen wir uns über positive Bewertungen und Weiterempfehlungen. Verbesserungsvorschläge und Kritik können Sie uns auch gerne über *kontakt@ki-bildungswerk.de* zukommen lassen.

Abschließend möchten wir Ihnen, liebe Leserinnen und Leser, dafür danken, dass Sie uns auf dieser Reise durch die faszinierende Welt der Künstlichen Intelligenz begleitet haben. Sie stehen am Anfang einer Ära, in der die KI unsere Welt unaufhaltsam verändert. Ihr Interesse und Ihre Bereitschaft, sich mit diesen Veränderungen auseinanderzusetzen, machen Sie zu einem wichtigen Teil dieser revolutionären Entwicklung.

Bleiben Sie neugierig, offen und gestalten Sie die Implementierung von KI aktiv mit, um auf diese Weise unsere gemeinsame Zukunft zu prägen.

»Die Kunst der Künstlichen Intelligenz liegt darin, nicht zu ersetzen, was uns menschlich macht, sondern unsere Menschlichkeit durch das Potenzial unbegrenzter Möglichkeiten zu erweitern.« – Ginni Rometty

# Lizenzen

Nachbau der Bombe von Alan Turing (Teil II): Foto von Tom Yates, lizensiert unter der Lizenz GNU Free Documentation, online unter https://commons.wikimedia.org/wiki/File:Bombe-rebuild.jpg, abgerufen am 10.6.2024.

Prototyp von IBM Watson (Teil II): Foto von Clockready, lizensiert unter der Lizenz Creative Commons Attribution-Share Alike 3.0 Unported, online unter Wikipedia: https://en.wikipedia.org/wiki/IBM_Watson#/media/File:IBM_Watson.PNG, abgerufen am 10.6.2024.

Verkehrszeichen in Prag (Teil III): Foto von ŠJů, lizensiert unter der Lizenz Creative Commons Attribution-Share Alike 3.0 Unported, online unter https://en.wikipedia.org/wiki/File:Nov%C3%A1_Povltavsk%C3%A1,_Ho%C5%99%C3%AD_v_tunelu_(01).jpg, abgerufen am 10.6.2024.

Alte PC Werbung (Teil III): Foto von zaphad1, lizensiert unter der Lizenz Creative Commons BY 2.0, online unter https://www.flickr.com/photos/25797459@N06/9640747810/in/photostream, abgerufen am 10.6.2024.